建筑施工现场用电

（第2版）

主　编　姜　海

副主编　高国峰　张　恒

参　编　赵再琴　陈　侨

北京理工大学出版社
BEIJING INSTITUTE OF TECHNOLOGY PRESS

内 容 简 介

本教材以建筑电工作业的施工现场为平台，分模块分流程按照读者的思维特征进行内容规划和整合，实现"做中学""做中教"的教学策略。教材主编具有多年建筑电气一线施工经验，对常用建筑电气设备的原理、应用具有正确独到的见解，通过专业准确的文字表述和生动的图片将自己多年的施工经验和使用技巧融入到教材中，读者在使用该教材时，就像跟着丰富经验的师傅在现场进行学习。本教材共包括 6 个项目，涵盖电路的基本知识，建筑常用低压电器，施工现场常用的工具和材料，施工现场临时供电，电气施工图的识读，施工现场照明与室内照明以及线路的敷设，建筑防雷与接地以及施工现场用电安全管理制度等内容。

本书适用于土木工程技术人员学习使用，也适用于院校土建类专业相关专业学生学习使用。

图书在版编目 (CIP) 数据

建筑施工现场用电 / 姜海主编. -- 2 版. -- 北京：
北京理工大学出版社，2022.2
　ISBN 978-7-5763-1050-4

　Ⅰ. ①建… Ⅱ. ①姜… Ⅲ. ①建筑工程-施工现场-
电工技术 Ⅳ. ①TU85

　中国版本图书馆 CIP 数据核字 (2022) 第 030686 号

出版发行 / 北京理工大学出版社有限责任公司
社　　址 / 北京市海淀区中关村南大街 5 号
邮　　编 / 100081
电　　话 / (010)68914775(总编室)
　　　　　 (010)82562903(教材售后服务热线)
　　　　　 (010)68944723(其他图书服务热线)
网　　址 / http://www.bitpress.com.cn
经　　销 / 全国各地新华书店
印　　刷 / 定州市新华印刷有限公司
开　　本 / 889 毫米×1194 毫米　1/16
印　　张 / 15　　　　　　　　　　　　　　　责任编辑 / 张荣君
字　　数 / 350 千字　　　　　　　　　　　　 文案编辑 / 张荣君
版　　次 / 2022 年 2 月第 2 版　2022 年 2 月第 1 次印刷　　责任校对 / 周瑞红
定　　价 / 80.00 元　　　　　　　　　　　　 责任印制 / 边心超

前言

随着科学技术的进步，现代建筑已进入信息化、智能化、绿色化发展的又一新阶段，各种先进的机电设备，电子电气设备等得到了广泛的应用，各种新技术、新材料以及新设备的使用已成为现代建筑和施工的标志之一。近年来，国家陆续颁布了一系列的新的标准、规范，对从事建筑电气技术工作的人员提出了更高的要求。

为了更好地培养从业人员的专业技能和实践动手能力，提高实践教学效果，达到专业技能培养目标，我们大力改革了教学的形式和内容，在原有的内容的基础上，大胆地改革，融入目前教材的理实一体化和项目式学习。本书以建筑电工作业的施工现场为平台，分模块、分流程按照读者的思维特征进行内容规划和整合，实现"做中教、做中学"的学习策略。本书修订邀请了具有多年建筑电气一线施工经验的专家参与，他们对常用建筑电气设备的原理、应用具有正确独到的见解，通过专业准确的文字表述和生动的图片将自己多年的施工经验和使用技巧融入到教材中，读者在使用该教材时，就像跟着丰富经验的师傅在现场进行学习。本书中涉及的建筑电气相关知识，严格按照国家标准和行业标准进行表述，并将建筑电工应当具有的职业道德素养贯穿内容始终，旨在为国家、为社会培养合格的建筑电工人才。修订后的作品突出知识的应用，旨在培养学生的创新能力和解决实际问题的能力。在本书中，项目一主要为读者讲述作为一名建筑电工在施工现场应当具有的电工基础知识，是读者在实际工作中发现问题、分析问题和解决问题的基础。项目二主要为读者讲述在施工现场中需要用到一些仪表、工具和电工材料，并以施工现场为应用背景，进行相关知识的清晰讲解和演示，使读者轻松掌握施工现场中涉及的仪表、工具和电工材料知识。项目三，主要阐述建筑电气安装施工图纸的读图能力，本书严格按照最新的国家标准和规范，采用做中学做中教的策略对电气安装图纸进行解读，并将作者多年在一线工作中累计的经验和技巧跃然纸上，使读者更容易理解和识读电气安装图纸。项目四和项目五，主要讲解施工现场中的电气照明、防雷和接地保护措施，内容由浅入深，所涉及的知识做到实用和够用。项目六主要阐述建筑电工作业中的安全用电，作者将多年来在施工现场中看见的、听见的施工用电安全事故进行整理和汇编，以浅显易懂的方式对安全用电知识进行讲述，使读者更容易理解和掌握施工现场安全用电知识，避免安全用电事故的发生。

　　本书由姜海担任主编，高国峰、张恒担任副主编，赵再琴和陈侨老师参与了本次教材的修订编写。具体的编写分工为：项目一由高国峰、陈侨编写，项目三、项目五由张恒、陈侨编写，项目六由赵再琴编写，其余部分由姜海编写，并进行了全书的统稿。

　　本教材既可作为院校建筑工程施工技术专业的教材，也可供相关专业及从事建筑电气工程技术人员参考。在本教材在编写过程中，参考并引用了部分文献，在此衷心感谢所有原作者对职业教育的大力支持。

　　由于编者水平有限，书中尚存不足之处，敬请广大读者批评指正。

编　者

目录

建筑施工现场用电基础知识

 **任务一　电路的基本知识**

学习目标

1. 认识简单的电路及其基本物理量
2. 了解电路的三种工作状态
3. 了解电路的基本定律，并能用于解决施工中的实际问题
4. 了解电路的基本连接及应用

图 1-1 所示为我们日常生活中常用的手电筒及其电路图，试从该电路图入手，学习电路的基本知识，并且能够分析电路的组成以及它的工作状态。

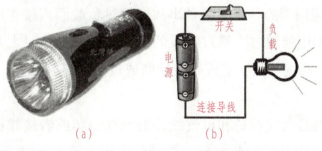

（a）　　　　　　　（b）

图 1-1　手电筒及其电路图

（a）手电筒；（b）电路图

知识链接一　电路及电路图

1. 电路的组成

电路是由实际元器件构成的电流通路，是为了某种需要由电工设备或电路元件按一定方式组合而成。任何一个完整的电路，不论其结构和作用如何，通常是由电源、负载，以及导

线和开关等中间环节组成。日常生活中的手电筒是一个最简单的直流电路，如图1-1所示，由干电池、开关、灯泡和连接导线组成的。

（1）电源是把其他形式的能量转换成电能的装置，向电路提供电能，如发电机、蓄电池等。

根据电路中使用电源的不同，电路可分为直流电路和交流电路。电路中具有的电源电压值恒定不变，该电路称为直流电路；电源的电压值随时间交替变化，该电路称为交流电路。

（2）负载是把电能转化成其他形式能量的装置，在电路中是接受电能的设备，如建筑工地的照明灯、电动机、电炉、电烙铁等。

（3）中间环节包括导线和控制器件，它们是电源和负载之间不可缺少的连接、控制和保护部件，如连接导线、开关设备、测量设备以及各种继电保护设备等。中间环节的作用是输送和控制电能。建筑工地上常用的导线是铜线和铝线。

2. 电路的作用

电路通常有两个作用：一是用来传递或转换电能，例如，发电厂的发电机将热能、水能等转换成电能，通过变压器、输电线等输送到建筑工地，在那里，电能又被转换为机械能（如搅拌机）、光能（建筑工地夜间施工照明）等；二是用来实现信息的传递和处理，例如，电视机，它的接收器把载有语言、音乐、图像信息的电磁波接收后转换为相应的电信号，而后通过电路将电信号进行传递和处理，送到显示器和扬声器（负载），将原始信息显示出来。

3. 电路的状态

（1）开路（断路）状态。开路状态是指电路中开关打开或电路中某处断开时的状态，开路状态时电路中无电流通过。断路可以是外电路的断路，如利用开关故意造成的断路，或是事故性的断路；也可以是内电路的断路，即电源内部的断路，这是事故性断路。

（2）短路状态。电源两端的导线因某种事故未经过负载而直接连通时的状态称为短路状态。短路状态时负载中无电流通过，流过导线的电流比正常工作时大几十倍甚至数百倍，短时间内就会使导线产生大量的热量，造成导线熔断或过热而引起火灾。短路是一种事故状态，应避免发生。

一般产生短路的原因是电气设备和电气线路的绝缘损坏或者接线错误，因此必须注意安全。当发生电源短路时，应及时切断电路，否则将会引起剧烈发热而使电源、导线等烧毁。在电路中接入过电流保护装置，例如，在我们住房的电源进线处安装熔断器（保险丝）或空气断路器就是这个目的。

（3）负载工作状态。当电路的开关闭合，负载中有电流通过时的状态称为通路，电路正常工作状态为通路。

4. 电路图

图1-1（b）所示为手电筒的电路图，它直观形象，但画起来复杂，不便于分析和研究。因此，在分析和研究电路时，人们总是把这些设备抽象成理想化的模型，用国家规定的图形

和符号表示。这种用统一规定的图形和符号画出的电路模型图称为电路图，能够帮助人们了解整个电路的工作原理和电器的安装顺序，了解各部分的作用。

 ## 知识链接二　电路的基本物理量

1. 电流

在电路中电荷有规则的运动称为电流。电流的大小用单位时间内通过导体横截面的电量的大小来衡量，在物理学中叫作电流强度，工程上简称电流，电流强度可表示为 $I = \dfrac{q}{t}$。

在国际单位制（SI）中，电流强度的单位是安培（A），简称安。每秒内通过导体截面的电量为 1 库仑（C）时，电流为 1 A。工程上常用的单位还有千安（kA）、毫安（mA）、微安（μA），它们之间的关系为：

$$1 \text{ kA} = 10^3 \text{ A} \qquad 1 \text{ A} = 10^3 \text{ mA} = 10^6 \text{ μA}$$

常用电器的电流多用 A 度量，大型发电站、大型变配电所的电流多用 kA 度量，而弱电系统则常用 mA 或 μA 度量，这样使用起来很方便。

电流不但有大小而且有方向，电流的方向，习惯上规定以正电荷的运动方向为电流方向（实际方向）。在分析电路时，有时难以判定某处电流的方向，此时，可以先任意选择某一方向为电流的参考方向，然后列方程求解。当解出的电流为正值时，就认为电流实际方向与参考方向一致；反之，则认为电流实际方向与参考方向相反。

2. 电压

电路中要有电流，必须要有电位差，有了电位差，电流才能从电路中的高电位点流向低电位点。电压是指电路中（或电场中）任意两点之间的电位差。

在国际单位制中，电压的单位是伏特（V），简称伏。工程上常用的单位还有千伏（kV）、毫伏（mV）、微伏（μV），它们之间的关系为：

$$1 \text{ kV} = 10^3 \text{ V} \qquad 1 \text{ V} = 10^3 \text{ mV} = 10^6 \text{ μV}$$

3. 电位

电压又叫作电位差，它表示电场中两点之间电位的差别。而电位是电场力把单位正电荷从 A 点移到参考点所做的功。参考点的电位为零，参考点可以任意选取，通常选大地为参考点。电位用符号 Φ 表示。在电场中，任意两点（如 A、B）之间的电压就等于这两点之间的电位差，即 $U_{AB} = \Phi_A - \Phi_B$。

电位的计算：

例 1-1： 在图 1-2 所示的电路中，已知 $U_{co} = 5 \text{ V}$，$U_{cd} = 2 \text{ V}$，分别以 o 和 c 为参考点求各点的电位和电压 U_{od}。

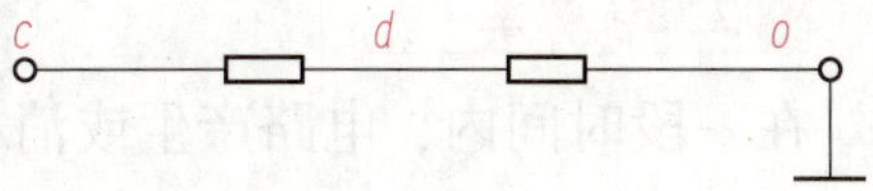

解： 以 o 为参考点，则 $\Phi_o = 0 \text{ V}$，

图 1-2　例 1-1 电路图

$U_{co} = \Phi_c - \Phi_o$，$\Phi_c = U_{co} + \Phi_o = 5 \text{ V}$；

$U_{cd}=\Phi_c-\Phi_d$，$\Phi_d=\Phi_c-U_{cd}=5-2=3$ V；

$U_{od}=\Phi_o-\Phi_d=0-3=-3$ V；

以 c 为参考点，则 $\Phi_c=0$，$\Phi_d=-2$ V，$\Phi_o=-5$ V，$U_{od}=-3$ V。

说明：参考点可以任意选择，一旦选定，电路中的各点的电位也就定了，参考点不同，电路中同一点的电位也会改变，但两点之间的电压是不变的。（电位与参考点有关，而电压与参考点的选择无关。）

4. 电动势

在图 1-1 所示的电路中，由于电源两端有恒定的电压，灯泡才持续发光。要维持恒定的电压，电源内部就必须通过其他形式能量的作用，产生一种外力克服电场力，将正电荷源源不断地从负极移到正极，这种力叫作电源力。电池的电源力是电解液和极间化学作用产生的，发电机的电源力是电磁作用产生的。

电动势是衡量电源将非电能转化为电能本领的物理量。电动势的定义为：在电源内部，电源力将单位正电荷从电源负极移动到电源正极所做的功。电动势用字母 E 表示。

电动势的实际方向是由电源负极经电源内部指向电源正极。在分析问题时也可加设参考方向。电动势的单位与电压单位相同。

5. 电阻

在图 1-1 中，当电路接上不同灯泡时，其亮度是不同的，即电路中电流大小是不同的。可见，不同的导体对电荷有不同的阻碍作用。电阻就是反映导体对电流起阻碍作用大小的物理量。

电阻在电路中用 R 表示，单位为欧姆（Ω），简称欧。如果导体两端的电压是 1 V，通过的电流是 1 A，则该导体的电阻就是 1 Ω。常用的电阻单位还有千欧（kΩ）和兆欧（MΩ）。电阻各单位间的关系为：

$$1\ \text{k}\Omega=10^3\ \Omega \qquad 1\ \text{M}\Omega=10^3\ \text{k}\Omega=10^6\ \Omega$$

6. 电能

在导体两端加上电压，导体内就建立了电场，电场力在推动自由电子定向移动中要做功。设导体两端电压为 U，通过导体横截面的电荷量为 q，电场力所做的功及电路消耗的电能 $W=qU$，由于 $q=It$，所以 $W=UIt$，式中，W、U、I、t 的单位分别为焦耳（J）、伏特（V）、安培（A）、秒（s）。

电能的单位为焦耳（J），它表示功率为 1 瓦特（W）的用电设备在 1 s 内所消耗的电能，实际生活中测量电能的电度表的单位是千瓦时（kW·h），1 kW·h 称为 1 度电。

$$1\ \text{度电}=1\ \text{kW}\cdot\text{h}=3.6\times10^6\ \text{J}$$

7. 电功率

在一段时间内，电路产生或消耗的电能与时间的比值叫作电功率，用 P 表示。则

$$P=\frac{W}{t}\text{或}\ P=UI$$

式中，P、U、I 的单位应分别为瓦特（W）、伏特（V）、安培（A）。可见，一段电路上的电

功率跟这段电路两端的电压和电路中的电流成正比。

用电器上通常标明它的电功率和电压，叫作用电器的额定功率（P_N）和额定电压（U_N）。如果给它加上额定电压，它的功率就是额定功率，这时用电器正常工作。根据额定功率和额定电压，可以很容易地计算出用电器的额定电流。

知识链接三　电路的基本定律

1. 电路的欧姆定律

如图 1-3 所示电路中通过的电流，与电阻两端所加电压成正比，与电阻成反比，称为部分电路欧姆定律。其计算公式为

$$I = \frac{U}{R}$$

式中，电压 U 单位为伏［特］（V），电流 I 单位为安［培］（A），电阻 R 单位为欧［姆］（Ω）。

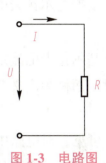

图 1-3　电路图

由上式可知：通过电阻元件的电流与电阻两端的电压成正比，而与电阻成反比。对于任意分支的电阻电路，只要知道其中的电压、电流和电阻三个量中的任意两个量，就可由欧姆定律求得第三个量。

例 1-2：一盏"100 W 220 V"的电灯，灯泡的电阻是 484 Ω，当电源电压为 220 V 时，求通过灯泡的电流是多少。

解：$I = \dfrac{U}{R} = \dfrac{220}{484} \approx 0.455\ \text{A}$

由欧姆定律可知，电阻有电流通过时，两端必有电压，这个电压习惯上叫作电压降。通常导线是有电阻的，当用导线传输电流时就产生电压降。因此，输电线路末端的电位总比始端的电位低。输电线路上的电压降的数值叫作电压损失。如果线路较长，线路电流越大，其电压损失就越大，供给负载的电压将会明显下降，影响设备的正常工作。

2. 基尔霍夫定律

一般分析简单电路或简单电源的电路时，完全可以通过电阻的等效和欧姆定律来解决，但在分析多电源或者复杂电路时，我们必须运用新的方法来解决，基尔霍夫定律提供了很好的工具。为此我们必须先掌握几个相关的专业术语。

节点：电路中三条或三条以上导线的连接点。如图1-4中的 B、D 两点为节点。

支路：任意两个节点之间不分叉的一条电路。如图 1-4 中有 BAD、BD、BCD 三条支路。

回路：电路中任一闭合的路径。如图 1-4 中有 $ABCDA$、$ABDA$、$BCDB$ 三个回路。

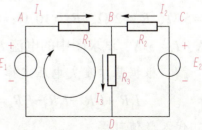

图 1-4　复杂电路

（1）基尔霍夫电流定律（KCL）。基尔霍夫电流定律也称节点电流定律，其内容为：在任一瞬间，流入电路中任一节点的电流之和等于流出该节点的电流之和。其数学表达式为：

$$\sum I_i = \sum I_o$$

基尔霍夫电流定律的第二种表述：在任何时刻，电路中任一节点上的各支路电流代数和恒等于零，即

$$\sum I = 0$$

根据基尔霍夫电流定律，对上图 B 节点可以列出方程

$$I_1 + I_2 - I_3 = 0 \text{ 或 } I_1 + I_2 = I_3$$

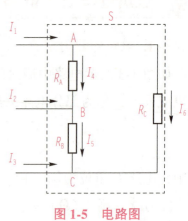

图 1-5　电路图

基尔霍夫电流定律还可以推广应用到电路中的任意封闭面，该封闭面称为广义节点。如图 1-5 所示电路，可得

$$I_1 + I_2 + I_3 = 0$$

可见，对电路中的任一闭合面，流入这个闭合面的电流等于流出这个闭合面的电流，这反映了电流的连续性，根据电流本质的定义，说明基尔霍夫电流定律是电荷守恒的体现。

（2）基尔霍夫电压定律（KVL）。基尔霍夫电压定律也称为回路电压定律，其内容为：在任一时刻，沿电路任一闭合回路，所有支路电压的代数和恒等于零。根据电压的本质含义和定律内容可以看出，基尔霍夫电压定律是能量守恒的体现。其数学表达式为：

$$\sum U = 0$$

为了计算方便，一般把负载放在等式的左边，把电源放在等式的右边。那么其数学表达式为：

$$\sum IR = \sum E$$

根据基尔霍夫电压定律，对图 1-4 中的 $ABDA$ 回路可列出

$$I_1 R_1 + I_3 R_3 = E_1$$

用此公式时，必须先选定回路的绕行方向。凡是电流的参考方向与绕行方向相同的，取正值；反之，则取负值。同样，电动势的实际方向与绕行方向相同的，取正值；反之，则取负值。

例1-3：图 1-6 所示为一电路的其中一部分，已知电源电动势 $E_1 = 16$ V、$E_2 = 4$ V；电阻 $R_1 = 3$ Ω、$R_2 = 5$ Ω、$R_3 = 2$ Ω、$R_4 = 10$ Ω；电流 $I_1 = 1$ A、$I_2 = 4$ A、$I_3 = 3$ A，试求图中的电流 I_4。

解：根据基尔霍夫电压定律有

$$I_1 R_1 + I_2 R_2 - I_3 R_3 - I_4 R_4 = E_1 + E_2$$

代入数值可得

$$1 \times 3 + 4 \times 5 - 3 \times 2 - 10 I_4 = 16 + 4$$

$$I_4 = -0.3 \text{ A}$$

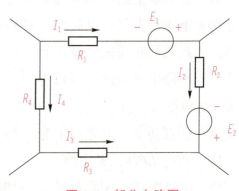

图 1-6　部分电路图

知识链接四　简单直流电路的连接及应用

1. 电阻的串联及应用

在电路中，若两个或两个以上的电阻按顺序一个接一个地连成一串，使电流只有一个通路，电阻的这种连接方式叫作电阻的串联。

电阻串联的特点：

电流处处相等 $I = I_1 = I_2 = I_3 = \cdots = I_n$

电阻可以用一个等效电阻 R 替代：$R = R_1 + R_2 + R_3 + \cdots + R_n$

电路两端的总电压等于各个电阻两端的电压之和，即 $U = U_1 + U_2 + U_3 + \cdots + U_n$

电阻的串联应用很广泛，在实际工作中常见的应用有：

（1）用几个电阻串联来获得阻值较大的电阻。

（2）采用几个电阻构成分压器，使同一电源能供给几种不同的电压。

（3）当负载的额定电压低于电源电压时，可用串联的办法来满足负载接入电源使用的需要，例如，可以将两个相同的 6 V 的指示灯串联后接到 12 V 电源中使用。

（4）限制和调节电路中电流的大小，例如，在建筑电气中调光和风扇调速使用的变阻器。

（5）在电工测量中广泛应用电阻的串联来扩大电压表的测量量程。

2. 电阻的并联及应用

两个以上的电阻首尾各自连接在两个端点之间，使每个电阻都直接承受同一个电压，这样的电路称为并联电路。

电阻并联的特点：

各电阻两端的电压相等，且等于电路两端的电压，即

$$U = U_1 = U_2 = \cdots = U_n$$

总电流等于流过各并联电阻的电流之和，即

$$I = I_1 + I_2 + \cdots + I_n$$

总电阻的倒数等于各并联电阻的倒数之和，即

$$\frac{1}{R} = \frac{1}{R_1} + \frac{1}{R_2} + \cdots + \frac{1}{R_n}$$

电阻并联的应用也很广泛，在实际工作中常见的应用有：

（1）用几个电阻并联来获得阻值较小的电阻。

（2）凡是工作电压相同的负载几乎全是并联，例如，建筑施工现场的电动机以及各种照明灯都是并联使用的。

（3）在电工测量中，广泛应用并联电阻的方法来扩大电流表的量程。

任务二　交流电路

学习目标

1. 能区别交流电和直流电
2. 认识交流电路的基本物理量
3. 掌握三相交流电的用途
4. 掌握三相交流负载的连接

常用的家用电器采用的都是单相交流电，如电视、照明灯、冰箱、家用空调等，而如图 1-7 所示的建筑工地施工用电和工厂中所用的是三相交流电。那么正弦交流电有哪些特征，如何描述？

图 1-7　三相交流电

知识链接一　交流电

1. 交流电的概念

电压、电流的大小和方向不随时间变化的，被称为直流电（DC），直流电波形图如图 1-8（a）所示。我们把大小和方向随时间作周期性变化的电动势、电压和电流分别称为交流电动势、交流电压和交流电流，三者统称为交流电。交流电分为正弦交流电和非正弦交流电两大类。正弦交流电是随时间按正弦规律变化的，简称交流电（AC），交流电波形图如图 1-8（b）所示。在实际工程中，正弦交流电有很多优点，例如，能够很方便地实现电能的生产、传输、分配，而且交流电气设备比直流电气设备结构简单、成本低、工作可靠，所以，交流电在现代电力系统中得到广泛应用。

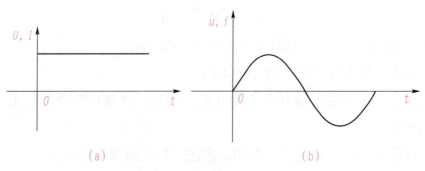

（a）　　　　　　　　　　（b）

图 1-8　直流电和交流电波形图

（a）直流电；（b）交流电

2. 正弦交流电的表达式与最大值、有效值

（1）正弦交流电的表达式。如图 1-9 所示，按正弦规律变化的交流电动势、交流电压和交流电流等物理量统称为正弦交流量，简称正弦量，其瞬时值数学表达式为：

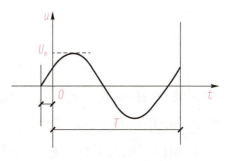

图 1-9　正弦交流电波形图

$$e = E_m \sin (\omega t + \varphi_e)$$
$$u = U_m \sin (\omega t + \varphi_u)$$
$$i = I_m \sin (\omega t + \varphi_i)$$

（2）最大值。交流电在一个周期内数值最大的瞬时值称为最大值或幅值（也叫作振幅、峰值）。最大值用大写字母加下标 m 表示，例如 E_m、I_m、U_m 等。

（3）有效值。有效值是用来计量交流电大小的物理量。其定义为：如果交流电通过一个电阻时，在一个周期内产生的热量与某直流电流通过同一电阻在同样长的时间内产生的热量相等的话，就将这一直流电的数值定义为交流电的有效值。有效值用大写字母表示，例如 E、I、U 等。根据定义，可求得正弦交流电的有效值和最大值之间的关系为：

$$I = \frac{I_m}{\sqrt{2}} \approx 0.707 I_m$$

$$U = \frac{U_m}{\sqrt{2}} \approx 0.707 U_m$$

大多数电工设备、仪器仪表上标志的电流或电压值是有效值。例如，常用的交流电压是 220 V 或 380 V，就是有效值。

3. 正弦交流电周期、频率与角频率

（1）周期与频率。交流电变化一次所需要的时间称为周期，用 T 表示，单位是秒（s），如图 1-9 所示。

单位时间内（每秒）变化的次数称为频率，用 f 表示，单位是赫兹（Hz）。工程上还有千赫兹（kHz）、兆赫兹（MHz）、吉赫兹（GHz），它们的关系是：

$$1 \text{ kHz} = 10^3 \text{ Hz} \quad 1 \text{ MHz} = 10^6 \text{ Hz} \quad 1 \text{ GHz} = 10^9 \text{ Hz}$$

频率和周期互为倒数，即

$$f = \frac{1}{T} \text{ 或 } T = \frac{1}{f}$$

（2）角频率。单位时间内变化的电角度叫作角频率，用 ω 表示，单位是弧度/秒（rad/s）或 1/秒（1/s）。角频率 ω 与频率 f 之间的关系为

$$\omega = 2\pi f$$

例 1-4：我国供电电源的频率为 50 Hz，称为工业标准频率，简称工频，其周期为多少？角频率为多少？

解： 周期和角频率分别为

$$T = \frac{1}{f} = \frac{1}{50}\text{s} = 0.02\text{s}$$

$$\omega = 2\pi f \approx 2 \times 3.14 \times 50 = 314 \text{（rad/s）}$$

即工频 50 Hz 的交流电，每 0.02 秒钟变化一个循环，每秒钟变化 50 个循环。

4. 正弦交流电相位与相位差

（1）相位。正弦量在任意时刻的电角度，也称相角，用 $(\omega t + \varphi_0)$ 表示。$t=0$ 时的相位 φ 称为初相。如交流电 $u = 311\sin(314t + 60°)$ V 的相位是 $(314t + 60°)$，初相是 $60°$。

（2）相位差。两个同频率正弦量的相位之差，其值等于它们的初相之差。用字母 $\Delta\varphi$ 表示。设 i_1 的相位为 $(\omega t + \varphi_{01})$，初相为 φ_{01}；i_2 的相位为 $(\omega t + \varphi_{02})$，初相为 φ_{02}，其相位差为 $\Delta\varphi = (\omega t + \varphi_{01}) - (\omega t + \varphi_{02}) = \varphi_{01} - \varphi_{02}$。

当 $\pi > \Delta\varphi > 0$ 时，波形如图 1-10（a）所示，i_1 总比 i_2 先经过对应的最大值和零值，这时，就称为 i_1 相位超前 i_2 相位 $\Delta\varphi$（或称 i_2 相位滞后 i_1 相位 $\Delta\varphi$）。

当 $-\pi < \Delta\varphi < 0$ 时，波形如图 1-10（b）所示，i_2 总比 i_1 先经过对应的最大值和零值，这时，就称为 i_1 相位滞后 i_2 相位 $\Delta\varphi$。

当 $\Delta\varphi = 0$ 时，波形如图 1-10（c）所示，称为 i_1 与 i_2 同相。

当 $\Delta\varphi = \pi$ 时，波形如图 1-10（d）所示，称为 i_1 与 i_2 相位相反，简称反相。

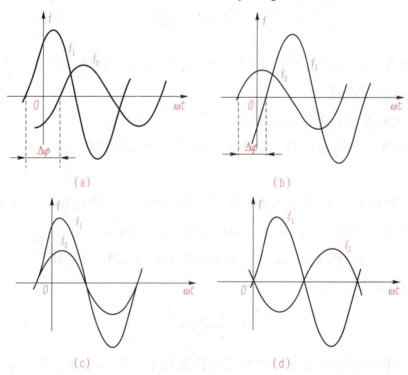

图 1-10   同频率正弦交流电的相位差

（a）$0 < \Delta\varphi < \pi$；（b）$-\pi < \Delta\varphi < 0$；（c）$\Delta\varphi = 0$；（d）$\Delta\varphi = \pi$

5. 单一参数的交流电路

（1）纯电阻电路。在交流电路中，既没有电感，又没有电容，只有线性电阻的电路，如

图 1-11（a）所示。在实际生活中，由于白炽灯、电热器等负载的电感与电阻相比是很小的，可以忽略不计。这种负载所组成的交流电路，在实用中就被认为是纯电阻电路。

1）电压与电流的关系。图 1-11（a）所示为纯电阻元件的正弦交流电路，在电阻两端加正弦交流电压 $u = U_{\mathrm{m}}\sin\omega t$，电压和电流参考方向如图所示，则根据欧姆定律有：

$$i = \frac{u}{R} = \frac{U_{\mathrm{m}}}{R}\sin\omega t$$

由此不难看出：在正弦电压的作用下，电阻中通过的电流也是同一频率的正弦交流电，且与电阻两端的电压同相位，如图 1-11（b）所示。

由上式可知，通过电阻的最大电流为 $I_{\mathrm{m}} = \dfrac{U_{\mathrm{m}}}{R}$，有效值表达式为 $I = \dfrac{U}{R}$；这说明，在纯电阻电路中，电压与电流的有效值之间符合欧姆定律。

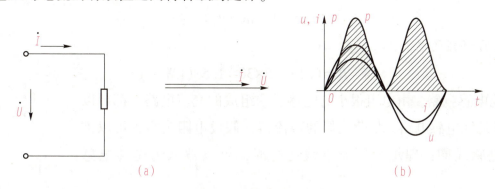

（a）   （b）

图 1-11 纯电阻电路

2）功率关系。在任一瞬时，电阻中的电流瞬时值与同一瞬间电阻两端电压的瞬时值的乘积，称为电阻获得的瞬时功率，用小写字母 p 来表示。在纯电阻电路中的瞬时功率为

$$p = ui = \frac{U_{\mathrm{m}}^2}{R}\sin^2\omega t$$

波形如图 1-12 所示，从图中可以看出，瞬时功率 $p \geq 0$。说明电阻元件一直在消耗能量，是一种耗能元件。

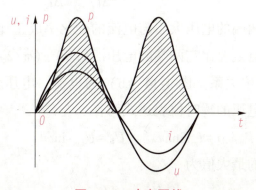

图 1-12 功率图线

由于瞬时功率时刻在变动，不便计算，因此，通常便取瞬时功率在一个周期内的平均值来表示交流电功率的大小，也称有功功率，用大写字母 P 来表示。即

$$P = UI = I^2 R = \frac{U^2}{R}$$

可见，当正弦电压和电流用有效值表示时，电阻上消耗的有功功率表达式与直流电路具有相同的形式。

例 1-5：一个 220 V、100 W 的电熨斗接于 220 V、50 Hz 的电源上，试求：（1）通过电熨斗的电流有效值 I，如假设电源电压的初相位为 30°，写出电流的瞬时值表达式；（2）若电熨斗平均每天使用半小时，每月消耗的电能为多少？（每月按 30 天计算）

解：（1）$I = \dfrac{P}{U} = \dfrac{100}{220} = 0.45$（A）

$$\omega = 2\pi f = 2 \times 3.14 \times 50 = 314\,（rad/s）$$

如电压初相位为 30°，那么电流的初相位也为 30°，所以有

$$i = 0.45 \times \sqrt{2} \times \sin（314t + 30°）$$

（2）每月消耗的电能

$$W = Pt = 0.1 \times 0.5 \times 30 = 1.5\,（kW \cdot h）$$

（2）纯电感电路。由电阻很小的电感线圈组成的交流电路，都可以近似地看成是纯电感电路。如荧光灯的镇流器，假设电阻为零，可以被认为是纯电感线圈；理想变压器空载运行时，可以被认为是纯电感电路。

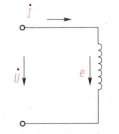

图 1-13　纯电感电路

1）电压与电流的关系。如图 1-13 所示，在纯电感的两端，加上交流电压 u_L，线圈中必定产生一交流电流 i。由于这一电流时刻都在变化，因而线圈上就产生自感电动势来反抗电流的改变，因此，线圈中的电流变化就要落后于线圈两端的电压变化，u_L 和 i 之间就会有相位差。

对于一个内阻很小的电源，其电动势与端电压总是大小相等、方向相反，因而：

$$u_L = -e_L = -\left(-L\frac{\Delta i}{\Delta t}\right) = L\frac{\Delta i}{\Delta t}$$

由上式可以看出，线圈两端的电压大小与电流的变化率成正比。其相位由图 1-14（a）可以看出，在纯电感电路中，电流要比它两端的电压滞后 90°（π/2），或者说电压总是超前电流 90°。这就是电流和电压的相位关系。图 1-14（b）为电流、电压矢量图。设流过电感的正弦电流的初相为零，则电流和电压的瞬时值表达式为：

$$i = I_m \sin\omega t \qquad U_L = U_{Lm}\sin\omega t$$

由数学推导可知，电压的最大值为

$$U_{Lm} = \omega L I_m$$

有效值为 $U_L = \omega L I$ 或 $I = \dfrac{U_L}{\omega L} = \dfrac{U_L}{X_L}$，式中 $X_L = \omega L = 2\pi f L$。$X_L$ 称为电感抗，简称感抗，其单位是欧姆。

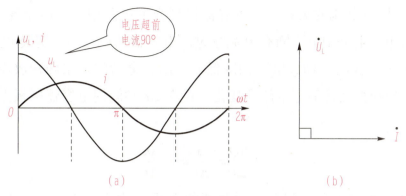

图 1-14　纯电感电路的电压和电流

2）电路的功率。电感上的瞬时功率是指电感两端的电压瞬时值与通过它的电流瞬时值的乘积。即

$$P = ui = U_m \sin\left(\omega t + \frac{\pi}{2}\right) \cdot I_m \sin\omega t = UI\sin 2\omega t$$

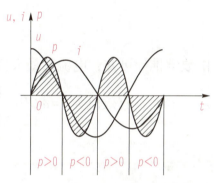

图 1-15　纯电感电路的功率曲线

　　显然，瞬时功率是随时间按正弦规律变化的，而且其频率是电源频率的两倍；波形如图 1-15 所示。由图可见，在第一个和第三个四分之一周期内，功率为正值，说明电感线圈正在从电源吸收电能，同时转化为磁场能量储存起来；而在第二个和第四个四分之一周期内，功率为负值，说明电感线圈正在释放磁场能量，并转化为电源的电能归还电源。因此，电感线圈不消耗电能，而只与外部电路进行能量交换，电感是储能元件。综上所述，纯电感线圈时而"吞进"功率，时而"吐出"功率，在一个周期内的平均功率为零。平均功率不能反映线圈能量交换的规模，因而人们就用瞬时功率的最大值来反映这种能量交换的规模，并把它叫作电路的无功功率，用 Q_L 来表示，其大小为 $Q_L = U_L I = I^2 X_L = \dfrac{U_L^2}{X_L}$。为与有功功率相区别，无功功率的单位为乏（var）或千乏（kvar）。

　　在供电系统中，只要接有电感负载，就会出现电能与磁能的相互转换，能量在电源与负载之间往返传输，虽占用了发电设备和线路，却没有向负载传输能量，这对供电部门来讲没有产生实际的效益，是供电部门不希望的，但对电感性负载来说又是不可避免的。必须指出的是，这里的"无功"是"交换"而不是消耗，它是相对于"有功"而言的，绝不能理解为无用。事实上无功功率在生产实践中占有很重要的地位。具有电感性质的变压器、电动机等设备是靠电磁转换工作的。

　　（3）纯电容电路。由介质损耗很小，绝缘电阻很大的电容器组成的交流电路，可近似看成纯电容电路。图 1-16 所示就是由这样的电容器组成的纯电容电路。

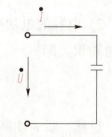

图 1-16　纯电容电路

1）电容器的电压与电流的关系。当电容器接到交流电路中时，由于外加电压不断变化，电容器就不断充放电，电路中就不断有电流流过。电容器两端的电压是随电荷的积累（即充电）而升高，随电荷的释放（即放电）而降低的。由于电荷的积累和释放需要一定时间，因此，电容器两端的电压变化滞后于电流的变化。设在 Δt 时间内电容器极板上的电荷变化量是 ΔQ，那么根据公式可得

$$i = \frac{\Delta Q}{\Delta t} = \frac{C\Delta u}{\Delta t} = C\frac{\Delta u}{\Delta t}$$

上式表明，电容器中的电流与电容器两端的电压变化率成正比。其电压变化波形图如图 1-17（a）所示。从波形图上可以清楚看出：纯电容电路中的电流超前电压90°（π/2），这与纯电感电路的情况恰好相反。图 1-17（b）是电流、电压的矢量图，从图中可以看出它们的相位关系。设加在电容器两端的交流电压的初相位为零，则电流、电压的瞬时值表达式为：

$$u_C = U_{Cm}\sin\omega t$$

$$i = I_m\sin\left(\omega t + \frac{\pi}{2}\right)$$

由数学推导可知，电流的最大值为：

$I_m = \omega C U_m$，有效值为 $I = \omega C U = \dfrac{U}{\dfrac{1}{\omega C}} = \dfrac{U}{X_C}$，式中 X_C 称为容抗。

$$X_C = \frac{1}{\omega C} = \frac{1}{2\pi f C}$$

上式表明，在纯电容电路中，电流的有效值等于它两端电压有效值乘以它的容抗。容抗的单位为欧姆。容抗的大小与频率 f 和电容 C 的乘积成反比。

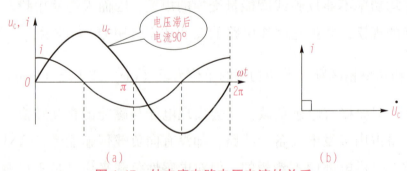

图 1-17　纯电容电路电压电流的关系

2）电容的电功率。电容元件的瞬时功率是指电容器两端的瞬时电压与通过它的电流瞬时值的乘积。即

$$p = ui = U_m\sin\omega t \cdot I_m\sin\left(\omega t + \frac{\pi}{2}\right) = UI\sin 2\omega t$$

显然，瞬时功率是随时间按正弦规律变化的，且其频率是电源频率的两倍；波形如图 1-18 所示。

由图可见，在第一个和第三个四分之一周期内，功率为正值，说明电容正从电源吸收能量并转化为电场能储存起来；而在第二个和第四个四分之一周期，功率为负值，说明电容正在释放电场能量并转化为电源的电能归还电源。所以在纯电容电路中，电容器也是时而"吞进"功率，时而"吐出"功率，因而电容器不消耗有功功率（平均功率），在一个周期内的平均功率为零。

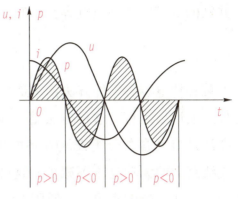

图 1-18　纯电容电路功率曲线

电容的无功功率用来反映电容元件与外部电路能量互换规模的大小。无功功率的大小等于电容两端的电压的有效值与通过其电流的有效值的乘积。用 Q_C 来表示，单位为乏（var）或千乏（kvar）。

$$Q_C = U_C I = I^2 X_C = \frac{U_C^2}{X_C}$$

🔍 6. 提高功率因数的意义和方法

由 $P = S\cos\varphi$，得 $\cos\varphi = \dfrac{P}{S}$

$\cos\varphi$ 为有功功率 P 与视在功率 S 的比值，也就是电源功率被利用的程度，即功率因数。

电路中功率因数越大，表示电源提供的电能转换成热能、机械能越多，电源的利用率也就越高。电路中在电感与电容中交换的能量越小，电路中的电流就越小，线路损耗也就越小。所以，提高电路的功率因素是节约用电的有力措施。

功率因数过低会造成发电设备（或配电设备）的容量得不到充分的利用。在发、配电设备的容量（即视在功率）S 一定的情况下，由 $P = S\cos\varphi$ 可知，$\cos\varphi$ 越低，有功功率 P 越小，设备的容量越得不到充分利用。例如，某大型电网所带负载的功率因数过低，若不设法提高负载的功率因数，要提高有功功率，只有增加发电设备容量，建造更大的发电厂，显然这不是有效的方法。有效的方法是充分发挥电源设备的利用率。

在负载消耗有功功率 P 和额定电压 U 一定的情况下，功率因数 $\cos\varphi$ 越低，供电线路电流 I 就越大。电流越大，线路的电压损失和功率损失就越大，输电效率也就越低。综上所述，高负载的功率因数对国民经济的发展有着极为重要的意义。功率因数的提高，能使发电设备的容量得到充分利用，同时亦能节约电能。

我们日常生活和生产用电设备中，电感性负载所占比重很大，例如，使用非常广泛的荧光灯、电动机、电焊机、电磁铁、接触器等都是电感性负载，因此，提高它们的功率因数就显得十分必要。

提高功率因数的方法是合理选用各种电气设备。电动机和变压器在空载或轻载运行时，它们的功率因数很低，所以，要正确选择变压器和电动机的容量，原则上要求尽可能满载运行。另外，在电感性负载两端并联适当的电容，可以提高电路的功率因素。

并联的电容叫作补偿电容，它的大小可按下式计算：

$$C = \frac{P}{\omega U^2}(\tan\varphi_1 - \tan\varphi)$$

安装补偿电容有三种方法：一是个别（单机）补偿，即电容器和电机共用一套控制设备，同时投入或退出运行。这种方法整个线路损耗低，但是投资较高，利用率不高。二是分组补偿，方法是将电容器分组安装在各配电盘或配电间内。这样高、低压线路的无功电流减少，但分支线路上的无功电流不减少，这种方法电容器的利用率较高。三是集中补偿，即将电容器集中安装在总配电间的高、低压母线上。这种方法安装、维护方便，运行可靠，利用率高，投资小，其缺点是不能减小各低压及分支线路上的无功电流。

知识链接二　三相正弦交流电

1. 三相交流电源的产生与连接

现代生产中的电源几乎都是三相交流电源。所谓三相交流电，就是三个频率相同、电动势最大值相等，而相位互差120°的正弦交流电。

三相交流电动势是三相交流发电机产生的，三相交流发电机由转子和定子两大部分组成。产生的三个对称正弦交流电动势分别为：

$$e_A = E_m \sin\omega t$$

$$e_B = E_m \sin(\omega t - 120°)$$

$$e_C = E_m \sin(\omega t + 120°)$$

其波形图如图1-19（a）所示，相量图如图1-19（b）所示。

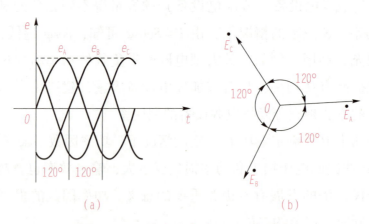

（a）　　　　　　　　　　（b）

图1-19　三线交流电波形图、相量图

如果把发电机转子中三个线圈的末端全部连接于 N 点，通过一根导线（称为中线、地线或零线）引出来，又分别从三个线圈的首端引出三根导线（称为端线、相线或火线），如图1-20所示。这种连接方式为发电机的星形（Y）连接。

在星形连接方式中，任何两根端线之间的电压称为线电压；任何一根端线和中线之间的电压称为相电压。

下面分析相电压与线电压的关系。作矢量图，如图1-21所示。

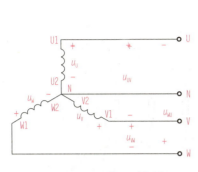

图 1-20 三相四线制

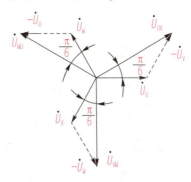

图 1-21 线电压与相电压的关系

其中三个相电压大小相等，在空间各相相差120°电角度。故两端线 U 和 V 之间的线电压应该是两个相应的相电压之差，即

$$\dot{U}_{UV} = \dot{U}_U - \dot{U}_V$$

$$\dot{U}_{VW} = \dot{U}_V - \dot{U}_W$$

$$\dot{U}_{WU} = \dot{U}_W - \dot{U}_U$$

线电压大小利用几何关系可求得：$U_{UV} = 2U_U \cos 30° = \sqrt{3}\, U_U$

同理可得：$U_{VW} = \sqrt{3}\, U_V$，$U_{WU} = \sqrt{3}\, U_W$

结论：三相电路中线电压的大小是相电压的 $\sqrt{3}$ 倍，其公式为 $U_L = \sqrt{3}\, U_P$。

我国的三相四线制供电系统中，送至负载的线电压一般为380 V，相电压则为220 V。

三相电源还可以作三角形连接，因在低压配电系统中很少采用，故不详述。

2. 三相交流负载的连接

三相交流电路中接入的负载有两类：一类是必须接上三相电源才能正常工作的三相用电设备，如三相异步电动机；另一类是额定电压为220 V或380 V，只需接两根电源线的单相用电设备，如单相电机、白炽灯、荧光灯和单相电焊机等。

三相异步电动机等三相用电设备，其内部三相绕组完全相同，是对称的三相负载。单相设备需要分组接到三相电路中，一般为不对称的三相负载。三相负载常见的连接方式有星形（Y）连接和三角形（△）连接。

（1）三相负载的星形连接。将每相负载的一端接到一起，另一端分别连接到三根相线上，如图1-22所示，为星形连接形式。单相负载通过中线将一端连在一起，而三相异步电动机等三相对称负载的中点（负载一端共同连接的点）可以不用连接到中线上。星形连接方式的条件是负载额定电压等于电源电压。

（2）三相负载的三角形连接。三相负载的三角形连接方式如图1-23所示。由于三角形负载只需要三根线供电，所以这属于三相三线制供电电路。电路中，每相负载连接于两根相线之间，因此负载的电压与相应的线电压相等。

在380 V/220 V供电系统中，三相负载的连接方式需要根据负载的额定电压来确定。如果负载的额定电压为380 V，则可以接成三角形连接方式；若额定电压为220 V，则只能连接为星形连接方式。

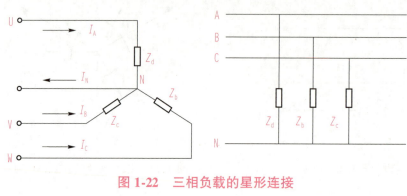

图 1-22　三相负载的星形连接

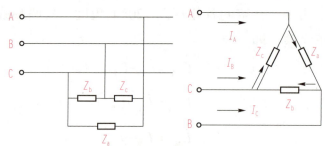

图 1-23　三相负载的三角形连接

任务三　建筑用低压电器

学习目标

1. 认识建筑施工现场常用的低压电器
2. 掌握施工现场常用低压电器的图形符号、型号及规格
3. 掌握施工现场常用低压电器的安装与维护

在建筑施工现场，为了能够对现场用电进行控制，保护施工现场人员的安全，我们常用一些电器设备对它进行控制，如图1-24所示。这些设备如何安装与使用？

电器是根据外界特定的信号和要求，自动或手动接通和断开电路，通过改变电路参数，实现对电路或非电对象进行切换、控制、保护、检测和调节所采用的电气设备。按照我国现行标准的规定，低压电器通常是指工作在交流1 200 V或直流1 500 V以下的电器。

按照使用范围，低压电器可分为：

（1）电力网系统用的配电电器，如低压断路器（自动开关）、熔断器和负荷开关等。它们要求通断电流能力强、保护性能好、操作时过电压低、抗电动稳定性和热稳定性好。

（2）电力拖动及自动控制系统用的控制电器，如接触器、启动器和各种控制继电器。它们要求转换能力强、操作频率高，电寿命和机械寿命长。

按照动作方式，低压电器又可分为手动控制电器和自动控制电器。

所谓手动控制电器，是指人们用手进行直接操作的电器，如闸刀开关、按钮、转换开关等。自动控制电器是指按照信号、指令或某些物理量的变化自动进行控制电器，甚至能远距离控制的电器，如接触器、继电器、行程开关等。

由于生产机械、建筑施工机械或者家用电器常要求完成各种各样的工作。因此，对拖动电动机必须根据需要进行手动或自动控制，如启动、停止、正转、反转等。为了保证电动机的安全运行，应设置多种保护电器进行保护，如过载保护、短路保护、断相保护等。

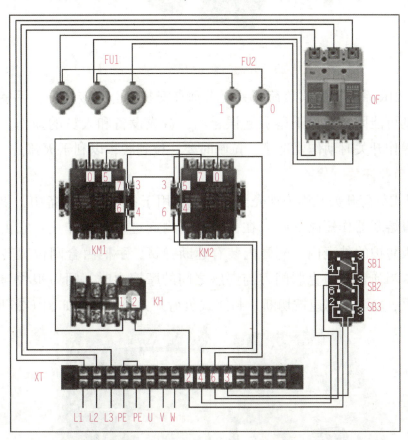

图 1-24　施工现场控制线路板

知识链接一　闸刀开关

🔧 1. 开启式负荷开关

HK 系列开启式负荷开关也称胶盖瓷底刀开关，是带熔断装置开关中最简单的一种。它主要用作电气线路照明的控制开关或者用作分支电路的配电开关。开启式负荷开关是结构最简单的一种手动控制电器。它的容量较小，常用的有 15 A、30 A，最大的为 60 A；它没有灭弧能力，容易损坏刀刃。它广泛用于照明线路和容量小于 3 kW 的电动机电路，还可以作电源的隔离开关使用。

刀开关

其外形结构如图 1-25（a）所示，主要由操作手柄、刀刃、刀夹和绝缘底座组成，内装有熔丝。图 1-25（b）所示为其符号，其中，QS 为刀开关文字符号（FU 为熔断器的文字符号）。

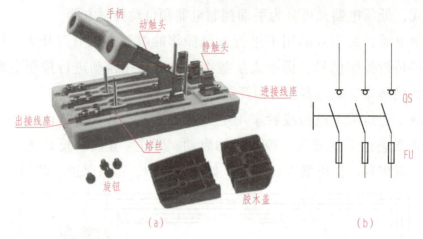

图 1-25　开启式负荷开关外形、符号

一般情况下，HK 系列开启式负荷开关要求垂直安装，上面接电源，手柄向上为合闸；不能倒装，否则手柄可能因自重而下落引起误合闸，造成设备和人员的损伤。户外装设的开关应有防雨装置。操作开关时动作要迅速，拉闸时要一拉到底，以利于灭弧。

2. 封闭式负荷开关

HH 系列封闭式负荷开关又称为铁壳开关，主要用于各种配电设备中，供手动不频繁操作带负荷电路。它有熔断器作短路保护，在一定范围内起过载保护作用；它由刀开关、熔断器组成，装在有钢板防护的外壳内。外壳内装有速断弹簧，手柄由合闸位置转向分段位置的过程中将弹簧拉紧，当弹簧拉力克服闸刀与夹座之间的摩擦力时，闸刀很快与夹座脱离，电弧被迅速拉长而熄灭，电源也迅速被切断。封闭式负荷开关外形结构如图 1-26 所示。

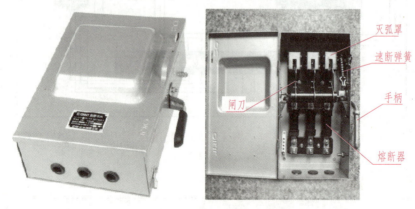

图 1-26　封闭式负荷开关外形结构

封闭式负荷开关与开启式负荷开关的不同之处在于开启式负荷开关没有灭弧装置，封闭式负荷开关增设了提高触刀通断速度的装置，又在断口处设置灭弧罩，并将整个开关本体装在一个防护壳体内，这就大大地改善了通电及安全性能。为了使用安全，铁壳开关内还装有联锁装置，保证开关在闭合时，盖子不能打开，而盖子打开时，闸刀不能合闸。

3. 隔离开关

隔离开关由动触头（活动刀刃）、静触头（固定触头或刀嘴）组成。动、静触头由绝缘子支撑，绝缘子安装在底板上，底板用螺丝固定在墙或构架上。

隔离开关的主要用途是保证电气设备检修工作的安全，在需要检修的部位和其他带电部位之间，用隔离开关构成足够大的明显可见的空气绝缘间隔。

　　隔离开关没有灭弧装置，故灭弧能力差，因此不准带负荷开、合刀闸。它不能断开负荷电流和短路电流，只能用来切断电压。在施工现场临时用电的低压配电箱中，必须安装隔离开关。

知识链接二　低压熔断器

　　熔断器是一种常用的保护设备。熔体是由低熔点合金制成，使用时串接在被保护的电路中。当电动机正常运转时，熔体相当于电路中的一根导线，当电路发生短路或过载，使通过熔体的电流增大到超过其额定值许多倍时，熔体就要因受热而熔断，使电路断开，从而保护了电动机及其线路。由于熔断器的结构简单、体积小、质量轻、使用维护方便、价格低廉，具有很大的经济意义，又由于它的可靠性高，故在强电系统或弱电系统中都获得了广泛应用。

　　熔断器的类型很多，常用的有 RC 系列插入式熔断器、RL 系列螺旋式熔断器、R 系列玻璃管式熔断器、RT 系列有填料密封管式熔断器、RM 系列无填料密封管式熔断器。

1. RC 系列插入式熔断器

　　熔体材料主要是软铅丝和铜丝，瓷座和瓷盖共同形成灭弧室，如图 1-27 所示，适用于不同场合，包括民用和工业的照明电路。

2. RL 系列螺旋式熔断器

　　如图 1-28 所示，螺旋式熔断器由瓷帽、熔断管、瓷套、上接线座和下接线座及瓷底座等部分组成。熔断管内装有熔丝和石英砂和带小红点的熔断指示器，指示器指示熔丝是否熔断，石英用于增强灭弧性能。当从瓷帽观察窗

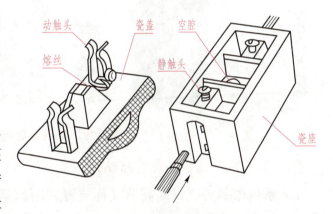

图 1-27　瓷插式熔断器结构

口看到小红点的指示器脱落时，表示熔丝已熔断。熔断管是一次性产品。螺旋式熔断器主要用于工矿企业低压配电设备、机床设备的电气控制系统中。螺旋式熔断器安装时，为了安全起见，上接线座接负载端，下接线座接电源端。

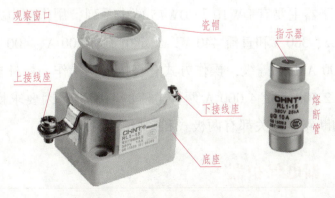

图 1-28　螺旋式熔断器外形结构

知识链接三 低压断路器

低压断路器又称自动空气开关，简称断路器，是一种手动操作电器。它集控制等多功能于一体，在线路工作正常时，它作为电源开关接通和分断电路；当电路发生断路、过载和失压等故障时，它能自动跳闸切断故障电路，从而保护线路和电气设备，它内部没有熔丝，使用方便，所以应用极为广泛。

低压断路器的特点是：不但具有短路保护，而且具有过载保护和欠压保护功能，能自动切断电路。

低压断路器分塑料外壳式（又称装置式）和框架式（又称万能式）两大类。目前常用的低压断路器有 DZ20 系列塑料外壳式、DW15 系列框架式和 DZX 系列限流型低压断路器，新型号有 C 系列、S 系列和 K 系列等。

低压断路器外形结构以及符号如图 1-29 所示。

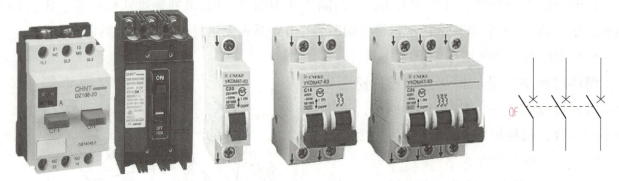

图 1-29 低压断路器外形结构、符号

1. DZ 系列塑料外壳式断路器

DZ 系列塑料外壳式断路器又称装置式断路器，它既可用作配电线路的保护开关，又可作为电动机、照明线路以及电热器等的控制开关，由于其动作迅速，工作安全、可靠，故在施工现场和城市建筑配电中应用较多。其额定工作电压为交流 50 Hz、220 V、380 V、500 V 和直流 110 V、220 V，额定电流为 10~600 A 内设有多个等级。

2. DW 系列万能式断路器

DW 系列万能式断路器主要有 DW10 和 DW15 两个系列，用作配电线路的保护开关。其额定工作电压为交流50 Hz、380 V 和直流 440 V，额定电流有 200 A、400 A、600 A、1 000 A、1 500 A、2 500 A 及 4 000 A 七个等级，操作方式有直接手柄操作、杠杆操作、电磁铁操作和电动机操作四种，其中，2 500 A 及 4 000 A 两种电流的断路器，因要求操作力太大，只有靠电动机操作。整个系列的断路器开关都有两极式和三极式两种结构。

知识链接四 漏电保护器

漏电电流动作保护器，简称漏电保护器，又叫作漏电保护开关。漏电保护器是一种电气安全装置。将漏电保护器安装在低压电路中，当发生漏电和触电，且达到保护器所限定的动作电流值时，漏电保护器就立即在限定的时间内动作自动断开电源进行保护。根据保护器的工作原理，可分为电压型、脉冲型和电流型三种。目前，前两种已经淘汰，应用广泛的是电流型漏电保护器。

漏电保护器

漏电保护器外形如图1-30所示，主要由三部分组成：检测元件、放大环节、执行机构。检测元件由零序互感器组成，可检测漏电电流，并发出信号。放大环节的功能是将微弱的漏电信号放大，按装置不同（放大部件可采用机械装置或电子装置），构成电磁式保护器或电子式保护器。执行机构是指收到信号后，主开关由闭合位置转换到断开位置，从而切断电源，使被保护电路脱离电网的跳闸部件。

图 1-30 漏电保护器外形

电流型漏电保护器的工作原理如图1-31所示。在设备正常运行时，主电路电流的相量和为零，零序互感器的铁心无磁通，其二次侧没有电压输出。当设备发生单相接地或漏电时，由于主电路电流的相量和不再为零，零序互感器的铁心有零序磁通，其二次侧有电压输出，经放大器放大后，输入给脱扣器，使断路器跳闸，切断故障电路，避免发生触电事故。

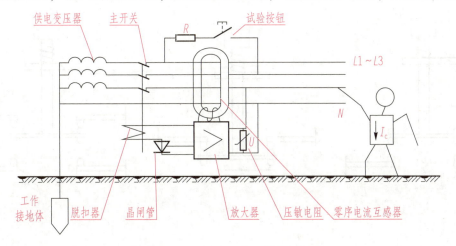

图 1-31 电流型漏电保护器原理图

漏电保护器的应用范围如下：

（1）无双重绝缘，额定工作电压在110 V以上的移动电具。

（2）建筑工地。

（3）临时线路。

（4）家庭。

知识链接五 按钮

按钮是一种常用的电气控制元件，一般不能直接控制大电流电路，而是通过继电器、接

触器等电气元件来间接控制。因此，按钮一般只允许通过小于 5 A 的
电流，主要用来发出命令，如"启动""停止"等命令。

按钮

按钮主要由三个核心部件组成，分别是常开触点、常闭触点、弹
簧。其中，弹簧决定了按钮的特点，即按下按钮时，常开触点就闭
合，常闭触点断开，当松开按钮时，由于弹簧的复位作用，常开触点
变为断开，常闭触点回到原来的闭合状态。

常用按钮外形、结构、符号示意图如图 1-32 所示。

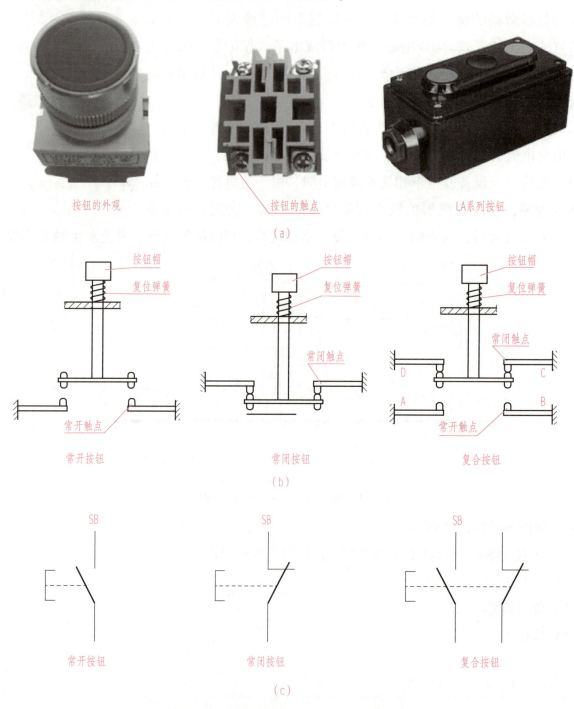

图 1-32　按钮外形、结构、符号示意图
（a）外形；（b）结构示意图；（c）电气符号

知识链接六 交流接触器

交流接触器广泛用作远距离频繁通断电路。它利用主触头来通断电路，用辅助触头来执行控制指令。

交流接触器主要由电磁系统、触头系统、灭弧装置和辅助元件等组成。交流接触器的电气符号和文字符号如图1-33所示。

交流接触器

图1-34所示为交流接触器外形结构。

交流接触器工作原理为线圈得电以后，产生的磁场将铁芯磁化，吸引动铁芯，克服反作用弹簧的弹力，使它向着静铁芯运动，拖动触点系统运动，使得动合触点闭合、动断触点断开。一旦电源电压消失或者显著降低，以致电磁线圈没有激磁或激磁不足，动铁芯就会因电磁吸力消失或过小而在反作用弹簧的弹力作用下释放，使得动触点与静触点脱离，触点恢复线圈未通电时的状态。

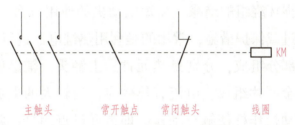

主触头　　常开触点　　常闭触头　　线圈

图1-33 交流接触器符号表示

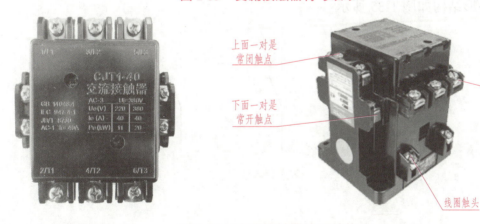

图1-34 交流接触器外形结构

交流接触器的选型原则：

接触器主触头的额定电流应大于负载的额定电流，主触头的额定电压应等于负载额定电压。线圈的额定电压应根据实际情况来选择，如果控制线路比较简单，可选用380 V或220 V的电压。如果控制电路比较复杂，为了安全起见，可选用110 V或36 V的电压。

知识链接七 继电器

继电器是一种小信号控制电器，它利用电流、电压、时间、速度、温度等作为输入信号来接通或断开小电流电路，实现自动控制和保护电力拖动装置。

继电器一般由感测机构、中间机构和执行机构三个基本部分组成。感测机构把感测到的电气量（电压、电流等）或非电气量（热量、时间、压力、转速等）传递给中间机构，将它与额定的整定值进行比较，当达到整定值（过量或欠量）时，中间机构便使执行机构动作，从而接通或断开被控电路。

由于继电器一般不用来控制主电路，而是通过接触器和其他开关设备对主电路进行控制，因此，继电器载流容量小，不需灭弧装置。继电器具有体积小、质量小、结构简单等特点，通常对其灵敏度和准确性要求较高。常用的继电器有热继电器、中间继电器、时间继电器、速度继电器和过电流继电器等。下面主要介绍热继电器和时间继电器。

（1）热继电器。热继电器是一种利用电流的热效应来对电动机或其他用电设备进行过载保护的控制电器。

电动机在运行过程中，如果长期过载、频繁启动、欠电压运行或断相运行等都可能使电动机的电流超过它的额定值。如果电流超过额定值的量不大，熔断器在这种情况下不会熔断，这样会引起电动机过热，损坏绕组的绝缘，缩短电动机的使用寿命，严重时甚至烧坏电动机。因此，必须对电动机采取过载保护措施，常用的是利用热继电器进行过载保护。

热继电器主要由三个部分组成，分别是热元件、主触头、辅助触头，其中，热元件是热继电器的核心，一般由双金属片组成。电流有热效应，当较大的电流流过热元件时，双金属片就会发热变形，从而驱动操作杆使触点动作，即常开触点闭合，常闭触点断开。热继电器的电气符号及外形结构如图1-35所示。

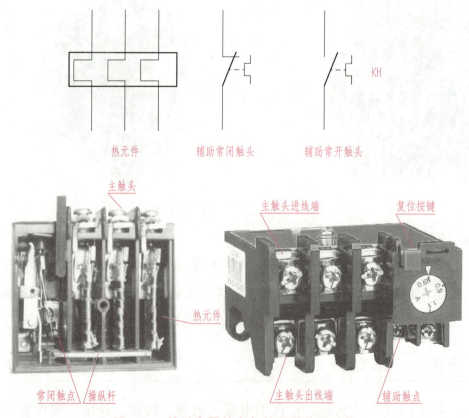

图 1-35　热继电器的电气符号及外形结构

热继电器的选型：

首先，根据负载电动机的额定电流选择热继电器的规格，一般应略大于电动机的额定电流。

其次，根据需要的整定值选择热元件，一般热元件的整定电流应为电动机额定电流的0.95~1.05倍。

最后，根据电动机绕组的连接方式选择热继电器的结构形式，当电动机作星形连接时，一般选用普通三相热继电器，而作三角形连接时，应选带断相保护的热继电器。

（2）时间继电器。时间继电器在工作电路中，主要是用来实现延时控制的。它的工作原理可以这样描述，时间继电器一旦接通，瞬时触头立刻动作，延时系统开始进行延时，当延时时间达到时间继电器的整定值（即设定值）时，时间继电器的通电延时触头开始动作，即常开触头闭合，常闭触头断开。断电延时触头与通电延时触头刚好相反，时间继电器断电后，延时系统开始延时，当达到整定值时，断电延时触头开始动作。

常用的时间继电器主要有：电磁式、电动式、空气阻尼式、晶体管式等。

其中，电磁式时间继电器结构简单，价格低廉，但体积和质量较大，延时较短（如JT3型只有0.3~5.5 s），且只能用于直流断电延时；电动式时间继电器的延时精度高，延时可调范围大（由几分钟到几小时），但结构复杂，价格贵。目前在电力拖动线路中应用较多的是空气阻尼式时间继电器。随着电子技术的发展，近年来晶体管式时间继电器的应用日益广泛。

时间继电器一般由瞬时触头、延时触头、延时系统等主要构件组成。时间继电器的外形如图1-36所示，时间继电器的电气符号和文字符号如图1-37所示。

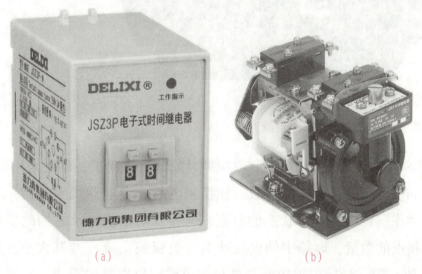

(a)　　　　　　　　　　(b)

图1-36　时间继电器的外形

(a) 电子式时间继电器的外形；(b) 空气阻尼式时间继电器的外形

空气阻尼式时间继电器。早期在交流电路中常采用空气阻尼式时间继电器，它是利用空气通过小孔节流的原理来获得延时动作的。

空气阻尼式时间继电器又称为气囊式时间继电器，其结构简单，价格便宜，延时范围大（0.4~180 s），但延时精确度低。

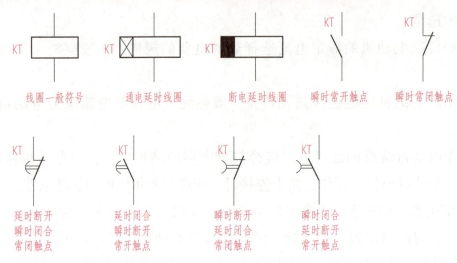

图1-37 时间继电器的电气符号、文字符号

线圈一般符号　通电延时线圈　断电延时线圈　瞬时常开触点　瞬时常闭触点

延时断开
瞬时闭合
常闭触点

延时闭合
瞬时断开
常开触点

瞬时断开
延时闭合
常闭触点

瞬时闭合
延时断开
常开触点

空气阻尼式时间继电器由电磁系统、延时机构和触点三部分组成，其外形结构如图1-38所示。

图1-38 空气阻尼式时间继电器外形结构图

时间整定旋钮
触点是延时常开
触点是延时常闭
触点是瞬时常闭
触点是瞬时常开

触点是瞬时常闭
触点是瞬时常开

触点是延时常开

气囊

触点是延时常闭

电磁机构

热继电器

（3）继电器的选用。首先根据被控制或保护对象的具体要求，确定采用的继电器的种类。其次是确定控制和被控制电路的基本参数，如控制电路（继电器线圈电路）的线圈数量，电流种类，继电器动作、释放和工作状态的电流、电压或功率值以及它们的变化范围；被控制电路的常开常闭接点的数量，电路中的电流种类（直流或交流）及其大小，负载的电阻和电感量（即 R 和 L 值）等。最后根据控制和被控制电路对继电器的要求，在考虑使用寿命、工作制、使用条件、继电器各主要技术参数及重量和尺寸的基础上，从产品目录中选择合适的继电器。

建筑施工现场常用工具、仪器和材料

 **任务一** 施工现场常用工具

 学习目标

1. 认识施工现场常用的电气施工工具
2. 熟悉施工现场常用工具的使用与保养

建筑施工现场用电主要包括常用电工工具的使用、导线的连接方法、常用焊接工艺、电气设备紧固件的埋设和电工识图等。它是建筑施工现场用电操作人员动手能力和解决实际问题的实践基础。电工工具是电气操作的基本工具，施工现场用电操作人员必须掌握电工常用工具的结构、性能和正确的使用方法。

知识链接一 建筑施工现场电工常用小型工具

1. 佩戴用具

施工现场用电操作人员必不可少的佩戴用具包括工具夹和工具袋，主要用于收纳施工过程中常用的小型工具。

工具夹是装夹电工随身携带常用工具的器具。工具夹常用皮革或帆布制成，分为插装一件、三件和五件工具等几种。使用时，工具夹佩挂在背后右侧的腰带上，以便随手取用和归放工具。

工具袋常用帆布制成，是用来装锤子、凿子、手锯等工具和零星器材的背包。工作时一般将工具袋斜挎肩上。

安全帽

2. 验电器

验电器又叫作电压指示器，是用来检查导线和电器设备是否带电的工具。验电器分为高压验电器和低压验电器两种。

（1）低压验电器外形及结构。低压验电器又称为试电笔、测电笔（简称电笔），是电工最常用的一种检测工具，用于检查低压电气设备是否带电。检测电压的范围为60~500 V。常用的有钢笔式和螺钉旋具式两种，前端是金属探头，内部依次安装安全电阻、氖泡和弹簧，弹簧与后端外部的金属部分相接触。按其显示元件不同分为氖管发光指示式和数字显示式两种。如图2-1所示。

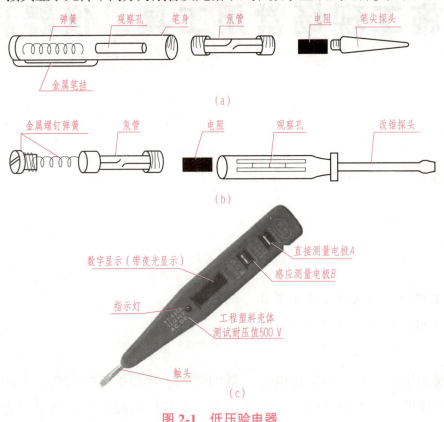

图2-1　低压验电器

（a）钢笔式；（b）螺钉旋具式；（c）数字显示式

低压验电器的使用：

使用时，必须手指触及笔尾的金属部分，并使氖管小窗背光且朝自己，以便观测氖管的亮暗程度，防止因光线太强造成误判断，其使用方法如图2-2所示。

当用低压验电器测试带电体时，电流经带电体、电笔、人体及大地形成通电回路，只要带电体与大地之间的电位差超过60 V，低压验电器中的氖管就会发光，电压高发光强，电压低发光弱。用数字显示式低压验电器验电，其握笔方法与氖管发光指示式低压验电器相同，带电体与大地间的电位差为2~500 V，低压验电器都能显示出来。由此可见，使用数字显示式低压验电器，除能知道线路或电气设备是否带电以外，还能够知道带电体电压的具体数值。

使用注意事项：

1）使用前，必须在有电源处对低压验电器进行测试，以证明该低压验电器确实良好，方可使用。

2）验电时，应使低压验电器逐渐靠近被测物体，直至氖管发亮，不可直接接触被测体。

3）验电时，手指必须触及笔尾的金属体，否则带电体也会被误判为非带电体。

4）验电时，要防止手指触及笔尖的金属部分，以免造成触电事故。

低压验电器的正确握法

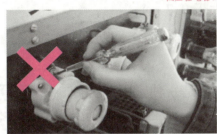

低压验电器的错误握法
（手未接触笔尾金属体）

图 2-2 低压验电器握法

（2）数字感应测电笔的简单介绍。数字感应测电笔如图 2-1（c）所示，是近年来出现的一种新型电工工具。它通过在绝缘皮外侧利用电磁感应探测，并将探测到的信号放大后利用液晶显示器显示来判断物体是否带电。其具有安全、方便、快捷等优点。

按钮说明：

A 键：直接测量按键（离液晶屏较远），也就是用触头直接去接触线路时，请按此按钮。

B 键：感应测量按键（离液晶屏较近），也就是用触头感应接触线路时，请按此按钮。

注：不管电笔上如何印字，请认明离液晶显示器较远的为直接测量健，离液晶显示器较近的为感应键即可。

数字感应测电笔适用于直接检测 12～250 V 的交流、直流电和间接检测交流电的零线、相线和断点，还可测量不带电导体的通断。

数字感应测电笔使用：

1）间接测量：按住 B 键，将触头靠近电源线，如果电源线带电的话，数字感应测电笔的液晶显示器上将显示高压符号。可用于隔着绝缘层分辨零线、相线，确定电路断点位置。

2）直接测量：按住 A 键，将触头接触带电体，数字感应测电笔的液晶显示器上将分段显示电压，最后显示数字为所测电路电压等级。

（3）高压验电器外形及结构。高压验电器属于防护性用具，检测电压范围为 1 000 V 以上。其外形结构如图 2-3 所示。

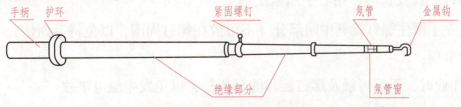

手柄 护环   紧固螺钉   氖管 金属钩

绝缘部分   氖管窗

图 2-3 高压验电器外形结构

高压验电器的使用：

1）必须戴上符合要求的绝缘手套。

2）手握部位不得超过护环。

3）测试时必须有人在旁监护。

4）小心操作，以防发生相间或对地短路事故。

5）与带电体保持足够的安全间距（10 kV 大于 0.7 m）。

6）室外在雨、雪、雾天气及湿度较大时，不宜进行操作，以免发生危险。

3. 螺钉旋具

螺钉旋具又称旋凿、起子、改锥和螺丝刀，它是一种紧固和拆卸螺钉的工具。螺钉旋具的样式和规格很多，按头部分为一字形和十字形两种。

螺钉旋具的使用

（1）一字形螺钉旋具。规格：用金属杆长度的数值（以 mm 为商位）表示有 100、150、200、300、400。如图 2-4（a）所示。

（2）十字形螺钉旋具。规格：按适用螺钉直径表示有I号（2~2.5 mm）、Ⅱ号（3~5 mm）、Ⅲ号（6~8 mm）、Ⅳ号（10~12 mm）。如图 2-4（b）所示。

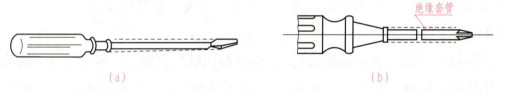

绝缘套管

（a）   （b）

图 2-4　螺钉旋具

（a）一字形；（b）十字形

（3）螺钉旋具使用与握持方法。带电作业时，手不可触及螺钉旋具的金属杆，以防触电。电工螺钉旋具不得使用锤击型（金属通杆）。金属杆应套绝缘管，防止金属杆触到人体或邻近带电体。如图 2-5 所示。

使用大型螺钉旋具时，除大拇指、食指和中指要夹住握柄外，手掌还要顶住柄的末端以防旋转时滑脱。使用小型螺钉旋具时，用大拇指和中指夹着握柄，同时用食指顶住柄的末端用力旋动。螺钉旋具较长时，用右手压紧手柄

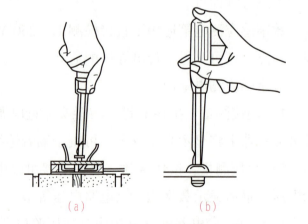

（a）   （b）

图 2-5　螺钉旋具的使用

（a）大型螺钉旋具握法；（b）小型螺钉旋具握法

并转动，同时左手握住螺钉旋具中间部分（不可放在螺钉周围，以免将手划伤），防止滑脱。

使用注意事项：

1）带电作业时，手不可触及螺钉旋具的金属杆，以免发生触电事故。

2）作为电工，不应使用金属杆直通握柄顶部的螺钉旋具。

3）为防止金属杆触到人体或邻近带电体，金属杆应套上绝缘管。

（4）多用螺钉旋具。多用螺钉旋具是一种组合式工具，既可作螺钉旋具使用，又可作低压验电器使用，此外，还可用来进行锥、钻、锯、扳等。它的柄部和头部是可以拆卸的，并附有规格不同的螺钉旋具、三棱锥体、金刚石钻头、锯片、锉刀等附件，如图 2-6（a）所示。

除此之外还有电动螺钉旋具、冲击螺钉旋具［见图 2-6（b）］等现代旋具。

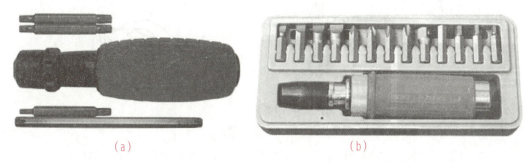

（a）　　　　　　　　　　　　　　　　（b）

图 2-6　其他螺丝刀

（a）多用螺钉旋具；（b）冲击螺钉旋具

🔧 4. 电工刀

电工刀（图 2-7）在电工安装维修中用于切削导线的绝缘层、电缆绝缘、木槽板等。其规格有大号、小号之分。大号刀片长 112 毫米，小号刀片长 88 毫米。有的电工刀上带有锯片和锥子，可用来锯小木片和锥孔。电工刀没有绝缘保护，禁止带电作业。

电工刀的使用

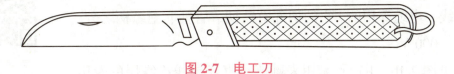

图 2-7　电工刀

电工刀的使用：

1）电工刀没有绝缘保护，不得用于带电作业，以免触电。

2）应将刀口朝外切削，并注意避免伤及手指。

3）切削导线绝缘层时，应使刀面与导线呈较小的锐角，以免割伤导线。

4）使用完毕，随即将刀身折进刀柄。

🔧 5. 钳子

钳子分为钢丝钳、尖嘴钳、断线钳、剥线钳等。使用钳子是用右手操作。将钳口朝内侧，便于控制钳切部位，用小指伸在两钳柄中间来抵住钳柄，张开钳头，这样分开钳柄灵活。

（1）钢丝钳。钢丝钳是一种夹持或折断金属薄片、切断金属丝的工具。电工用钢丝钳的柄部套有绝缘套管（耐压 500 V），其规格用钢丝钳全长的数值（以 mm 为单位）表示，常用的有 150、175、200 等。钢丝钳的构造及应用如图 2-8 所示。

钢丝钳注意事项：

1）使用前，检查钢丝钳绝缘是否良好，以免带电作业时造成触电事故。

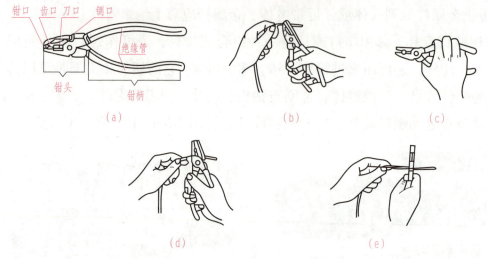

图 2-8　钢丝钳的构造及应用

（a）构造；（b）弯绞导线；（c）紧固螺母；（d）剪切导线；（e）铡切钢丝

2）在带电剪切导线时，不得用刀口同时剪切不同电位的两根线（如相线与零线、相线与相线等），以免发生短路事故。

（2）尖嘴钳。尖嘴钳（见图 2-9）的头部"尖细"，用法与钢丝钳相似，其特点是适用于在狭小的工作空间操作，能夹持较小的螺钉、垫圈、导线及电器元件。在安装控制线路时，尖嘴钳能将单股导线弯成接线端子（线鼻子），有刀口的尖嘴钳还可剪断导线、剥落绝缘层。

（3）断线钳和剥线钳。断线钳［见图 2-10（a）］的头部"扁斜"，因此又叫作斜口钳、扁嘴钳或剪线钳，是专供剪断较粗的金属丝、线材及导线、电缆等用的。它的柄部有铁柄、管柄、绝缘柄之分，绝缘柄耐压为 1 000 V。

剥线钳的使用

剥线钳［见图 2-10（b）］是用来剥落小直径导线绝缘层的专用工具。它的钳口部分设有几个刀口，用以剥落不同线径的导线绝缘层。其柄部是绝缘的，耐压为 500 V。

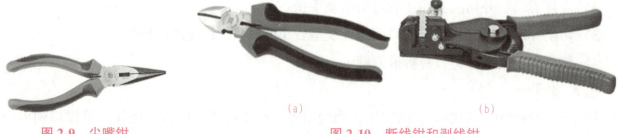

图 2-9　尖嘴钳　　　　　　　**图 2-10　断线钳和剥线钳**

（a）断线钳；（b）剥线钳

🔧 6. 扳手

（1）活络扳手。活络扳手主要用于紧固和松动螺母。由活扳唇、呆扳唇、扳口、蜗轮、轴销等构成。其规格常以长度的数值（以 mm 为单位）×最大开口宽度的数值（以 mm 为单位）表示，常用规格为 150×19、200×24、250×30、300×36。

活络扳手外形如图 2-11 所示。使用时活络扳手不可反用，以免损坏活扳唇。不可用加力杆接长手柄以加大扳拧力矩。

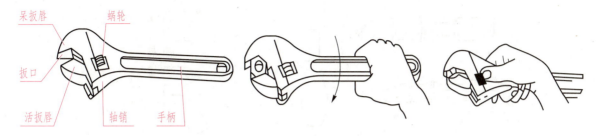

图 2-11　活络扳手外形结构

（2）固定扳手。固定扳手又称呆扳手，其扳口为固定口径，不能调整，但使用时不易打滑。

固定扳手的类型有梅花扳手、开口扳手两种，如图 2-12 所示。

（3）套筒扳手。套筒扳手的扳口是筒形，扳手有多种，能插接各种扳口，如图 2-13 所示。其适合在狭小空间使用。

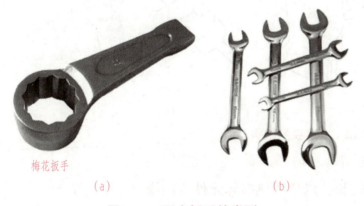

梅花扳手

（a）　　　　　　　　（b）

图 2-12　固定扳手的类型
（a）梅花扳手；（b）开口扳手

图 2-13　套筒扳手

7. 电烙铁

焊接前，一般要把焊头的氧化层除去，并用焊剂进行上锡处理，使得焊头的前端经常保持一层薄锡，以防止氧化、减少能耗、保证导热良好。

电烙铁的握法没有统一的要求，以不易疲劳、操作方便为原则，一般有笔握法和拳握法两种，如图 2-14 所示。

用电烙铁焊接导线时，必须使用焊料和焊剂。焊料一般为丝状焊锡或纯锡，常见的焊剂有松香、焊膏等。

电烙铁的使用注意事项：

（1）使用前应检查电源线是否良好，有无被烫伤。

（2）焊接电子类元件（特别是集成块）时，应采用防漏电等安全措施。

（3）当焊头因氧化而不"吃锡"时，不可硬烧。

（4）当焊头上锡较多不便焊接时，不可甩锡，不可敲击。

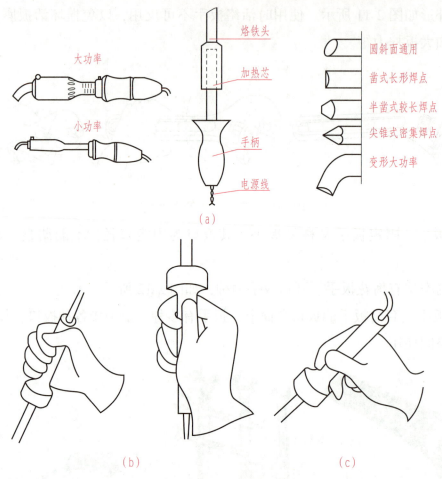

图 2-14　电烙铁的结构与握法

（a）电烙铁的结构；（b）拳握法；（c）笔握法

（5）焊接较小元件时，时间不宜过长，以免因热损坏元件或绝缘。

（6）焊接完毕，应拔去电源插头，将电烙铁置于金属支架上，防止烫伤或火灾的发生。

知识链接二　焊　　接

1. 焊接的初步知识

（1）焊接概念。利用加热或其他方法，使焊料与焊接金属原子之间互相吸引（相互扩散），依靠原子间的内聚力使两种金属永久地牢固结合。

（2）焊接种类。焊接有熔焊、钎焊及接触焊。在电子设备装配和维修中主要采用的是钎焊。

钎焊就是用加热把作为焊料的金属熔化成液态，使另外的被焊固态金属（母材）连接在一起，并在焊点发生化学变化。钎焊中用的焊料是起连接作用的，其熔点必须低于被焊金属材料的熔点。根据焊料熔点的高低，钎焊又分为硬焊（焊料熔点高于 450 ℃）和软焊（焊料熔点低于 450 ℃）。锡焊就是软焊的一种。

（3）焊接（锡焊）的必备条件。锡焊的过程其实就是锡焊点形成的过程，将加热熔化成液态的焊料借助于焊剂的作用熔于被焊接金属的缝隙，如果熔化的焊锡和被焊接的金属的结合面上不存在其他任何杂质，那么焊锡中的锡和铅的任何一种原子会进入被焊接金属材料的晶格，在焊接面间形成金属合金，并使其连接在一起，得到牢固可靠的焊接点。锡焊的必备条件如下：

1）母材应具有良好的可焊性。

2）母材表面和焊锡应保持清洁接触，应清除被焊金属表面的氧化膜。

3）应选用助焊剂性能最佳的助焊剂。

4）焊锡的成分及性能应在母材表面产生浸润现象，使焊锡与被焊金属原子间因内聚力作用而融为一体。

5）焊接要具有足够的温度，使焊锡熔化并向被焊金属缝隙渗透和向表层扩散，同时使母材的温度上升到焊接温度，以便与熔化焊锡生成金属合金。

6）焊接的时间应掌握适当，过长过短都不行。

（4）电烙铁的选用。电烙铁有外热式、内热式、吸锡式和恒温式等类别，不论哪种电烙铁，都是在接通电源后，电阻丝绕制的加热器发热，直接通过传热筒加热烙铁头，待达到工作温度后，就可熔化焊锡，进行焊接。

电烙铁的选用可从电烙铁的功率、加热方式和烙铁头形状等方面进行考虑；选用主要考虑以下四个因素：

1）设备的电路结构形式。

2）被焊器件的吸热、散热状况。

3）焊料的特性。

4）使用是否方便。

焊接小型元器件、电路板等，选用 20～30 W 的电烙铁；焊接接线柱等，选用 30～75 W 的电烙铁。烙铁头形状的选用要适合焊接面的要求和焊点的密度。另外，使用前必须检查两股电源线与保护接地线的接头，不要接错。初次使用时先将烙铁头上镀上一层锡。

2. 焊料、焊剂的选用及焊接的质量要求

（1）焊料、焊剂的选用。焊接离不开焊料和焊剂，焊料是用来熔合两种或两种以上的金属面，使之成为一个整体的金属或合金。焊剂是用来改善焊接性能的。

1）焊料的选用。常用的焊料有锡铅焊料（也叫焊锡）、银焊料及铜焊料。锡铅焊料是一种合金，锡、铅都是软金属，熔点较低，配制后的熔点在 250 ℃ 以下。纯锡的熔点为 232 ℃，它具有较好的浸润性，但热流动性并不好；铅的熔点比锡高，约为 327 ℃，具有较好的热流动性，但浸润性能差。两者按不同的比例组成合金后，其熔点和其他物理性能等都有变化。

当合金的铅锡比例各为 50% 时，其熔点为 212 ℃，凝固点为 182 ℃，182 ℃～212 ℃ 为半凝固状态，这种合金的含锡量低、熔点高，在电子设备装配和维修中不能选用，只可用于一般焊接中。

当锡/铅为 62%/38% 时，这种合金叫共晶焊锡，其熔点和凝固点都是 182 ℃，由液态到固态几乎不经过半凝固状态，焊点凝固迅速，缩短了焊接时间，适合在电子线路焊接中选用。目前在

印制线路板上焊接元件时，都选用低温焊锡丝，这种焊锡丝为空心，心内装有松香焊剂，熔点为140℃，其中含锡51%、含铅31%、含镉18%。外径有 φ2.5 mm，φ2 mm，φ1.5 mm 和 φ1 mm 等几种。

2）焊剂的选用。金属在空气中、加热情况下，表面会生成氧化膜薄层。在焊接时，它会阻碍焊锡的浸润和节点合金的形成，采用焊剂能改善焊接性能。焊剂能破坏金属氧化物，使氧化物漂浮在焊锡表面上，有利于焊接；又能覆盖在焊料表面，防止焊料或金属继续氧化；还能增强焊料与金属表面的活性，增加浸润能力。

①对铂、金、银、铜、锡等金属，或带有锡层的金属材料，可用松香或松香酒精溶液作为焊剂。

②对铅、黄铜、铍青铜及带有镍层的金属，若用松香焊剂，则焊接较为困难，应选用中性焊剂。

③对板金属，可用无机系列的焊剂，如氯化锌和氯化铵的混合物，但在电子线路焊接中，禁止使用这类焊剂。

④焊接半密封器件，必须选用焊后残留物无腐蚀的焊剂。

几种常用的焊剂配方见表2-1。

表 2-1　焊剂配方

名称	配方
松香酒精焊剂	松香 15~20 g，无水酒精 70 g，溴化水杨酸 10~15 g
中性焊剂	凡士林（医用）100 g，三乙醇胺 10 g，无水酒精 40 g，水杨酸 10 g
无机焊剂	氯化锌 40 g，氯化铵 5 g，盐酸 5 g，水 50 g

（2）对焊接点的质量要求。对焊接点的质量要求包括电接触良好、机械性能牢固和美观三个方面。其中最关键的一点，就是必须避免假焊、虚焊和夹生焊。虚焊、假焊是指焊件表面没有充分镀上锡层，焊件之间没有被锡固住，是焊件表面没有清除干净或焊剂用得太少所引起的；夹生焊是指锡未被充分熔化，焊件表面堆积着粗糙的锡晶粒，焊点的质量大为降低，是电烙铁温度不够或电烙铁留焊时间太短所引起的。假焊使电路完全不通。虚焊使焊点成为有接触电阻的连接状态，从而使电路工作时噪声增加，产生不稳定状态，电路的工作状态时好时坏没有规律，会给电路检修工作带来很大的困难。所以，虚焊是电路可靠性的一大隐患，必须尽力避免。

🔧 3. 焊接的技能要求

（1）焊接要点。可用刮、镀、测、焊四个字来概括，具体还要做好以下几点：

1）焊接时的姿势和手法。焊接时要把桌椅的高度调整适当，挺胸端坐，操作者鼻尖与烙铁尖的距离应在 20 cm 以上，选好电烙铁头的形状和采用恰当的烙铁握法。电烙铁的握法有笔握法和拳握法。笔握法使用的电烙铁是直型的，适合电子设备和印制线路板的焊接；拳握法使用的电烙铁功率较大，烙铁头为弯型的，适合电气设备的焊接。

2）被焊处表面的焊前清洁和搪锡。

清洁焊接元器件引线的工具，可用废锯条做成的刮刀。焊接前，应先刮去引线上的油污、氧化层和绝缘漆，直到露出紫铜表面，其上面不留一点脏物为止。对于有些镀金、镀银的可伐合金引出线，因为基材难于搪锡，所以不能把镀层刮掉，可用粗橡皮擦去表面的脏物。引线作清洁处理后，应尽快搪好锡，以防表面重新氧化。搪锡前应将引线先蘸上焊剂。直排式集成块的引线，一般在焊前不作清洁处理，但在使用前不要弄脏引线。烙铁头温度和焊接时间要适当。不同的焊接对象，烙铁头需要的工作温度是不同的。焊接导线接头时，工作温度以 306 ℃ ~ 480 ℃为宜；焊接印制线路板线路上的元件时，一般以 430 ℃ ~ 450 ℃为宜；焊接细线条印制线路板或极细导线时，烙铁头的工作温度应以 290 ℃ ~ 370 ℃为宜；而在焊接热敏元件时，其温度至少要 480 ℃，这样才能保证烙铁头接触器件的时间尽可能的短。电源电压为 220 V 时，20 W 烙铁头的工作温度为 290 ℃ ~ 400 ℃，40 W 烙铁头的工作温度为 400 ℃ ~ 510 ℃。焊接时间把握在 3~5 s 内为最佳。恰当掌握焊点形成的火候焊接时，不要将烙铁头在焊点上来回磨动，应将烙铁头的搪锡面紧贴焊点。等到焊锡全部熔化，并因表面张力紧缩而使表面光滑后，迅速将烙铁头从斜上方约 45°角的方向移开。这时，焊锡不会立即凝固，不要移动被焊元件，也不要向焊锡吹气，待其慢慢冷却凝固。烙铁头移开后，如果焊点带出尖角，这是由焊剂气化引起的，说明焊接时间过长，应重新焊接。焊完后，清洁焊好的焊点，经检查后，应用无水酒精把焊剂清洗干净。

（2）印制线路板的焊接方法。

1）印制线路板上焊接件的装置。在印制线路板上，由于它们自身的条件不同，所以装置的方法也各不相同：一般被焊件的装置方法如图 2-15 所示，晶体管的装置方法如图 2-16 所示。

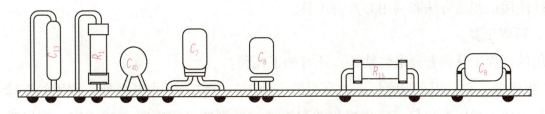

图 2-15　印制线路板上一般被焊件的装置方法

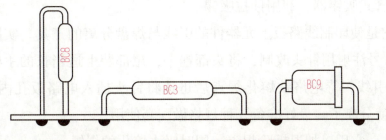

图 2-16　印制线路板上晶体管的装置方法

2）焊接步骤。将温度合适的烙铁头对准焊点，并在烙铁头上熔化少量的焊锡和松香；在烙铁头上的焊剂尚未挥发完时，烙铁头与焊锡丝先后接触焊接点，开始熔化焊锡丝；在焊锡熔化到适量和焊接点上焊锡充分的情况下，要迅速移开焊锡丝和烙铁头，移开焊锡丝的时间绝不能迟于烙铁头离开的时间，一定要同时完成。

3）集成电路的焊接。

集成电路在印制线路板上的装置方法如图 2-17 所示。

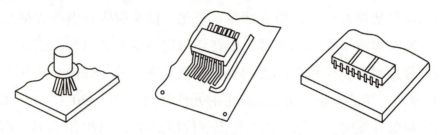

图 2-17　集成电路在印制线路板上的装置方

焊接步骤集成电路的节点多而密，焊接时烙铁头应选用尖形的，焊接温度以 230 ℃宜，焊接时间要短，焊料和焊剂量都应严格控制，只需用烙铁头挂少量焊锡，轻轻在器件引线与节点上点上即可。另外，对所使用的电烙铁应可靠地接地或将电烙铁外壳与印制线路板用导线连接，也可拔下烙铁的电源插头趁热焊接。

（4）绕组线头的焊接。先清除线头的绝缘层，线头连接后置水平状态再下焊，使锡液充分填满接头上的所有空隙。焊接后的接头要丰满光滑、无毛刺。

（5）桩头接头的焊接。将剥去绝缘层的单芯或多股芯线清除氧化层，并拧紧多股芯线头，再清除接线耳内氧化层，把镀锡后的线头塞入涂有焊剂的接线耳内下焊，焊后的接线耳端口也要丰满光滑。在焊锡未充分凝固时，不要摇动线头。

4. 拆焊

拆焊是焊接的逆操作。在实际操作上，往往拆焊比焊接更困难，因此拆焊元器件或导线时，必须使用恰当的方法和利用必要的工具。

（1）拆焊工具。

常用的拆焊工具除普通电烙铁外，还有如下几种：

1）吸锡器。它是用来吸除焊点上存锡的一种工具。它的形式有多种，常用的有球形吸锡器。它利用橡皮囊压缩空气，将热熔化的焊锡通过特别的吸锡嘴吸入球体内，拔出吸锡管就可倒出存锡。还有管式吸锡器，利用抽拉吸锡。

2）排锡管。它是使印制线路板上元器件的引线与焊盘分离的工具。实际上它是一根不锈钢管。一般可用 16 号注射用针头改制，将头部锉平，尾部装上适当长的手柄，使用时将针孔对准焊盘上元器件引线，待电烙铁熔化焊点后迅速将针头插入电路板孔内，同时左右旋动，这样元器件与焊盘就分离了。最好准备几种规格做配套使用。

3）吸锡电烙铁。它用以加温拆除焊点，同时吸去熔化的焊锡。

4）钟表镊子。以端头较尖的不锈钢镊子最适用。拆焊时用它来夹住元器件引线，或用镊尖挑起弯脚、线头等。

5）捅针。可用 6~9 号注射用针头改制，也加手柄，将拆焊后的印制线路板焊盘上被焊锡堵住的孔用电烙铁加温，再用捅针清理小孔，以便重新插入元器件。

（2）一般焊接点的拆焊方法。

一般焊接点有搭焊、钩焊、插焊和网焊等类型，前三种的拆焊比较简单，仅需用电烙铁在需拆焊点上加温，熔化焊锡，然后用镊子拆下元器件引线。但拆除网焊焊接点就比较困难，可在离焊接点约 10 mm 处将欲拆的元器件引线剪断，然后再与新元器件焊接。

（3）印制线路板上装置件的拆焊

线路板上装置件不同，拆焊方法也不同。

1）分点拆焊法焊接在印制线路板上的阻容元件，只有两个焊接点。当水平装置时，两个焊接点之间的距离较大，可先拆除一端焊点的引线，再拆除另一端，最后将元件拔出。

2）集中拆焊法焊接在印制线路板上的集成电路，中频变压器等，有多个焊节点，像多节点插件、转换开关、三极管等，它们的焊接点之间的距离很近，而且较密集，就采用集中拆焊法：先用电烙铁和吸锡工具逐个将焊接点上的焊锡吸掉，再使用排锡管将元器件引线逐个与焊盘分离，最后将元器件拔下。总之，拆焊最重要的是加热迅速、精力集中、动作要快。

知识链接三 建筑施工现场常用架线工具

1. 叉杆

叉杆由 U 形铁叉和细长的圆杆组成，如图 2-18 所示。叉杆在立杆时用来临时支撑电杆和用于起立 9 m 以下的单杆。

2. 抱杆

有单抱杆和人字抱杆两种。人字抱杆是将两根相同的细长圆杆在顶端用钢绳交叉绑扎成人字形，抱杆高度按电杆高度的 1/2 选取，抱杆直径平均为 16~20 mm，根部张开宽度为抱杆长度的 1/3，其间用 φ12 钢绳联锁，如图 2-19 所示。

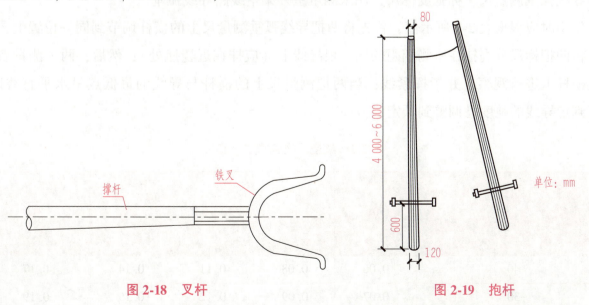

图 2-18 叉杆   图 2-19 抱杆

3. 紧线器

紧线器的结构图及实物图如图2-20所示。

紧线器又称紧线钳和拉线钳，是用来收紧户内瓷瓶线路和户外架空线路导线的专用工具，由夹线钳、滑轮、收线器、摇柄等组成，紧线器主要分为单棘齿紧线器和双棘齿紧线器两种。

紧线器是在架空线路敷设施工中作为拉紧导线用的。使用时先把紧线器上的钢丝绳或镀锌铁丝松开，并固定在横担上，用夹线钳夹住导线，然后扳动专用扳手。由于棘爪的防逆转作用，逐渐把钢丝绳或镀锌钢丝绕在棘轮滚筒上，使导线收紧。把收紧的导线固定在绝缘子上。然后先松开棘爪，使钢丝绳或镀锌钢丝松开，再松开夹线钳，最后把钢丝绳或镀锌钢丝绕在棘轮的滚筒上。

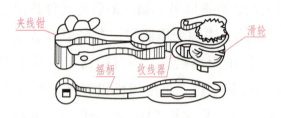

夹线钳　滑轮　摇柄　收线器

图2-20　紧线器结构图及实物图

使用注意事项：

（1）应根据导线的粗细，选用相应规格的紧线器。

（2）使用紧线器时，如果发现有滑线（逃线）现象，应立即停止使用，采取措施（如在导线上绕一层镀锌钢丝）将导线夹牢后，才可继续使用。

（3）在收紧时，应紧扣棘爪和棘轮，以防止棘爪脱开打滑。

4. 导线弧垂测量尺

导线弧垂测量尺又称弛度标尺，用来测量室外架空线路导线弧垂。

使用时应根据表2-2所示值，首先将两把导线弧垂测量尺上的横杆调节到同一位置上；接着，将两把标尺分别挂在所测档距的同一根导线上（应挂在近瓷瓶处）；然后，两个测量者分别从横杆上进行观察，并指挥紧线；当两把测量尺上的横杆与导线的最低点呈水平直线时，即可判定导线的弛度已调整到预定值。

表2-2　架空导线弧垂参考值

环境温度/℃ ＼ 弛度/m ＼ 档距/m	30	35	40	45	50
-40	0.06	0.08	0.11	0.14	0.17
-30	0.07	0.09	0.12	0.15	0.19

续表

弛度 /m 环境温度/ ℃	档距/ m				
	30	35	40	45	50
−20	0.08	0.11	0.14	0.18	0.22
−10	0.09	0.12	0.16	0.20	0.25
0	0.11	0.15	0.19	0.24	0.30
10	0.14	0.18	0.24	0.30	0.38
20	0.17	0.23	0.30	0.38	0.47
30	0.21	0.28	0.37	0.47	0.58
40	0.25	0.35	0.44	0.56	0.69

知识链接四　建筑施工现场常用登高工具

登高工具是建筑施工现场用电进行高空作业所需的工具和装备，为了保证高空作业的安全，登高工具必须牢固可靠。电工在完成高空作业时，要特别注意人身安全。

常用的登高工具有梯子、高凳、脚扣、腰带、保险绳和腰绳等。

1. 梯子和高凳

梯子是最常用的登高工具之一，有单梯、人字梯（合页梯）、升降梯等几种，用毛竹、硬质木材、铝合金等材料制成。梯子和高凳应坚固、可靠，能够承受电工身体和携带工具的质量，如图 2-21 所示。

使用注意事项：

（1）使用前应严格检查梯子是否损伤、断裂，脚部有无防滑材料和是否绑扎防滑安全绳。

（2）梯子放置必须稳固，梯子与地面的夹角以 60°左右为宜。

图 2-21　梯子

（3）人字梯放好后要检查四只脚是否同时着地，作业时不可站在人字梯最上面两档工作。

（4）在梯子上工作应备有工具袋，上、下梯子时工具不得拿在手中，工具和物体不得向上、下抛递。

（5）在室外高压线下或高压室内搬动梯子时，应放倒由两人抬运，并且与带电体保持足够的安全距离。

2. 脚扣

脚扣又称铁脚，是一种攀登电杆的工具。脚扣分为两种：一种是扣环上有铁齿，供登木杆使用，如图 2-22（a）所示；另一种是扣环上裹有橡胶，供登混凝土杆使用，如图 2-22（b）所示。

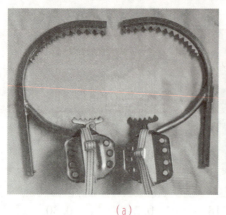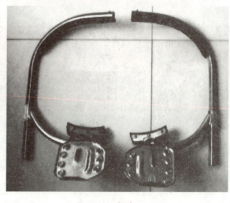

（a）　　　　　　　　　　　　　　　（b）

图 2-22　脚扣

（a）木杆脚扣；（b）水泥杆脚扣

脚扣的使用注意事项：

（1）脚扣攀登速度较快，容易掌握，但在杆上操作不灵活、不舒适，容易疲劳，所以，只适用于在杆上短时间工作用。

（2）登杆前首先应检查脚扣是否损伤，型号与杆径是否相配，脚扣防滑胶套是否牢固、可靠，然后将安全带系于腰部偏下位置，戴好安全帽。

（3）为了保证在杆上进行作业时人体保持平稳，两只脚扣应在杆上采用一定的方法定位。

3. 踏板

踏板又叫作登高板，用于攀登电杆，由板、绳、钩组成，如图 2-23 所示。踏板的绳索为 16 mm 多股白棕绳（麻绳）或尼龙绳，绳两端系结在踏板两头的扎结槽内，绳顶端系结铁挂钩，绳的长度应与使用者的身材相适应，一般在一人一手长左右。踏板和绳均应能承受 300 kg 的重量。

图 2-23　踏板

使用踏板登杆时应注意：

（1）踏板使用前，要检查踏板有无裂纹或腐朽，绳索有无断股。

（2）踏板挂钩时必须正勾，勾口向外、向上，切勿反勾，以免造成脱钩事故。

（3）登杆前，应先将踏板勾挂好使踏板距离地面 15～20 cm，用人体作冲击载荷试验，检查踏板有无下滑、是否可靠。

（4）上杆时，左手扶住钩子下方绳子，然后必须用右脚（哪怕左撇子也要用右脚）脚尖顶住水泥杆塔上另一只脚，防止踏板晃动，左脚踏到左边绳子前端。

（5）为了保证在杆上作业使身体平稳，不使踏板摇晃，站立时两腿前掌内侧应夹紧电杆。

4. 建筑施工现场常用安全带

安全带（图 2-24）包括安全腰带、保险绳和腰绳，用来防止发生空中坠落事故，是电工高空作业必备用品。安全带为多采用锦纶、维纶、涤纶等根据人体特点设计而成，防止高空坠落的安全用具。《电业安全工作规程》中规定，凡在距离地面2 m以上的地点进行工作为高处作业，高处作业时应使用安全带。

安全带使用注意事项：

（1）腰带应系结在臀部上端，而不是系在腰间。

（2）使用时应将其系结在电杆的横担或抱箍下方，要防止腰绳窜出电杆顶端而造成工伤事故。

图 2-24　安全带

（3）每次使用安全带时，必须作一次外观检查。在使用过程中，也应注意查看。在半年至一年内要试验一次，以主部件不损坏为要求。如发现有破损变质情况及时反映并停止使用，以保操作安全。

知识链接五　建筑施工现场导线的削剥和连接

建筑电工日常电气安装与设备维护中，导线的连接是电工基本工艺之一。导线连接的质量关系着线路和设备运行的可靠性和安全程度。对导线连接的基本要求是：电接触良好，机械强度足够，接头美观且绝缘恢复正常。

1. 绝缘层的削剥

（1）塑料护套线绝缘层的削剥。塑料护套线的绝缘层包括公共护套层和每根线芯的护套层两层，公共护套层只能用电工刀来削剥，方法如图 2-25 所示，先按所需线头长度找好线芯缝隙，用电工刀尖划开护套层，然后向反方向扳翻护套层，用电工刀在根部切去护套层即可。

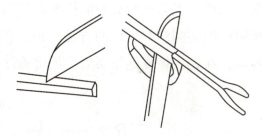

图 2-25　塑料护套线绝缘层的削剥

（2）塑料硬导线（线芯大于 4 mm² ）绝缘层的削剥。塑料硬导线绝缘层削剥的具体方法如下（见图 2-26）：

1）按所需线头长度用电工刀以 45°左右倾斜切入塑料绝缘层，不可切入线芯，见图 2-26（a）。

2）将电工刀与线芯保持 150 左右均匀用力向线端推削，切忌割伤线芯，见图 2-26（b）。

3）削去一部分塑料层，见图 2-26（c）。

4）把剩余部分塑料层翻下，见图 2-26（d）。

5）用电工刀在下翻部分的根部切去塑料层，见图 2-26（e）。

6）削去绝缘层，露出线芯的塑料绝缘，见图 2-26（f）。

（3）橡胶线保护层的削剥

橡胶线外被层包括保护层和绝缘层两层。保护层需要用

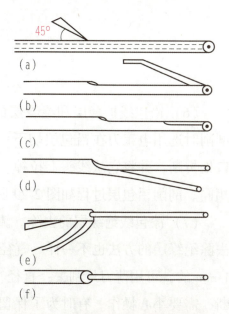

图 2-26　塑料硬导线绝缘层的削剥

电工刀削剥，具体方法如下（见图2-27）：

1）按所需线头长度在导线最外层用电工刀切割一圈，见图2-27（a）。

2）用电工刀削去一条保护层，见图2-27（b）。

3）用电工刀剥割剩余的保护层，见图2-27（c）。

4）露出线芯的橡胶线，见图2-27（d）。

5）橡胶线绝缘层的削剥，按削剥塑料硬导线绝缘层的方法，在距最外层割圈10 mm左右处进行，见图2-27（e）。

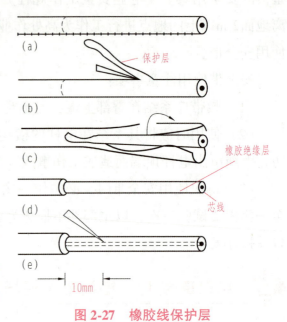

图2-27　橡胶线保护层

（4）塑料软线绝缘层的剖削。塑料软线绝缘层的剖削除用剥线钳外，仍可用钢丝钳按直接剖剥2.5 mm²及以下的塑料硬线的方法进行，但不能用电工刀剖剥。因塑料线太软，线芯由多股钢丝组成，用电工刀很容易伤及线芯。

（5）花线绝缘层的剖削。花线绝缘层分外层和内层，外层是一层柔韧的棉纱编织层。剖削时选用电工刀在线头所需长度处切割一圈拉去，然后在距离棉纱编织层10 mm左右处用钢丝钳按照剖削塑料软线的方法将内层的橡皮绝缘层勒去。有的花线在紧贴线芯处还包缠有棉纱层，在勒去橡皮绝缘层后，再将棉纱层松开扳翻，齐根切去，如图2-28所示。

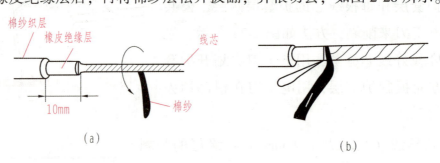

图2-28　花线绝缘层的剖削

（a）去除编织层和橡皮绝缘层；（b）板翻棉纱

（6）铅包线护套层和绝缘层的剖削。铅包线绝缘层分为外部铅包层和内部芯线绝缘层，剖削时选用电工刀在铅包层切下一个刀痕，然后上下左右扳动折弯这个刀痕，使铅包层从切口处折断，并将它从线头上拉掉。内部芯线绝缘层的剖除方法与塑料硬线绝缘层的剖削方法相同。剖削铅包层过程如图2-29所示。

（7）漆包线绝缘层的去除。漆包线绝缘层是喷涂在芯线上的绝缘漆层。由于线径的不同，去除绝缘层的方法也不一样。直径在1 mm以上的，可用细砂纸或细纱布擦去；直径在0.6~1 mm的，可用薄刀片刮去；直径在0.1 mm及以下的也可用细砂纸或细纱布擦除，但易于折断，需要小心操作。有时为了保留漆包线的芯线直径准确以便于测量，也可用微火烤焦其线头绝缘层，再轻轻刮去。

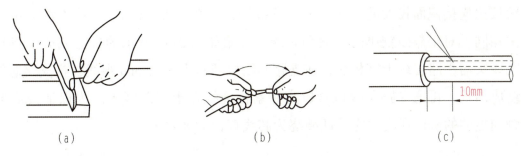

图 2-29　铅包线绝缘层的剖削

（a）剖切铅包层；（b）折板和拉出铅包层；（c）剖削芯线绝缘层

🔧 2. 导线线头的连接

常用的导线按芯线股数不同，有单股、7 股和 19 股等多种规格，其连接方法也各不相同。

（1）铜芯导线的连接。

1）单股芯线有绞接和缠绕两种方法。

绞接法用于截面较小的导线，缠绕法用于截面较大的导线。

导线连接

绞接法是先将已剖除绝缘层并去掉氧化层的两根线头呈"X"形相交，见图 2-30（a），互相绞合 2~3 圈，见图 2-30（b），接着扳直两个线头的自由端，将每根线的自由端在对边的线芯上紧密缠绕到线芯直径的 6~8 倍长，见图 2-30（c），将多余的线头剪去，修理好切口毛刺即可。缠绕法是将已去除绝缘层和氧化层的线头相对交叠，再用直径为 1.6 mm 的裸铜线做缠绕线在其上进行缠绕，如图 2-31 所示。其中，线头直径在 5 mm 及以下的缠绕长度为 60 mm；直径大于 5 mm 的，缠绕长度为 90 mm。

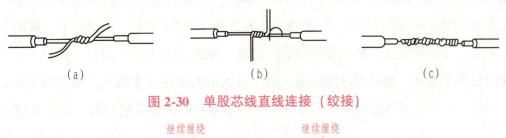

图 2-30　单股芯线直线连接（绞接）

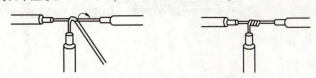

图 2-31　用缠绕法直线连接单股芯线

2）单股铜芯线的 T 形连接。

单股芯线 T 形连接时，可用绞接法和缠绕法。绞接法是先将除去绝缘层和氧化层的线头与干线剖削处的芯线呈十字相交，注意在支路芯线根部留出 3~5mm 裸线，接着顺时针方向将支路芯线在干中芯线上紧密缠绕 6~8 圈，如图 2-32 所示。剪去多余线头，修整好毛刺。

图 2-32　单股芯线的 T 形连接

对用绞接法连接截面较大的导线，可用缠绕法，如图 2-33 所示，具体方法与单股芯线直连的缠绕法相同。对于截面较小的单股铜芯线，可用如图 2-34 所示的方法完成 T 形连接。先把支路芯线线头与干路芯线十字相交，在支路芯线根部留出 3～5 mm 裸线，把支路芯线在干路芯线上缠绕成结状，再把支路芯线拉紧扳直并紧密缠绕在干路芯线上。为保证接头部位有良好的电接触和足够的机械强度，应保证缠绕为芯线直径的 8～10 倍。

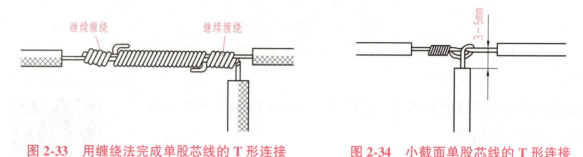

图 2-33　用缠绕法完成单股芯线的 T 形连接　　　图 2-34　小截面单股芯线的 T 形连接

3）7 股铜芯线的直接连接。

把除去绝缘层和氧化层的芯线线头分成单股散开并拉直，在线头总长（离根部距离）的 1/3 处顺着原来的扭转方向将其绞紧，余下的 2/3 长度的线头分散成伞形，如图 2-35（a）所示，将两股伞形线头相对，隔股交叉直至伞形跟 A 相接，然后捏平两边散开的线头，如图 2-35（b）所示。接着，7 股铜芯线按根数 2、2、3 分成三组，先将第一组的两根线芯扳到垂直于线头的方向，如图 2-35（c）所示，按顺时针方向缠绕两圈，再弯下扳成直角使其紧贴芯线，如图 2-35（d）所示。第二组、第三组线头仍按第一组的缠绕办法紧密缠绕在芯线上，如图 2-35（e）所示；为保证电接触良好，如果铜线较粗较硬，可用钢丝钳将其绕紧。缠绕时，注意使后一组线头压在前一组线头已折成直角的根部；最后，一组线头应在芯线上缠绕三圈，在缠到第三圈时，把前两组多余的线端剪除，使该两组线头断面能被最后一组第三圈缠绕完的线匝遮住，最后一组线头绕到两圈半时，就剪去多余部分，使其刚好能缠满三圈，最后用钢丝钳钳平线头，修理好毛刺，如图 2-35（f）所示。到此，就完成了该连接的一半任务。后一半连接的缠绕方法与前一半完全相同。

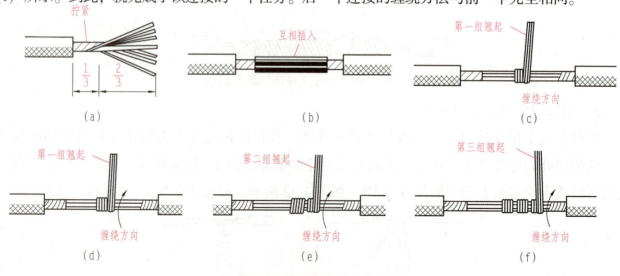

图 2-35　7 股铜芯线的直接连接

4）7 股铜芯线的 T 形连接。

把除去绝缘层和氧化层的支路线端分散拉直，在距根部 1/8 处将其进一步绞紧，将支路线头按 3 和 4 的根数分成两组并整齐排列。接着用一字形螺钉旋具把干路芯线也分成尽可能对等的两组，并在分出的中缝处撬开一定距离，将支路芯线的一组穿过干线的中缝，另一组排于干路芯线的前面，如图 2-36（a）所示。先将前面一组在干路芯线上按顺时针方向缠绕 3~4 圈，剪除多余线头，修整好毛刺，如图 2-36（b）所示。接着，将支路芯线穿越干路芯线的一组在干路芯线上按反时针方向缠绕 3~4 圈，剪去多余线头，钳平毛刺即可，如图 2-36（c）所示。

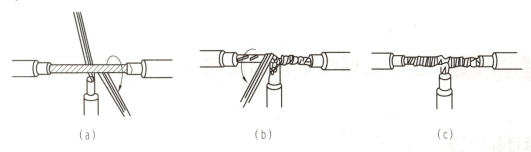

（a）　　　　　　　　　（b）　　　　　　　　　（c）

图 2-36　7 股铜芯线 T 形连接

（2）电磁线头的连接。电机和变压器绕组用电磁线绕制，无论是重绕或维修，都要进行导线的连接。这种连接可能在线圈内部进行，也可能在线圈外部进行。

1）线圈内部的连接

对直径在 2 mm 以下的圆铜线，通常是先绞接后钎焊。绞接时要均匀，两根线头互绕不少于 10 圈，两端要封口，不能留下毛刺，截面较小的漆包线的绞接如图 2-37（a）所示，截面较大的漆包线的绞接如图 2-37（b）所示。直径大于 2 mm 的漆包圆铜线的连接多使用套管套接后再钎锡的方法。套管用镀锡的薄铜片卷成，在接缝处留有缝隙，选用时注意套管内径与线头大小的配合，其长度为导线直径的 8 倍左右，如图 2-37（c）所示。连接时，将两根去除了绝缘层的线端相对插入套管，使两线头端部对接在套管中间位置，再进行钎焊，使焊锡液从套管侧缝充分浸入内部，注满各处缝隙，将线头和导管铸成整体。

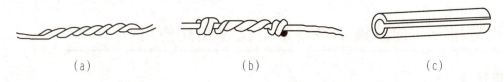

（a）　　　　　　　　　（b）　　　　　　　　　（c）

图 2-37　线圈内部端头连接方法

2）线圈外部的连接。

这类连接有两种情况：一种是线圈间的串联、并联，Y、△连接等。对小截面导线，这类线头的连接仍采用先绞接后钎焊的办法；对截面较大的导线，可用乙炔气焊。另一种是制作线圈引出端头。在如图 2-38（a）和图 2-38（b）所示的接线耳与接线桩螺钉，如图 2-38（c）之间用压接钳压接，如图 2-38（d）所示。若不用压接方法，也可直接钎焊。

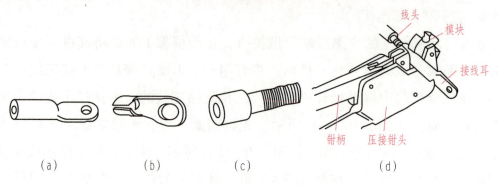

图 2-38　接线耳与接线桩螺钉

任务二　施工现场常用仪器仪表

学习目标

1. 知道建筑施工现场常用的测量仪表
2. 能正确使用仪表对电气线路进行检测
3. 了解施工现场使用的仪表的结构，并能学会维护与保养

由于电的形态特殊，它看不见、听不到、摸不着，所以在电工技术领域里，电工测量仪表起到十分重要的作用。电工测量仪表专门用于测量有关电的物理量和电气参数（电压、电流、电阻、功率及频率等），经过转换还可以间接测量多种非电量（温度、湿度、压力、速度等）。因此，了解仪表的安装使用是建筑施工现场用电必不可少的基本知识。

其工作原理是通有电流的固定线圈所产生的磁场与通有电流的可动线圈之间的相互作用产生转动力矩。它可以制成交直流标准表及一般携带式仪表。

知识链接一　建筑施工现场常用仪表及其使用

1. 电压表

电压表是指固定安装在电力、电信、电子设备面板上使用的仪表，用来测量交、直流电路中的电压，也称伏特表，表盘上标有符号"V"。因量程不同，电压表又分为毫伏表、伏特表、千伏表等多种品种规格，在其表盘上分别标有 mV、V、kV 等字样。电压表分为直流电压表和交流电压表。电压表外形如图 2-39 所示。

直流电压表的使用：

在直流电压表的接线柱的旁边通常标有"+"和"−"两个字符，接线柱的"+"（正端）与被测量电压的高电位连接；接线柱的"−"（负端）与被测量电压的低电位连接。正、负极不可接错；否则，指针会因反转而打弯。

图 2-39　电压表外形

交流电压表的使用：

在低压线路中，电压表可以直接并联在被测电压的电路上。在高压线路中测量电压，由于电压高，不能用普通电压表直接测量。而应通过电压互感器将仪表接入电路。为了测量方便，电压互感器一般都采用标准的电压比值，例如，3 000/100 V、6 000/100 V、10 000/100 V 等，其二次绕组电压总是 100 V。因此，可用 0~100 V 的电压表来测量线路电压。通过电压互感器来测量时，一般都将电压表装在配电盘上，表盘上标出测算好了的刻度值，从表盘上可以直接读出所测量的电压值。为了防止电表因过载而损坏，可采用二极管来保护。

图 2-40　电流表外形

2. 电流表

电流表是指固定安装在电力、电信、电子设备面板上使用的仪表，用来测量交流、直流电路中的电流，如图 2-40 所示。电流表分直流电流表和交流电流表。

直流电流表的使用：

（1）电流表要与用电器串联在电路中（否则短路，烧毁电流表）；

（2）电流要从 "+" 接线柱入，从 "-" 接线柱出（否则，指针反转，容易把针打弯）；

（3）被测电流不要超过电流表的量程（可以采用试触的方法来看是否超过量程）；

（4）绝对不允许不经过用电器而把电流表连到电源的两极上（电流表内阻很小，相当于一根导线；若将电流表连到电源的两极上，轻则指针打歪，重则烧坏电流表、电源、导线）。

3. 钳形电流表

用一般电流表测量电路电流时，常用的方法是把电流表串联在电路中。在建筑施工现场临时需要检查电气设备的负载情况或线路流过的电流时，要先把线路断开，然后把电流表串联在电路中，这样工作既费时又费力，很不方便。如果采用钳形电流表测量电流，就无须把线路断开，可直接测出负载电流的大小。

但钳形电流表准确度不高，通常为 2.5 级或 5 级，所以，它只适用于对设备或线路运行情况进行粗略了解，不能用于精确测量。但由于测量时不切断电路，使用方便，在安装和维修工作中应用广泛。钳形电流表分为指针式和数字式两类。数字钳形电流表与指针式钳形电流表相比，其准确度、分辨力和测量速度等方面都有着极大的优越性。

钳形电流表是由电流互感器和整流系电流表组成，其外形如图2-41所示。当按下钳口扳张开钳口卡入待测负荷或电源的一根单独导线，使被测导线不必切断就可进入电流互感器的铁芯窗口，这样被测导线相当于互感器的初级绕组，而次级绕组中将出现感应电流，与次级相连接的电流表指示出被测电流的数值。

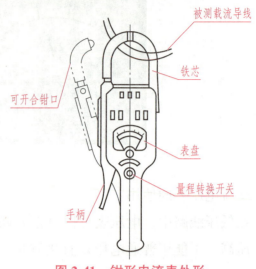

图 2-41　钳形电流表外形

使用钳形表测量前，应先估计被测电流的大小以合理选择量程。使用钳形表时，被测载流导线应放在钳口内的中心位置，以减小误差；钳口的结合面应保持接触良好，若有明显噪声或表针振动厉害，可将钳口重新开合几次或转动手柄；在测量较大电流后，为减小剩磁对测量结果的影响，应立即测量较小电流，并把钳口开合数次；测量较小电流时，为使该数较准确，在条件允许的情况下，可将被测导线多绕几圈后再放进钳口进行测量（此时的实际电流值应为仪表的读数除以导线的圈数）。

使用时，将量程开关转到合适位置，手持胶木手柄，用食指勾紧铁芯开关，便于打开铁芯。将被测导线从铁芯缺口引入到铁芯中央，然后放松食指，铁芯即自动闭合。被测导线的电流在铁芯中产生交变磁通，表内感应出电流，即可直接读数。

钳形电流表使用

在较小空间内（如配电箱等）测量时，要防止因钳口的张开而引起相间短路。

注意事项：

（1）使用前应检查外观是否良好，绝缘有无破损，手柄是否清洁、干燥。

（2）测量时应戴绝缘手套或干净的线手套，并注意保持安全间距。

（3）测量过程中不得切换挡位。

（4）钳形电流表只能用来测量低压系统的电流，被测线路的电压不能超过钳形电流表所规定的使用电压。

（5）每次测量只能钳入一根导线。

（6）若不是特别必要，一般不测量裸导线的电流。

（7）测量完毕应将量程开关置于最大挡位，以防下次使用时，因疏忽大意而造成仪表的意外损坏。

4. 万用表

万用表采用磁电系测量机构（也称表头）配合测量线路实现各种电路的测量。实质上，万用表是由多量程直流电压表、多量程直流电流表、多量程整流系交流电压表和多量程欧姆表等组成。不同的表合用一个表头，表盘上有相当于测量各种量值的几条标度尺。根据不同的测量对象，可以通过转换开关的选择来达到测量目的。

万用表种类繁多，根据所应用的测量原理和测量结果显示方式的不同，可分为模拟式指针万用表和数字式万用表两大类。前者是先通过一定的测量机构将被测的模拟电量转换成电流信号，再由电流信号去驱动表头指针偏转，从表头的刻度盘上即可读出被测量的值。后者是先由模/数（A/D）转换器将被测模拟量变换成数字量，然后由电子计算器进行计数，最后把被测量结果用数字直接显示在显示器上。

万用表的使用

指针万用表和数字万用表存在较大的差异，主要体现在以下几个方面：数字万用表的测量精度比模拟式万用表高；数字式万用表的内阻比模拟式万用表内阻高得多，因此，在进行测量时，数字式万用表更接近理想的测量条件；模拟式万用表表盘上的电阻值刻度线从左到右密度逐渐变疏，即刻度是非线性的；测量直流电流或电压时，模拟式万用表若正、负极接反，指针的就反转，而数值式万用表能自动判别并显示出极性；模拟式万用表是根据指针和刻度盘来读数的，容易产生人为误差，而数字式万用表是数字显示，消除了这类人为误差。

（1）500 型万用表。500 型万用表的面板布置和旋钮作用如图 2-42 所示。主要由指示部分、测量电路、转换装置三部分组成。

500 型万用表的表头通常采用灵敏度高、准确度高的磁电式直流微安表，其满刻度电流为几微安到几百微安。

500 型万用表表头上的刻度线如图 2-43 所示。

图 2-42　500 型万用表

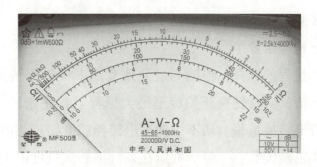

图 2-43　万用表表头刻度线

第一条（从上到下）标有 R 或 Ω，指示的是电阻值，转换开关在欧姆挡时，即读此条刻度线。

第二条标有 ⌒ 和 VA，指示的是交流、直流电压和直流电流值，当转换开关在交流、直流电压或直流电流挡，即读此条刻度线。

第三条标有 10 V，指示的是 10 V 的交流电压值，当转换开关在交流、直流电压挡，量程在交流 10 V 时，即读此条刻度线。

第四条标有 dB，指示的是音频电平。

500 型万用表的量程挡位：

直流电压：2.5 V、10 V、50 V、250 V、500 V 五个量程挡位。

交流电压：10 V、50 V、250 V、500 V 四个量程挡位。另设有一个 2 500 V 的插孔。

直流电流：1 mA、10 mA、100 mA、100 mA 四个常用挡位，及 50 μA 扩展量程挡位。

电阻：×1、×10、×100、×1 K、×10 K 五个倍率挡位。

hFE：测量三极管直流放大倍数的专用挡位。

500 型万用表有两个转换开关，如图 2-44 所示，分别标有不同的挡位和量程。用来选择各种不同的测量要求。测量时，根据需要把挡位放在相应的位置即可进行交直流电流、电压、电阻的测量。

图 2-44　500 型万用表的转换开关

500 型万用表的使用：

1) 使用前的准备工作。

①接线柱（或插孔）选择：测量前检查表笔插接位置，红表笔一般插在标有"+"的插孔内，黑表笔插在标有"*"的公共插孔内。

②测量种类选择：根据所测对象是交流电压、直流电压、直流电流、电阻的种类转换开关旋至相应位置上。

③量程的选择：根据测量大致范围，将量程转换开关旋至适当量程上，若被测电量数值大小不清，应将转换开关旋至最大量程上，先测试，若读数太小，可逐步减小量程，绝对不允许带电转换量程。切不可使用电流挡或欧姆挡测电压，这样会损坏万用表。

④正确读数：一般读数应在表针偏转满刻度的 1/2～2/3 为宜。

⑤万用表用完后，应将转换开关置于空挡或交流挡 500 V 的位置上。若长期不用，应将表内电池取出。

⑥万用表的机械调零是为测电压、电流调零用。旋动万用表的机械调零螺钉，使指针对准刻度盘左端的"0"位置。

2) 测量交流电压。

①用交流电压挡；

②将两表笔并接线路两端，不分正、负极；

③在相应量程标尺上读数；

④当交流电压小于 10 V 时，应从专用表度尺读数；

⑤当被测电压大与 500 V 时，红表笔应插在 2 500 V 的交直流插孔内，操作过程中必须戴绝缘手套。

3）测量直流电压。

①用直流电压挡。

②红表笔接被测电压正极，黑表笔接被测电压负极，两表笔并在被测线路两端。如果不知极性，可将转换开关置于直流电压最大处，然后将一根表笔接被测一端，另一表笔迅速碰一下另一端，观察指针偏转，若正偏，则接法正确；若反偏，则应调换表笔接法。

③根据指针稳定时的位置及所选量程，正确读数。

4）测量直流电流。

①用万用表测直流时，用直流电流挡。其量程为 mA 或 μA 挡，两表笔串接于测量电路中。

②红表笔接电源正极；黑表笔接电源负极。如果极性不知，可将转换开关置于 mA 挡最大处，然后将一根表笔固定一端，另一表笔迅速碰一下另一端，观察指针偏转方向。若正偏，则接法正确；若反偏，则应调换表笔接法。

③万用表量程为 mA 或 μA 挡，不能测大电流。

④根据指针稳定时的位置及所选量程，正确读数。

5）测量电阻。

①用万用表电阻挡测量电阻。

②测量前应将电路电源断开，有大电容必须充分放电，切不可带电测量。

③测量电阻前，先进行电阻调零。即将红黑两表笔短接，调节 "Ω" 旋钮，使指针对零。若指针调不到零，则表内电池不足需更换。每更换一次量程，都要重复调零一次。

④测量低电阻时尽量减少接触电阻，测大电阻时，不要用手接触两表笔，以免人体电阻并入而影响精度。

⑤从表头指针显示的读数乘以所选量程的倍率数，即为所测电阻的阻值。

500 型万用表使用注意事项：

1）测量过程中不得换挡。

2）读数时，应三点成一线（眼睛、指针、指针在刻度中的影子）。

3）根据被测对象，正确读取标度尺上的数据。

4）测量完毕应将转换开关置空挡或 OFF 挡或电压最高挡。若长时间不用，应取出内部电池。

（2）数字万用表。数字万用表具有测量精度高、显示直观、功能全、可靠性好、小巧轻便以及便于操作等优点。

如图 2-45 所示为 DT-830 型数字万用表的面板图，包括 LCD 液晶显示器、电源开关、量程选择开关、表笔插孔等。

液晶显示器最大显示值为 1999，且具有自动显示极性功能。若被测电压或电流的极性为负，则显示值前将带"-"号。若输入超量程时，显示屏左端出现"1"或"-1"的提示字样。

图 2-45　DT—830 型 数字万用表

电源开关（POWER）可根据需要，分别置于"ON"（开）或"OFF"（关）状态。测量完毕，应将其置于"OFF"位置，以免空耗电池。数字万用表的电池盒位于后盖的下方，采用 9V 叠层电池。电池盒内还装有熔丝管，以起过载保护作用。旋转式量程开关位于面板中央，用以选择测试功能和量程。若用表内蜂鸣器作通断检查时，量程开关应停放在标有"·))"符号的位置。

hFE 插口用以测量三极管的 hFE 值时，将其 B、C、E 极对应插入。

输入插口是万用表通过表笔与被测量连接的部位，设有"COM""V·Ω""mA""10A"四个插口。使用时，黑表笔应置于"COM"插孔，红表笔依被测种类和大小置于"V·Ω""mA"或"10 A"插孔。在"COM"插孔与其他三个插孔之间分别标有最大（MAX）测量值，如 10 A、200 mA、交流 750V、直流 1 000 V。

测量交流电压、直流电压（ACV、DCV）时，红、黑表笔分别接"V·Ω"和"COM"插孔，旋动量程选择开关至合选位置（200 mV、2 V、20 V、200 V、700 V 或 1 000 V），红、黑表笔并接于被测电路（若是直流，注意红表笔接高电位端，否则显示屏左端将显示"-"）。此时，显示屏显示出被测电压数值。若显示屏只显示最高位"1"，表示溢出，应将量程调高。

测量交流电流、直流电流（ACA、DCA）时，红、黑表笔分别接"mA"（大于 200 mA 时应接"10 A"）与"COM"插孔，旋动量程选择开关至合适位置（2 mA、20 mA、200 mA 或 10 A），将两表笔串接于被测回路（直流时，注意极性），显示屏所显示的数值即为被测电流的大小。

测量电阻时，无须调零。将红、黑表笔分别插入"V·Ω"和"COM"插孔，旋动量程选择开关至合适位置（200、2 k、200 k、2 M、20 M），将两笔表跨接在被测电阻两端（不得带电测量），显示屏所显示数值即为被测电阻的数值。当使用 200 MΩ 量程进行测量时，先将两表笔短路，若该数不为零，仍属正常，此读数是一个固定的偏移值，实际数值应为显示数值减去该偏移值。

数字万用表使用注意事项：

1）当显示屏出现"LOBAT"或"←"时，表明电池电压不足，应予更换。

2）若测量电流时没有读数，应检查熔丝是否熔断。

3）测量完毕，应关上电源；若长期不用，应将电池取出。

4）不宜在日光及高温、高湿环境下使用与存放（工作温度为 0 ℃~40 ℃，温度为 80%）。

5）使用时应轻拿轻放。

5. 绝缘电阻测试仪

绝缘电阻测试仪（又叫作摇表、兆欧表、高阻计），是建筑施工现场常用的一种测量仪表。兆欧表主要用来检查电气设备、家用电器或电气线路对地及相间的绝缘电阻，以保证这些设备、电器和线路工作处于正常状态，避免发生触电伤亡及设备损坏等事故。兆欧表大多采用手摇发电机供电，故又称摇表。它的刻度是以兆欧（MΩ）为单位的。其外形结构如图2-46所示。

兆欧表的接线端钮有3个，分别标有"G（屏）""L（线）""E（地）"。被测的电阻接在L和E之间，G端的作用是为了消除表壳表面L和E两端之间的漏电和被测绝缘物表面漏电的影响。在进行一般测量时，把被测绝缘物接在L和E之间即可。但测量表面不干净或潮湿的对象时，为了准确地测出绝缘材料内部的绝缘电阻，就必须使用G端，如图2-47所示为测量电缆绝缘电阻接线图。

兆欧表的使用

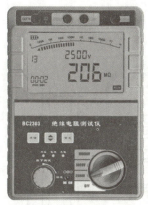

图2-46　绝缘电阻测试仪

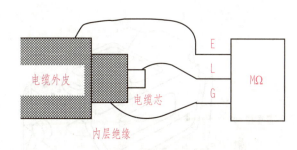

图2-47　测量电缆绝缘电阻接线图

兆欧表的使用：

（1）选用符合电压等级的兆欧表。一般情况下，额定电压在500 V以下的设备，应选用500 V或1 000 V的摇表；额定电压在500 V以上的设备，应选用1 000 V~2 500 V的摇表。

（2）只能在设备不带电，也没有感应电的情况下测量。

（3）测量前应将摇表进行一次开路和短路试验，检查摇表是否良好。将两连接线开路，摇动手柄，指针应指在"∞"处，再把两连接线短接一下，指针应指在"0"处，符合上述条件者即良好，否则不能使用。

（4）测量绝缘电阻时，一般只用"L"端和"E"端；但在测量电缆对地的绝缘电阻或被测设备的漏电流较严重时，就要使用"G"端，并将"G"端接屏蔽层或外壳。这样，就使得流经绝缘表面的电流不再经过流比计的测量线圈，而是直接流经G端构成回路，所以测得的绝缘电阻只是电缆绝缘的体积电阻。

（5）线路接好后，可按顺时针方向转动摇把，摇动的速度应由慢而快，当转速达到每分钟120转左右时（ZC-25型），保持匀速转动，并且要边摇边读数，不能停下来读数。

（6）摇表未停止转动之前或被测设备未放电之前，严禁用手触及。测量结束时，对于大电容设备要放电。放电方法是将测量时使用的地线从摇表上取下来，与被测设备短接一下即可。

（7）一般最小刻度为 1 MΩ，测量电阻应大于 100 kΩ。

（8）禁止在雷电时或高压设备附近测绝缘电阻，摇测过程中，被测设备上不能有人工作。此外，要定期校验其准确度。

🔧 6. 接地电阻测试仪

在施工现场，众多接地体的电阻值是否符合安全规范要求，可使用接地电阻测试仪来测量。它主要用于测量电气系统、避雷系统等接地装置的接地电阻和土壤电阻率。接地电阻测试仪又称接地摇表，目前国产常用的为 ZC—8 型和 ZC—9 型，其外形如图 2-48 所示。其内部主要元件由手摇发电机、电流互感器、可变电阻及检流计组成。另外，附接地探测针（电位探测针、电流探测针）两支，导线 3 根（其中 5 m 长一根用于接地极，20 m 长一根用于电位探测针接线，40 m 长一根用于电流探测针接线）。

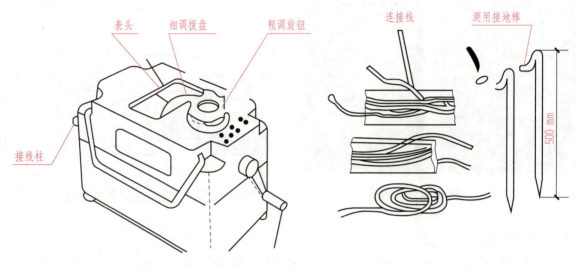

图 2-48　接地电阻测试仪

用此接地摇表测量接地电阻的方法如下：

（1）按图 2-49 所示接线图接线。

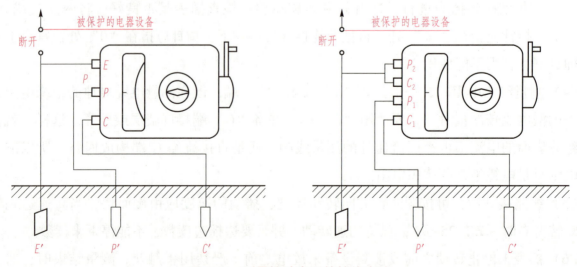

图 2-49　测量接地电阻的接线方法

（2）用仪表所附的导线分别将 E'、P'、C' 连接到仪表相应的端子 E、P、C 上。

（3）将仪表放置水平位置，调整零指示器，使零指示器指针指到中心线上。

（4）将"倍率标度"置于最大倍数，慢慢转动发电机的手柄，同时旋动"测量标度盘"，使零指示器的指针指于中心线。

（5）如果"测量标度盘"的读数小于 1 时，应将"倍率标度"置于较小倍数，然后重新测量。

（6）当指针完全平衡指在中心线上后，将此时"测量标度盘"的读数乘以倍率标度，即为所测的接地电阻值。

使用注意事项：

（1）测量前，应断开与被保护设备的连接线。

（2）探针应砸入地面 400 mm 深。

目前，常用的数字接地电阻测试仪如图 2-50 所示。

图 2-50 数字接地电阻测试仪

数字接地电阻测试仪的使用方法：

数字式接地电阻测试仪专为现场测量接地电阻而精心设计制造的，采用最新数字及微处理技术，3 线或 2 线法测量接地电阻，具有独特的线阻校验功能、抗干扰能力和环境适应能力，确保长年测量的高精度、高稳定性和可靠性。其广泛应用于电力、电信、气象、油田、建筑、防雷及工业电气设备等的接地电阻测量。

（1）接地电阻测量（图 2-51）。沿被测接地极 E（C_2、P_2）和电位探针 P_1 及电流探针 C_1，依直线彼此相距 20 m，使电位探针处于 E、C 中间位置，按要求将探针插入大地。用专用导线将地阻仪端子 E（C_2、P_2）、P_1、C_1 与探针所在位置对应联接。开启地阻仪电源开关"ON"，选择合适挡位轻按一下键该挡指标灯亮，表头 LCD 显示的数值即为被测得的地电阻。

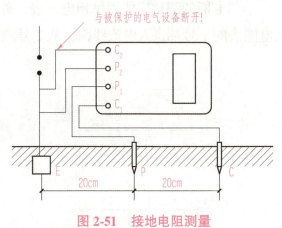

图 2-51 接地电阻测量

（2）土壤电阻率测量（图 2-52）。测量时在被测的土壤中沿直线插入四根探针，并使各探针间距相等，各间距的距离为 L，要求探针入地深度为 $L/20$ cm，用导线分别从 C_1、P_1、P_2、C_2 各端子与四根探针相连接。若地阻仪测出电阻值为 R，则土壤电阻率按下式计算：

$$\Phi = 2\pi RL$$

式中，土壤电阻率 Φ 为 $\Omega \cdot cm$，探针与探针之间的距离 L 为 cm，地阻仪的读数 R 为 Ω。

用此法测得的土壤电阻率可近似认为是被埋入探针之间区域内的平均土壤电阻率。

测地电阻、土壤电阻率所用的探针一般用直径为 25 mm，长 0.5～1 m 的铝合金管或圆钢。

（3）导体电阻测量（图2-53）。

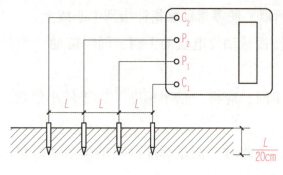

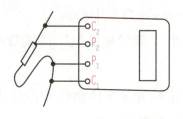

图 2-52　土壤电阻率测量　　　　　　图 2-53　导体电阻测量

（4）地电压测量。测量接线如图2-53，拔掉 C_1 插头，E、P_1 间的插头保留，启动地电压（EV）挡，指示灯亮，读取表头数值即为 E、P_1 间的交流地电压值。

（5）测量完毕按一下电源"OFF"键，仪表关机。

7. 电能表

（1）电能表的结构与接线。电能表是专门用来测量电能的，是一种能将电能累计起来的积算式仪表。根据工作原理，可分为感应式电能表、磁电式电能表、电子式电能表、电子式预付费（IC卡）电能表等。其原理接线图如图2-54所示。感应式交流电能表广泛应用于各种电能计量场所，是使用量最多的电气仪表。在结构上，三相和单相的电磁元件和圆盘个数不等，其他零件的种类基本相同，只是外形有所差别，其转动原理完全一样。

单相电能的测量应使用单相电能表，外形接线如图2-55所示。正确的接法是：电源的火线从电能表的1号端进入电流线圈，从2号端引出接负载；零线从3号端进入，从4号端引出。

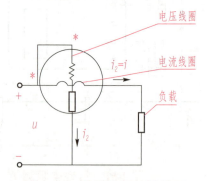

图 2-54　电能表原理接线图　　　　　图 2-55　单相电能表的接线方法

单相电子式电能表和电子式预付费（IC卡）电能表，如图2-56所示，其接线与机械式电能表相同。

三相有功电能表的接线有直接接入和间接接入两种，如图2-57所示。

三相有功电能的测量，可根据负荷情况，按规定对低压供电线路，其负荷电流为80 A及以下时，宜采用直接接入式电能表；若负荷电流为 80 A 以上时，

图 2-56　电子式电能表

宜采用经电流互感器接入式电能表。

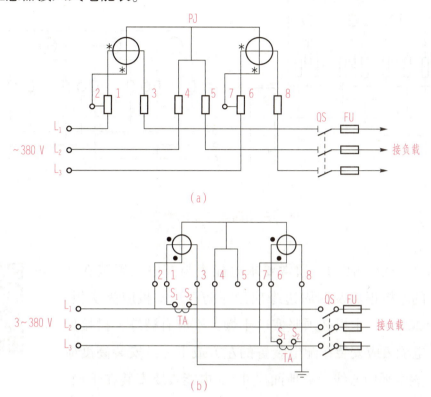

(a)

(b)

图 2-57　三相三线有功电能表的接线

（a）直接接入；（b）间接接入（经电流互感器接入）

三相三线有功电表结构外形如图 2-58 所示。

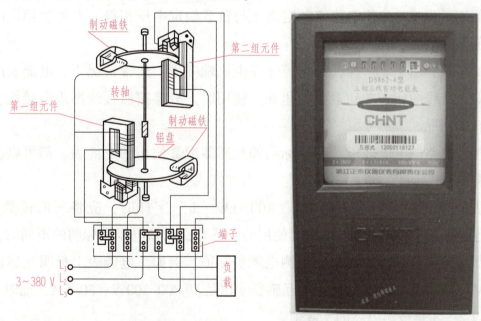

图 2-58　三相三线有功电表结构外形

（a）结构图；（b）外形图

三相四线有功电能表的接线也有直接接入和间接接入两种，如图 2-59 所示。

目前，常见的 DT862 型三相四线有功电能表的外形与三相三线有功电能表的外形完全一样。当负载电流为 80 A 以上时，也应配以电流互感器使用。

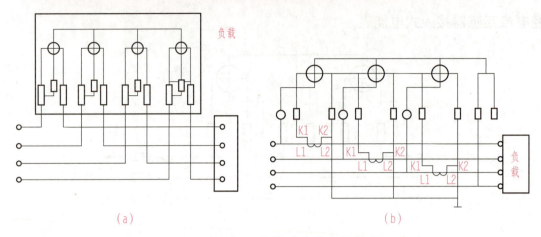

（a）   （b）

图 2-59　三相四线有功电能表的接线
（a）直接接入；（b）间接接入

（2）电能表的安装与使用。通常要求电能表与配电装置装在一处。安装电能表的木板正面及四周边缘应涂漆防潮。木板应为实板，且厚度不应小于 20 mm。木板必须坚实、干燥，不应有裂缝，拼接处要紧密、平整。电能表应安装在配电装置的左方或下方。安装高度应为 0.6~1.8 m（表水平中心线距离地面尺寸）。电能表要安装在干燥、

电能表的使用

无振动且无腐蚀气体的场所。不同电价的用电线路应分别装表，同一电价的用电线路应合并装表。电能表安装要牢固、垂直。每只表除挂表螺钉外，至少应有一只定位螺钉，使表中心线向各方向倾斜度不大于 1°，否则会影响电能表的准确度。

选择电能表量程时，应使电能表额定电压与负载额定电压相符，电能表额定电流应大于或等于负载的最大电流。

电能表的接线和功率表一样，必须遵守发电机端守则。通常情况下，电能表的发电机端已在内部接好，接线图印在端钮盒盖的里面。使用时，只要按照接线图进行接线，一般不会发生铝盘反转的情况。

对直接接入电路的电能表以及与所标明的互感器配套使用的电能表，都可以直接从电能表上读取被测电能。

当电能表上标有"10×kW·h"或"100×kW·h"字样时，应将表的读数乘以 10 或 100 倍，才是被测电能的实际值。当配套使用的互感器变比和电能表标明的不同时，则必须将电能表的读数进行换算后，才能求得被测电能实际值。例如，电能表上标明互感器的变比是 10 000/100 V、100/5 A，而实际使用的互感器变比是 10 000/100 V、50/5 A，此时，应将电能表的读数除以 2，才是被测电能的实际值。

知识链接二　安装维修工具的管理制度

1. 维修班工具使用管理办法

为贯彻执行公司物品妥善保管、合理使用、有效控制的方针，特制定本办法。

维修班工程维修使用工具分为共用工具与私用工具。所谓共用工具，是指较大件工具（如切割机、电焊机、台钳、电钻之类）；私用工具是指发放给个人的小件常用维修工具。

共用工具使用管理：

（1）共用工具由值班人员保管，只允许公司内部使用，不得以个人名义转借他人使用；如有特别情况须由主管以上人员同意，方能借出。

（2）当值班人员下班时，须在交接班记录表上注明工具的使用情况，并由接班人员清点、检查工具使用情况，确认后签收。

（3）所有使用工具的人必须爱惜工具，遵守"谁损坏，谁赔偿"的原则，由值班人员监督。

私用工具使用管理：

（1）发放给个人的工具由个人妥善保管，并由个人在工具领用表上签收，离职时交还给公司。

（2）个人所领取的工具，自己必须爱惜，人为损坏由个人赔偿。

（3）个人所领工具属常规性磨损折旧，日久不能使用的，可申请换取新的工具，但必须提供旧件。

🔍 2. 施工现场电工对检修工具及安全防护用品的要求

检修工具及安全防护用品，必须经常保持完好，发现不良的应及时更换。检修人员使用前必须进行检查试验（包括绝缘工具）。

任务三　建筑施工现场常用电气材料

🗂 学习目标

1. 了解建筑施工中常用的电气材料
2. 能够按照施工要求正确选用电气材料
3. 熟悉建筑电气施工中材料的基本性能

如图2-60所示，在建筑施工现场常见的架空线路，它提出了很多让我们思考的问题：导线在人员密集的地方如何选用？在人员稀少的地方如何选用？连接处绝缘怎样处理，使用什么材料，其耐压等级如何？导线横截面面积多大？近年来，随着技术的进步，新技术、新材料层出不穷，在施工现场用到的导电材料、绝缘材料与安装材料也在与时俱进。

常用的电工材料主要有：导电材料，如银、铜、铝、铁、锡、铅等金属；半导体材料，如硅、锗等；绝缘材料，如空

图2-60　室外架空线路

气、变压器油、橡胶、塑料、陶瓷；磁性材料，如纯铁、硅钢、铁镍合金、铁氧体等；其他材料，如胶粘剂、润滑剂、清洗剂等。

知识链接一　常用导电材料

导电材料主要用来传输电流，一般分为良导体材料和高电阻材料两类。常用的良导体材料有电线电缆，如铜、铝、铁、钨、锡等，其中，铜、铝、铁主要用于制作各种导线和母线；钨的熔点较高，主要用于制作灯丝；锡的熔点低，主要用于制作导线的接头焊料和熔丝。常用的高电阻材料有康铜、锰铜、镍铜和铁、铬、铝等，主要用作电阻器和热工仪表的电阻元件。

1. 裸导线

裸导线就是导线外面没有覆盖绝缘层的导线。因为没有外皮，有利于散热，一般用于野外的高压线架设。为了增加抗拉力，一些铝绞线中心是钢绞线，称为"钢芯铝线"。如图 2-61 所示。裸导线因为没有绝缘外皮，在人烟稠密区使用多次引发事故，在有条件的城市，已经逐步将架空的高压线使用绝缘线，或转入地下电缆。

图 2-61　钢芯铝线

裸导线有单线、绞合线、特殊导线以及型线与型材四大类。主要用于电力、交通、通信工程与电机、变压器和电器制造。

裸绞线是由多股单线绞合而成的导线，其目的是改善使用性能。就其结构而论，可分为简单绞线（LJ）、组合绞线（LGJ）和复合绞线。

架空线用得较多的是铝绞线（LJ）和钢芯铝绞线（LGJ）。

2. 绝缘导线

有绝缘包层（单层或多层）的电线称为绝缘导线。主要有橡皮绝缘和塑料绝缘两种。橡胶、塑料即聚氯乙烯（PVC）绝缘电线，其广泛应用于交流额定电压（U_0/U）为 450/750 V、300/500 V 及以下、直流电压为 1 000 V 以下的动力装置及照明线路的固定敷设中。一般电线长期允许工作温度不超过 70 ℃，敷设环境温度不低于 0 ℃。常用橡胶、塑料绝缘导线如图 2-62 所示。

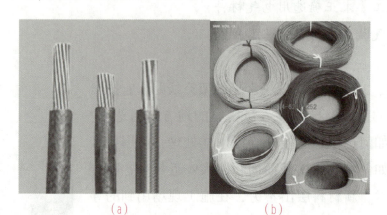

（a）　　　　　　　　　　　　　　（b）

图 2-62　绝缘导线

（a）橡皮绝缘导线；（b）塑料绝缘导线

3. 橡胶、塑料绝缘软线

橡胶、塑料绝缘连接用软线在家用电器和照明中应用极广泛，在各种交流、直流移动电器，电工仪表，电器设备及自动化装置接线也适用。使用时要注意工作电压，大多为交流 250 V 或直流 500 V 以下，交流额定电压（U_0/U）为 450/750 V、300/500 V 及以下。常用橡胶、塑料绝缘软线如图 2-63 所示。

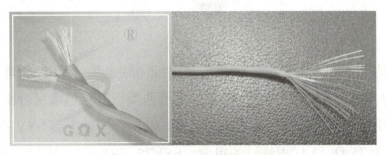

图 2-63　常用橡胶、塑料绝缘软线

4. 电缆

电缆按其用途，可分为通用电缆（图 2-64）、电力电缆（图 2-65）和通信电缆等。电气装备用电缆做各种电气装备、电动工具、仪器和日用电器的移动式电源线；电力电缆用于输配电网络干线中；通信电缆用做有线通信（例如，电话、电报、传真、电视广播等）线路。

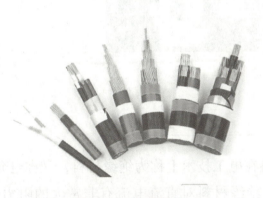

图 2-64　通用电缆

图 2-65　电力电缆

通信电缆由多根互相绝缘的导线或导体构成缆芯，外部具有密封护套。有的在护套外面还装有外护层。有架空、直埋、管道和水底等多种敷设方式。按结构分为对称、同轴和综合电缆；按功能分为野战和永备电缆（地下、海底电缆）。通信电缆传输频带较宽，通信容量较大，受外界干扰小，但不易检修。可传输电话、电报、数据和图像等。

HYV 是铜芯聚乙烯绝缘-聚氯乙烯护套市话电缆；HYA 是铜芯实心聚烯烃绝缘-挡潮层聚乙烯护套市内通信电缆。HYV 电缆和 HYA 电缆的区别在于护套的防潮性，HYV 防潮性较差，已被淘汰；HYA 采用铝塑粘接式护套，防水性能较好，整体电缆可充气维护。HYA22 表示是铠装式通信电缆，铠装一般是直埋用的，防止压迫，也可以抗干扰，保证信号。例如，HYV-20×2×0.5SC32 的含义是：20×2×0.5——20 对 2×0.5 mm²；SC32——穿 32 钢管。通信电缆如图 2-66 所示。

图 2-66　HYA 通信电缆

　　同轴电缆从用途上分可分为基带同轴电缆和宽带同轴电缆（即网络同轴电缆和视频同轴电缆）。同轴电缆分 50 Ω 基带电缆和 75 Ω 宽带电缆两类。基带电缆又分细同轴电缆和粗同轴电缆。基带电缆仅仅用于数字传输，数据率可达 10 Mbps。同轴电缆 SYV-75-5，SYV 代表视频线，75 代表阻抗为 75 Ω，5 代表线材的粗细。SYV75-5-1（A、B、C）的含义：S 指射频；Y 指聚乙烯绝缘；V 指聚氯乙烯护套；A 指 64 编，B 指 96 编，C 指 128 编；75 指 75 Ω；5 指线径为 5 mm；1 代表单芯。同轴电缆如图 2-67 所示。

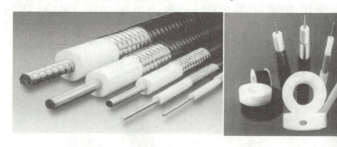

图 2-67　同轴电缆

知识链接二　绝缘材料

　　电阻率为 $10^9 \sim 10^{22}$ Ω·cm 的物质所构成的材料在电工技术上称为绝缘材料，又称电介质。简单地说，就是使带电体与其他部分隔离的材料。绝缘材料对直流电流有非常大的阻力，在直流电压作用下，除有极微小的表面泄漏电流外，实际上几乎是不导电的；而对于交流电流则有电容电流通过，但也认为是不导电的。绝缘材料的电阻率越大，绝缘性能越好。绝缘材料包括气体绝缘材料、液体绝缘材料和固体绝缘材料。涉及电工、石化、轻工、建材、纺织等诸多行业领域。

1. 绝缘胶

　　绝缘胶是以高分子聚合物为基础，能在一定条件下固化成绝缘硬膜或绝缘整体的重要绝缘材料。绝缘胶广泛用于浇注电缆接头、电器套管、20 kV 及以下电流互感器、10 kV 及以上电压互感器等，起绝缘、防潮、密封和堵油作用。绝缘胶如图 2-68 所示。

图 2-68　绝缘胶

2. 塑料和橡胶

　　塑料有热固性塑料和热塑性塑料两种。热固性塑料是指在受热或其他条件下能固化或具有不溶（熔）特性的塑料，如酚醛塑料、环氧塑料等。热固性塑料又分甲醛交联型和其他交联型两种类型。

热塑性塑料是指具有加热软化、冷却硬化特性的塑料。我们日常生活中使用的大部分塑料属于这个范畴。加热时变软以至流动，冷却变硬，这种过程是可逆的，可以反复进行。简单地说，加热软化的塑料叫作热塑性塑料，加热固化的塑料叫作热固性塑料。如图 2-69 所示。

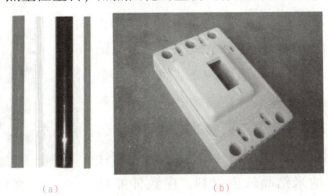

（a） （b）

图 2-69 塑料

（a）热塑性塑料；（b）热固性塑料

3. 绝缘带

绝缘带是由柔软的塑料、橡胶、纤维布涂胶制成的卷带。其特点是电气性能好，厚度薄（0.05～0.5 mm）、柔软、耐潮、防水、有自黏性。常用于电缆、电线连接绝缘恢复，电机、线圈绕包绝缘。常用的有聚乙烯胶带、聚酰亚胺胶带、织物胶带（黑胶布）、无底材橡胶胶带等。常用绝缘胶带如图 2-70 所示。

图 2-70 常用绝缘胶带

知识链接三 磁性材料

常用的磁性材料是指铁磁性物质。它是电工三大材料（导电材料、绝缘材料和磁性材料）之一，是电器产品中的主要材料。磁性材料通常分为软磁材料（导磁材料）和硬磁材料（永磁材料）两大类。

1. 软磁材料

软磁材料的主要特点是磁导率 μ 很高，剩磁 B_r 很小、矫顽力 H_c 很小，磁滞现象不严重，因而它是一种既容易磁化也容易去磁的材料，磁滞损耗小。所以一般都是在交流磁场中使用，是应用最广泛的一种磁性材料。磁导率 μ 表示物质的导磁能力，由磁介质的性质决定其大小。一般把矫顽力 $H_c < 10^3$ A/m 的磁性材料归类为软磁材料。常用的软磁材料有：电工纯铁，是指含碳量在 0.04% 以下的铁。电工纯铁的电阻率很低，他的纯度愈高，磁性能愈好。硅钢片，是在铁中加入 0.8%～4.5% 的硅形成的铁硅固溶体和金。硅钢片的主要特性是电阻率高，磁导率较高，矫顽力

和铁损较小，同时硬度和脆性高，导热系数小。硅钢片适用于各种交变磁场，广泛应用于变压器、交流异步电动机与电器产品中。硅钢片分热轧和冷轧两种。铁镍合金，又称玻莫合金，在铁中加入36%～81%的镍而成的高级软磁材料。主要特点是在弱磁场下有很高的磁导率和低的矫顽力，电阻率不高，频率较高时铁损增大。用来制造家用电器中的小电机、小变压器、扼流圈、电器的电磁机构和计算机的记忆元件等。铁铝合金，铁中加入6%～15%的铝形成的合金。主要特点是电阻率高、质量轻、硬度高，涡流损耗小。广泛用于微电机、电磁阀、脉冲变压器、继电器、磁放大器、互感器等。软磁性铁氧体，它是由金属氧化物烧结而成的非金属磁性材料。主要特点是电阻率高，在高频磁场作用下涡流损耗小，温度稳定性差。用于制造高频的电磁元件。另外，还有铁钴合金、高硬度高电阻高磁导合金、恒导磁合金、非晶态软磁合金、纳米结晶软磁材料、磁致伸缩材料、磁温度补偿合金等。如图2-72所示。

图2-72　软磁铁氧体

🔧 2. 硬磁材料

硬磁材料的主要特点是剩磁 B_r、矫顽力 H_c 都很大，当将磁化磁场去掉以后，不易消磁，适合制造永久磁铁，被广泛应用于测量仪表、扬声器、永磁发电机及通信装置中。常用硬磁材料有：铝镍钴永磁材料，铝镍钴合金的组织结构稳定，具有优良的磁性能、良好的稳定性和较低的温度系数。铁氧体永磁材料，铁氧体永磁材料以氧化铁为主，不含镍钴的非金属材料，价格低廉，材料的电阻率高，是目前产量最多的一种永磁材料。主要用于制作微电机、微波器件、磁疗片、拾声器等的永磁体。稀土钴化物，是磁性较高的硬磁材料，剩磁大、矫顽力高、动态特性优良、结构性能稳定，不易受外磁场影响，价格昂贵，不适宜200℃以上工作。主要用于制作传感器、微电机和磁性轴承等。钕铁硼合金，是磁性最高的硬磁材料，先进硬磁性材料，用于各种电机。另外，还有塑性变形硬磁铁、黏结永磁材料、磁滞合金永磁材料等。

建筑施工现场供电

 **任务一 建筑施工现场供电概述**

学习目标

1. 了解施工现场电源的引入方式
2. 熟悉建筑施工现场的供电形式
3. 掌握建筑施工现场变电所及变压器的选择
4. 能对施工现场电力负荷进行计算

随着社会发展的需要，建设项目越来越多，规模大的项目也不少，故施工现场的用电量也越来越大，再加上施工现场的环境比较恶劣，用电设备流动性大，临时性强，负荷变化大，供配电有其特殊性。

知识链接一 建筑施工现场电源的引入

建筑用电属于动力系统的一部分，常以引入线（通常为高压断路器）和电力网分界。电源向建筑物内的引入方式应根据建筑物内的用电量大小和用电设备的额定电压数值等因素确定。建筑施工现场电源的引入方式有以下几种。

1. 小型民用建筑供电

建筑物较小或用电设备负荷量较小，而且均为单相。一般只建立一个简单的降压变电所，把 6~10 kV 的高压经过降压变压器变换为 220 V/380 V 的低压，从而向用设备供电。也可由电力系统柱上变压器引入单相 220 V 的电源。如图 3-1 所示。

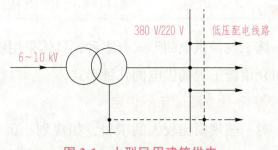

图 3-1 小型民用建筑供电

2. 中型民用建筑供电

建筑物较大或用电设备的容量较大，一般电源进线为6～10 kV的高压，先经过高压配电所分配后用几路高压配电线将其分别送到各建筑物变电所，再经各建筑物的降压变电所降为220 V/380 V的低压，从而向用电设备供电。若全部为单相和三相低压用电设备时，也可由电力系统的柱上变压器引入三相380 V/220 V的电源。如图3-2所示。

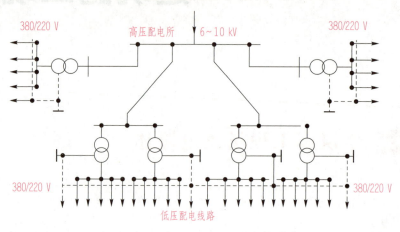

图3-2　中型民用建筑供电

3. 大型民用建筑供电

建筑物很大或用电设备的容量很大，虽全部为单相和三相低压用电设备，从技术和经济因素考虑，应由变电所引入三相高压6 kV或10 kV的电源经降压后供用电设备使用。并且在建筑物内设置变压器，布置变电室。若建筑物内有高压用电设备时，应引入高压电源供其使用。同时装置变压器，满足低压用电设备的电压要求。一般电源进线为35 kV的高压，先经过总变电所将其降为6～10 kV的高压，再经配电所进行分配后用高压配电线分别送到各建筑物的降压变电所，再次降为220 V/380 V的低压，从而向用电设备供电。如图3-3所示。

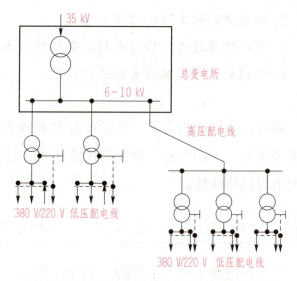

图3-3　有总变电所的大型民用建筑供电

知识链接二　施工现场的供电形式

施工现场供电的形式有多种，具体采用哪一种应根据项目的性质、规模和供电要求确定。下面介绍施工现场供电的几种形式。

1. 独立变配电所供电

对一些规模比较大的项目，如规划小区、新建学校、新建工厂等工程，可利用配套建设的变配电所供电。即先建设好变配电所，由其直接供电，这样可避免重复投资，造成浪费。

永久性变配电所投入使用，从管理的角度上看比较规范，供电的安全性有了基本的保障。变配电所主要由高压配电屏（箱、柜、盘）、变压器和低压配电屏（箱、柜、盘）组成。

2. 自备变压器供电

目前，城市中高压输电的电压一般为 10 kV，而通常用电设备的额定电压为 220 V/380 V。因此，对于建筑施工现场的临时用电，可利用附近的高压电网，增设变压器等配套设备供电。变电所的结构形式一般可分为户内变电所与户外变电所两种，为了节约投资，在计算负荷不是特别大的情况下，施工现场的临时用电均采用户外式变电所。户外变电所又采用杆上变电所居多。

户外式变电所的结构比较简单，主要由降压变压器、高压开关、低压开关、母线、避雷装置、测量仪表、继电保护等组成。

3. 低压 220 V/380 V 供电

对于电气设备容量较小的建设项目，若附近有低压 220 V/380 V 电源，在其余量允许的情况下，可到有关部门申请，采用附近低压 220 V/380 V 直接供电。

4. 借用电源

若建设项目电气设备容量小，施工周期短，可采取就近借用电源的方法，解决施工现场的临时用电。如借用就近原有变压器供电或借用附近单位电源供电，但需征得有关部门审核批准方可。

知识链接三　施工现场供电线路的结构形式及施工要求

1. 架空线配线

架空线配线由于投资费用低，施工方便、分支容易，所以得到广泛应用，特别是在建筑施工现场。但架空线受气候、环境影响较大，故供电可靠性较差。

建筑工地上的低压架空线主要由导线、横担、拉线、绝缘子和电杆等组成。如图 3-4 所示。

架空线必须架设在专用电杆上，即木杆和钢筋混凝土杆，严禁架设在树木、脚手架及其他设施上，钢筋混凝土杆不得有露筋、宽度大于 0.4 mm 的裂纹和扭曲，木杆不得腐朽，其梢径不应小于 140 mm。

架空线必须采用绝缘导线。导线截面的选择应符合下列要求：

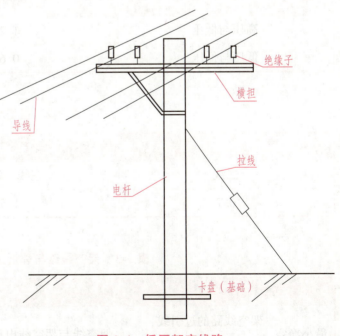

图 3-4　低压架空线路

（1）导线中的计算负荷电流不大于其长期连续负荷允许载流量。

（2）线路末端电压偏移不大于其额定电压的5%。

（3）三相四线制的N线和PE线截面不小于相线截面的50%，单相线路的零线截面与相线截面相同。

（4）按机械强度要求，绝缘铜线截面不小于10 mm²，绝缘铝线截面不小于16 mm²。

（5）在跨越铁路、公路、河流、电力线路挡距内，绝缘铜线截面不小于16 mm²；绝缘铝线截面不小于25 mm²，且中间不得有接头。

架空线路相序排列应符合下列规定：

（1）动力、照明线在同一横担上架设时，导线相序排列是：面向负荷从左侧起依次为L_1、N、L_2、L_3、PE。

（2）动力、照明线在二层横担上分别架设时，导线相序排列是：上层横担面向负荷从左侧起依次为L_1、L_2、L_3；下层横担面向负荷从左侧起依次为L_1（L_2、L_3）、N、PE。

架空线的挡距不得大于35 m，在一个挡距内，每层导线的接头数不得超过该层导线条数的50%，且一条导线应只有一个接头。

架空线路的线间距不得小于0.3 m，靠近电杆的两导线的间距不得小于0.5 m。

架空线路横担间的最小垂直距离不得小于表3-1所列数值；横担宜采用角钢或方木，低压铁横担角钢应按规范要求选用，方木横担截面应按80 mm×80 mm选用；横担长度应按表3-2选用。架空线路与邻近线路或固定物的距离应符合表3-3的规定。

表3-1　横担间的最小垂直距离　　　　　　　　　　　　　　　　　　　　　m

排列方式	直线杆	分支或转角杆
高压与低压	1.2	1.0
低压与低压	0.6	0.3

表3-2　横担长度选用

横担长度/m		
二线	三线、四线	五线
0.7	1.5	1.8

表3-3　架空线路与邻近线路或固定物的距离

项目	距离类别		
最小净空距离/m	架空线路的过引线、接下线与邻线	架空线与架空线电杆外缘	架空线与摆动最大时树梢
	0.13	0.05	0.50

续表

项目	距离类别						
最小垂直距离/m	架空线同杆架设下方的通信、广播线路	架空线最大弧垂与地面			架空线最大弧垂与暂设工程顶端	架空线与邻近电力线路交叉	
		施工现场	机动车道	铁路轨道		1 kV 以下	1~10 kV
	1.0	4.0	6.0	7.5	2.5	1.2	2.5
最小水平距离/m	架空线电杆与路基边缘		架空线电杆与铁路轨道边缘		架空线边线与建筑物凸出部分		
	1.0		杆高（m）+3.0		1.0		

电杆埋设深度宜为杆长的 1/10 加 0.6 m，回填土应分层夯实。在松软土质处宜加大埋入深度或采用卡盘等加固。

架空线路绝缘子应按下列原则选择：第一，直线杆采用针式绝缘子；第二，耐张杆采用蝶式绝缘子。

电杆的拉线宜采用不少于 3 根 D4.0 mm 的镀锌钢丝。拉线与电杆夹角应为 30°~45°。拉线埋设深度不得小于 1 m。电杆拉线如从导线之间穿过，应在高于地面 2.5 m 处装设拉线绝缘子。

接户线在挡距内不得有接头，进线处离地高度不得小于 2.5 m。接户线最小截面应符合表 3-4 的规定。接户线间及与邻近线路间的距离应符合表 3-5 的要求。

表 3-4　接户线的最小截面

接户线架设方式	接户线长度/m	接户线截面/mm²	
		铜线	铝线
架空或沿墙敷设	10~25	6.0	10.0
	≤10	4.0	6.0

表 3-5　接户线线间及与邻近线路间的距离

接户线架设方式	接户线挡距/m	接户线线间距离/mm
架空敷设	≤25	150
	>25	200
沿墙敷设	≤6	100
	>6	150
架空接户线与广播电话线交叉时的距离/mm		接户线在上部，600 接户线在下部，300
架空或沿墙敷设的接户线零线和相线交叉时的距离/mm		100

架空线路必须有短路保护。采用熔断器做短路保护时，其熔体额定电流不应大于明敷绝缘导线长期连续负荷允许载流量的 1.5 倍。采用断路器做短路保护时，其瞬时过流脱扣器脱扣电流整定值应小于线路末端单相短路电流。

架空线路必须有过载保护。采用熔断器或断路器做过载保护时，绝缘导线长期连续负荷允许载流量，不应小于熔断器熔体额定电流或断路器长延时，过流脱扣器脱扣电流整定值的 1.25 倍。

2. 电缆配线

电力电缆可采用埋地敷设和在电缆沟内敷设两种。它与架空线相比，供电可靠，受气候、环境影响小，且线路上的电压损失也比较小，故是一种比较安全、可靠的供配电线路，但是，由于电力电缆成本较高且线路分支困难，检修不方便，所以，选择时应多方面考虑。

电缆中必须包含全部工作芯线和用作保护零线或保护线的芯线。需要三相四线制配电的电缆必须采用五芯电缆。五芯电缆必须包含淡蓝、绿（黄）两种颜色绝缘芯线。淡蓝色芯线必须用作 N 线；绿/黄双色芯线必须用作 PE 线，严禁混用。

电缆线路应采用埋地或架空敷设，严禁沿地面明设，并应避免机械损伤和介质腐蚀。埋地电缆路径应设方位标志。

电缆类型应根据敷设方式、环境条件选择。埋地敷设宜选用铠装电缆；当选用无铠装电缆时，应能防水、防腐。架空敷设宜选用无铠装电缆。

电缆直接埋地敷设的深度不应小于 0.7 m，并应在电缆紧邻上、下、左、右侧均匀敷设不小于 50 mm 厚的细砂，然后覆盖砖或混凝土板等硬质保护层。

埋地电缆在穿越建筑物、构筑物、道路、易受机械损伤、介质腐蚀场所及引出地面从 2.0 m 高到地下 0.2 m 处，必须加设防护套管，防护套管内径不应小于电缆外径的 1.5 倍。

在建工程内的电缆线路必须采用电缆埋地引入，严禁穿越脚手架引入。电缆垂直敷设应充分利用在建工程的竖井、垂直孔洞等，并宜靠近用电负荷中心，固定点每楼层不得少于一处。电缆水平敷设宜沿墙或门口刚性固定，最大弧垂距地不得小于 2.0 m。

装饰装修工程或其他特殊阶段，应补充编制单项施工用电方案。电源线可沿墙角、地面敷设，但应采取防机械损伤和防火措施。

室内配线必须采用绝缘导线或电缆，非埋地明敷主干线距地面高度不得小于 2.5 m。

室内配线所用导线或电缆的截面应根据用电设备或线路的计算负荷确定，但铜线截面不应小于 1.5 mm^2，铝线截面不应小于 2.5 mm^2。

电缆配线必须有短路保护和过载保护，整定值要求与架空线相同。

知识链接四　施工现场的电力供应

施工现场的用电设备主要包括照明和动力两大类。在确定施工现场电力供应方案时，首先应确定电源形式，再确定计算负荷、导线规格型号，最后确定配电室、变压器位置及容量等内容。下面我们对某一学校教学楼的具体项目来确定施工现场电力供应的方案。

该学校教学大楼施工现场临时电源由附近杆上 10 kV 电源供给。根据施工方案和施工进度的安排，需要使用下列机械设备：

国产 JZ 350 混凝土搅拌机一台，总功率为 11 kW；

国产 QT 25-1 型塔式起重机一台，总功率为 21.2 kW；

蛙式打夯机四台，每台功率为 1.7 kW；

电动振捣器四台，每台功率为 2.8 kW；

水泵一台，电动机功率为 2.8 kW；

钢筋弯曲机一台，电动机功率为 4.7 kW；

砂浆搅拌机一台，电动机功率为 2.8 kW；

木工场电动机械，总功率为 10 kW；

根据以上给定的这些条件以及施工总平面图，我们就可以作出施工现场供电的设计方案。

1. 施工现场的电源确定

施工现场的电源要视具体情况而定，现给出架空线 10 kV 的电源，该项目电源可采取安装自备变压器的方法引出低压电源，电杆上一般应配备高压油开关或跌落式熔断器、避雷器等，这些工作应与主管电力部门协商解决。

2. 估算施工现场的总用电量

施工现场实际用电负荷即计算负荷，可以采用需要系数法来求得，也可采用更为简单的估算法来计算。首先，计算出施工用电量的总功率：即

$$\sum P = 11 + 21.2 + 1.7 \times 4 + 2.8 \times 4 + 2.8 + 4.7 + 2.8 + 10 = 70.5 (\text{kW})$$

考虑到所有设备不可能同时使用，每台设备工作时也不可能是满负载，故取需要系数 $K_c = 0.56$，取电机的平均效率 $\eta = 0.85$，平均功率因数 $\cos\varphi = 0.6$。则计算负荷为

$$S_j = \frac{K_c \sum P}{\eta \cdot \cos\varphi} = \frac{0.56 \times 70.5}{0.85 \times 0.6} = 77.41 (\text{kV} \cdot \text{A})$$

另加 10% 的照明负荷，则总的估算计算负荷为

$$S_j = S_j + 10\% S_j = 77.41 + 7.741 = 85.15 \ (\text{kV} \cdot \text{A})$$

经估算，施工现场总计算负荷约为 85 kV·A。

3. 选用变压器和确定变电站位置

根据生产厂家制造的变压器的等级，以及选择变压器的原则：$S_N \geqslant S_j$，查有关变压器产品目录，选用 S_9-125/10 型（即变压器额定容量为 125 kV·A，额定电压为 10 kV/0.4 kV，并且作 $\triangle / Y_{-11}$ 连接）三相电力变压器一台即可。

从施工组织总平面图可以看出，工地东北角较偏僻，离人们工作活动中心较远，比较隐

蔽和安全，并且接近高压电源，距各机械设备用电地点也较适中，交通也方便，而且变压器的进出线和运输较方便，故工地变电站位置设在工地东北角是较合适的。

🔧 4. 供电线路的布置及导线截面的选择

根据设备布置情况，在初步设计的供电平面图中，1号配电箱控制的设备有钢筋弯曲机和木工场电动机械，总功率为 14.7 kW；2号配电箱控制的设备有塔式起重机，总功率为 21.2 kW；3号配电箱控制的设备有打夯机和振捣机，总功率为 18 kW；4号配电箱控制的设备有水泵，总功率为 2.8 kW；5号配电箱控制的设备有混凝土搅拌机和砂浆搅拌机，总功率为 13.8 kW。在计算中除注明外需要系数 K_C 取 0.7，功率因数 $\cos\varphi$ 取 0.6，效率 η 取 0.85。

从变电站引出 I_1 和 I_2 两条干线。干线 I_1 用电量大，并且供电距离较短，在选择导线截面时，只需要考虑发热条件即可。根据该线路所供给的负载功率，其计算电流为118 A，考虑施工现场的特点，采用铝芯导线，在室外架空敷设，可选择价格低廉的橡皮绝缘导线，根据计算电流，查橡皮绝缘电线明敷的载流量表可知，干线 I_1 应选择截面为 50 mm² 的橡皮绝缘铝芯导线（BLXF）即可。由于三相四线制中，零线的选用有一定准则，则选零线截面为 25 mm²。

2号、3号、4号配电箱支路 I_a 的工作电流经过计算为 88 A，查橡皮绝缘电线明敷的载流量表可知，支路 I_a 应选用四根 16 mm² 的 BLXF 型导线。

1号配电箱支路 I_b 的工作电流经过计算为 30.7 A，查橡皮绝缘电线明敷的载流量表可知，支路 I_b 只需四根 6 mm² 的 BLXF 导线即可；但是，考虑到机械强度的要求，还是应采用 16 mm² 的 BLXF 型导线。

备用支线 I_c 由于没有确定的设备，所以，该支线按机械强度选择导线截面面积，即选四根 16 mm² 的 BLXF 型导线。

3号、4号支路 I_d 的工作电流经过计算为 43 A，查橡皮绝缘电线明敷的载流量表可知，支路 I_d 采用 6.0 mm² 的 BLXF 型导线即可；但从机械强度上考虑，也应采用 16 mm² 的 BLXF 型导线。

5号配电箱支线 I_e 的工作电流经过计算为 8 A（该支线设备不多，故 K_C 取 1）。由于该支线的电流较小，所以，也只按机械强度选择导线的截面面积，即选择四根 16 mm² 的 BLXF 型导线。

干线 I_2 是引至混凝土搅拌机处和门房照明用电。搅拌机处用电量大，而且离电源变压器也不远，只需要从发热条件来选择导线的截面。

干线 I_2 的工作电流经过计算为 29 A，查橡皮绝缘电线明敷的载流量表可知，干路 I_2 采用 4.0 mm² 的 BLXF 型导线即可，但从机械强度上考虑，则应采用四根 16 mm² 的 BLXF 型导线。

从分配电箱再到门房的照明线，因供电距离较远且负荷比较小，所以，不必考虑发热条件和电压损失，只需从机械强度上考虑即可。故 I_3 也还是应选用 16 mm² 的 BLXF 型导线。

5. 配电箱的数量和位置的确定

配电系统应设置配电柜或总配电箱、分配电箱、开关箱，实行三级配电。

6. 绘制施工现场电力供应平面图

根据建筑施工现场提供的施工平面图，北侧有 10 kV 高压架空线路经过工地，可作电源接用。施工建筑教学楼、各种施工机械设备、施工用户等均在图上表示。

塔式起重机、卷扬机、混凝土搅拌器、滤灰机各一台，还有电动打夯机、振捣器、木工机械等若干台。应先做电力负荷计算。

根据电力负荷计算，施工用电总容量为 85 kV·A，当地高压电源为 10 kV。施工动力用电为三相 380 V、照明用电为单相 220 V，选用 S_9–125/10 型三相降压变压器。考虑接近高压电源负荷中心，变压器进出线和交通运输方便等因素，变压器位置确定施工现场的西北角。

低压配电线路分两路干线进行供电。第一路干线（北路）对混凝土搅拌器、滤灰机及路灯、室内照明等供电。由于施工临时配电，考虑安全和节约因素，选用 BLX 型橡皮绝缘铝导线。图中的铝导线符号 1-BLX（4×10）表示导线中截面为 10 mm² 的铝线共四条。

第二路干线（西至南路）对塔式起重机、卷扬机、电动打夯机、振捣器及路灯、投光灯、室内照明等供电。

两路干线的控制在变配电所低压配电室的总配电盘上进行。

第二路干线中，由于塔式起重机用电负荷量较大，并且该起重机布置离变电所较近；而南路段负荷较轻，为了节约器材，在选择导线截面时，全线不按同一截面选择，可分两段计算。从变电所至塔式起重机分支的电杆为一段（下称西段），自塔式起重机分支的电杆至警卫室旁边的电杆为另一段（下称南段）。

第二路干线西段图中导线符号为 2-BLX（3×50+1×35），表示选用 BLX 型橡皮绝缘铝导线，截面为 50 mm² 的铝导线三条，中线用截面为 35 mm² 的铝线一条。

第二路干线南段图中导线，其符号为 2-BLX（4×10），表示选用 BLX 型橡皮绝缘铝导线中截面为 10 mm² 的铝线四条。

塔式起重机专用供电线路的导线，其符号为 3-BLX（3×35+1×16），它的截面按塔式起重机要求确定。

在施工平面图上，按实际位置画出变压器安装位置、配电箱安装位置、低压配电线路的走向、导线的规格、电杆的位置（电杆挡距不大于 35 m）等。施工现场电力供应平面图如图3-5 所示。

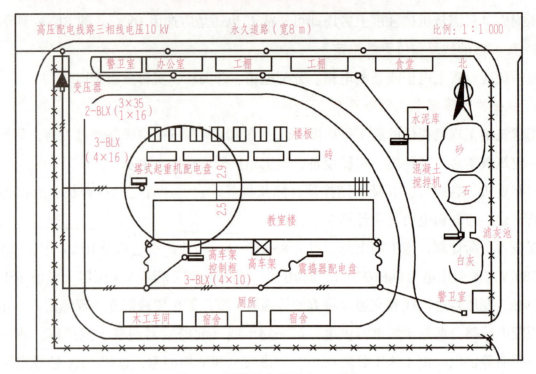

图 3-5　某教学大楼供电平面图

● 知识链接五　施工现场配电箱及开关箱的设置

建筑施工现场临时用电箱（柜）有标箱（柜），但大多以非标产品居多。其选用可以根据施工现场的实际用电负荷按临时电施方案而定，可为柜式或箱式。如现场用电负荷较小，可选用悬挂式总配电箱或由供电部门提供的变配电柜，其分路数也能满足施工现场需要。但必须将三相四线制转变为符合现场要求的三相五线制，即 TN-S 系统，并要满足三级配电，二（三）级漏电保护要求。对用电负荷较大的施工现场不能用供电部门安装的变配电箱柜做总配电屏柜，必须在施工现场另设总配电房。所有配电箱柜及内部开关电器的选用、布设、应根据施工现场的实际用电负荷情况，按照现场"临电专项施工方案"进行整体外购或自行设计装配，但设计装配必须符合相关标准、规范的要求，并应固定在施工现场设置的总配电房内。有的工程利用原址保留的配电房及屏柜，这类屏柜多为 TN-C 保护系统，而且无分路隔离和漏电保护，另外，有少数按《施工现场临时用电安全技术规范》（JGJ 46—86）规范配置的屏柜还在使用，必须将其改为 TN-S 接零保护系统和《施工现场临时用电安全技术规范》（JGJ 46—2005）规范要求的配置。

施工现场临时用电的供配电线路的保护一般都采用分级配电、分级保护。按线路和负载等级不同要求，在低压干线、分支线路和线路末端，分别安装具有不同漏电动作特性的保护器，形成分级漏电保护网。如图 3-6 所示。

分级保护时，各级选用保护范围应相互配合，保证在末端发生漏电故障或人身触电事故时，漏电保护器不越级动作；同时要求，当下级保护器发生故障时，上级保护器动作，补救下级失灵的意外情况。实行分级保护，可使每台用电设备均有两级以上的漏电防护措施，不仅对低压电网所有线路末端的用电设备创造了安全运行条件和提供了人身安全的直接接触与间接接触的多重防护，而且还可以最大限度地缩小发生事故时停电的范围，且容易发现和查找故障点，对提高安全用电水平和降低事故、保障作业安全有着积极的意义。

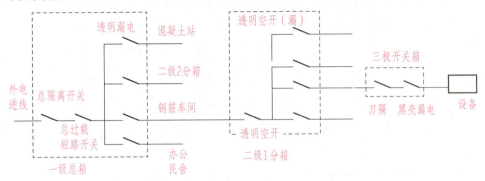

图3-6　三级配电图

1. 一级配电箱柜

一级配电箱就是指总配电箱，一般位于配电房。一级箱柜采用下进下出线，前开门，主母线采用铜排连接，接触良好，内带计量系统，安全、美观，防雨箱顶适合野外工作。

（1）总配电箱。总配电箱箱体采用厚度为 1.5~2.0 mm 的冷轧钢板制作及做防腐处理；总配电箱中顺序设置总路刀闸开关（配断路器）或刀熔开关和分路刀熔开关或刀闸开关及RCD，整个箱柜应兼顾具备可见断点的电源总隔离、分路隔离开关；总短路、过载，分路短路、过载及总 RCD 或部分 RCD 功能。刀熔开关可选用 HR 等系列产品，该产品为熔断式刀闸开关，分断时具有明显可见断点，且装有灭弧室，具有短路和一定过载能力。分路开关或刀闸开关可选用 HD、HR 等系列产品，RCD 可选用 DZL 等系列产品，具有过载、短路、漏电功能，有的型号还有剩余电流可调功能。一级漏电保护主要作为设备线路绝缘损坏，产生接地故障电流而引发的火灾危险和保护线路及配电设备免受过载、短路、漏电等故障的损坏为主。一般可选动作电流 100~300 mA（剩余电流可调式），动作时间可选 ≤0.2 s 的延时型 RCD（应考虑线路的正常泄漏电流）。总配电箱内必须设置与金属电器安装板绝缘的 N 线端子排及与金属电器安装板作电气连接的 PE 线端子排和相应电器、仪表、指示灯及电气系统接线图等。电箱门应采用多股铜芯软线与 PE 线端子排相连接。采用透明断路器或透明 RCD，可省去刀闸隔离开关，如图 3-7 所示。

图3-7　透明断路器

（2）总配电柜的不同配置。根据施工现场用电容量的不同，供电区域不同，其箱柜的配置也不相同，如图 3-8 所示。

图 3-8 施工现场总配电箱设置图及实物图

2. 二级分配电箱

二级配电箱就是分配电箱，也叫作分箱，一般负责一个供电区域。二级分配电箱采用内外门设计，外表喷塑，安全美观，防雨箱顶适合野外工作。

二级分配电箱采用厚度不小于 1.5 mm 的冷轧钢板制作及做防腐处理；二级分配电箱可为柜式或箱式，但必须符合二级配电箱的有关规范。箱内电器应按临电设计要求配置带防护罩的具备可见断点的电源总隔离、分路隔离，总短路、过载，分路短路、过载保护功能。虽然《施工现场临时用电安全技术规范》明确 RCD 设在一、三级配电箱，实际上施工现场大量的用电设备是从二级分配电箱中分出，由于施工现场各种分包队伍因管理水平和安全投入的不到位，违章用电隐患严重，建议在二级分配电箱中增加一级漏电保护，使整个施工现场形成"三级配电，三级保护"，既能避免一级漏电频繁跳闸，又可缩小停电范围，还便于查找事故，对消除用电隐患有积极作用。刀熔开关可选用 HR 系列产品。该产品为熔断器式刀开关，分断时具有明显可见断点，且装有灭弧室。分路刀闸开关可使用 HD、HR 系列产品。该产品断开点明显可见。这一级主要提供间接接触防护，同时作为线路末端 RCD 失灵后的补充保护。二级保护器的动作参数应选在第一级与第三极之间，且不大于 30 mA·s 限值，可选动作电流为 75~200 mA、动作时间为 0.1~0.2 s 的 RCD。二级分配电箱内必须设置与金属电器安装板绝缘的 N 线端子板（排）及与金属电器安装板做电气连接的 PE 端子排（板），电箱门应采用多股铜芯软线与 PE 线端子排（板）相连；并应配有门锁、插销，漆上指令性标志和统一编号、责任人及电气接线图；分配电箱中的照明回路应与动力回路分开设置。采用透明断路器或透明 RCD，可省去刀闸隔离开关。

根据施工现场用电分路负荷的不同，其箱柜的配置也不相同，如图 3-9 所示。

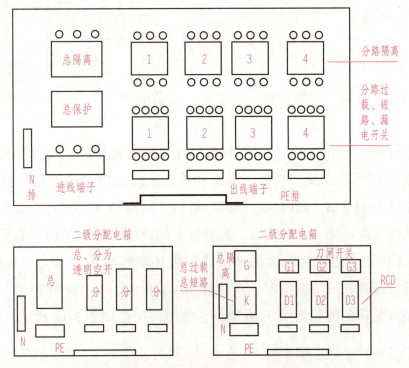

图 3-9　二级分配电箱配置图

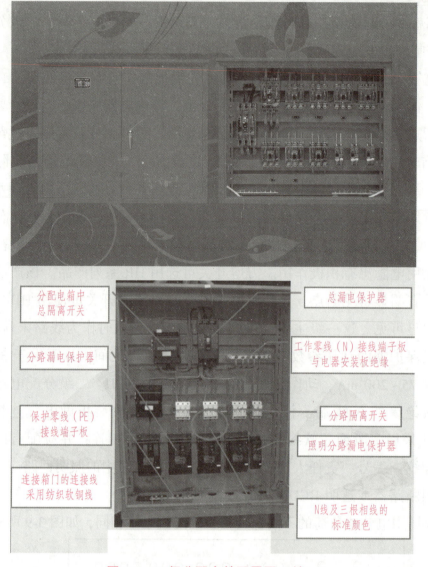

分配电箱中总隔离开关

分路漏电保护器

保护零线（PE）接线端子板

连接箱门的连接线采用纺织软铜线

总漏电保护器

工作零线（N）接线端子板与电器安装板绝缘

分路隔离开关

照明分路漏电保护器

N线及三根相线的标准颜色

图3-9　二级分配电箱配置图（续）

3. 三级开关箱

三级配电箱就是开关箱，只能负责一台设备。所谓的"一机一闸一箱一漏"，就是针对开关箱而言的。

开关箱采用厚度不小于1.2 mm的冷轧钢板制作及做防腐处理，安装应满足《施工现场临时用电安全技术规范》要求，统一编号、标志和责任人及门锁。开关箱与分配电箱的距离不超过30 m，与设备不超过3 m，箱内应设隔离、过载、短路和RCD。动力设备宜采用三相三极RCD，额定漏电动作电流≤30 mA·0.1 s。容量较大的设备（如大型塔式起重机、对焊机、混凝土泵车等），当工作在电磁干扰较大的地区或周边环境影响较大时，30 mA·0.1 s的RCD频繁跳闸，而并非设备存在故障漏电时，可选择30~100 mA·0.1 s的RCD。

建筑施工现场开关箱的配置如图3-10所示，常用开关箱如图3-11所示。

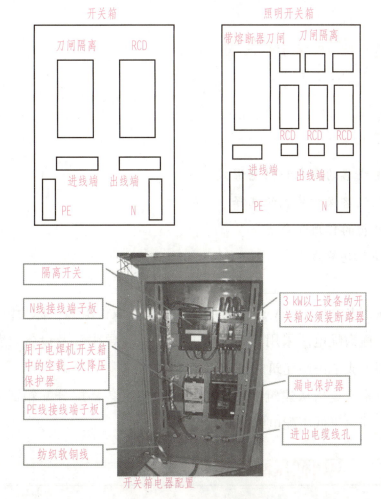

图 3-10　开关箱配置图

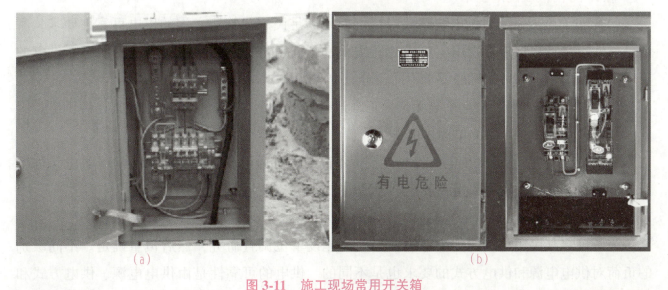

图 3-11　施工现场常用开关箱

（a）移动开关箱；（b）普通照明开关箱

任务二　建筑室内供电

学习目标

1. 了解室内供电线路的要求和供电形式
2. 掌握低压配电线路保护装置的选择
3. 了解低压配电箱的作用和分类
4. 能够正确选择配电导线

民用建筑一般从市电高压 10 kV 或低压 380 V/220 V 取得电源，称为供电；然后将电源分配到各个用电负荷，称为配电。采用各种元件（如开关、导线）及设备（如配电箱）将电源与负荷连接起来，即组成了民用建筑的供配电系统。

建筑物室内配电系统是指从建筑配总电箱或配电室至各楼层分配箱或各楼层用户单元开关之间的供电线路，其属于低压配电线路。

知识链接一　室内低压配电线路

1. 室内低压配电要求

（1）可靠性要求。供配电线路应当尽可能地满足民用建筑所必需的供电可靠性要求。所谓可靠性，是指根据建筑物用电负荷的性质和重要程度，对供电系统提出的不能中断供电的要求。不同的负荷，可靠性的要求不同，分三个等级：

1）一级负荷。要求供电系统无论是正常运行还是发生事故时，都应保证其连续供电。因此，一级负荷应由两个独立电源供电。

2）二级负荷。当地区供电条件允许投资不高时，宜由两个电源供电；当地区供电条件困难或负荷较小时，则允许采用一条 6 kV 及以上专用架空线供电。

3）三级负荷。无特殊供电要求。

为了确定某民用建筑的负荷等级，必须向建设单位调查研究，然后慎重确定。不同级别的负荷对供电电源和供电方式的要求也是不同的。供电的可靠性是由供电电源、供电方式和供电线路共同决定的。

（2）电能质量要求。电能质量的指标通常是电压、频率和波形，其中，尤以电压最为重要。电压的指标包括电压的偏移、电压的波动和电压的三相不平衡度等。因此，电压质量除与电源有关外还与动力、照明线路的合理设计有很大关系，在设计线路时，必须考虑线路的电压损失。一般情况下，低压供电半径不宜超过 250 m。

（3）发展要求。从工程角度看，低压配电线路应力求接线操作方便、安全，具有一定的灵活性，并能适应用电负荷的发展需要。例如，住宅远期用电负荷密度（平均单位面积的用电量），1996 年及以前的规范规定，多层住宅为每平方米 6~10 W，高层住宅为每平方米 10~15 W。近年来，随着人们生活水平的提高，家用电器逐渐增多，特别是空调、热水器、电磁灶或微波炉等大功率家用电器进入普通家庭，家庭用电由原来纯照明向多功能方向发展。新建住宅内居民用电按建筑面积 40 W/m^2 负荷密度选择，大城市为 60~80 W/m^2。按平均取 50 W/m^2，即小型住宅的计算负荷为 3 000 W，中型住宅 5 000 W，大型住宅 10 000 W。国家规范也及时作了修订，因此，在设计时应认真做好调查研究，参照当时当地的有关规定，并适当考虑发展的需要。

（4）民用建筑低压配电系统的其他要求。配电系统的电压等级一般不超过两级；为便于维修，多层建筑宜分层设置配电箱，每户宜有独立的电源开关箱；单相用电设备应合理分配，力求使三相负荷平衡；引向建筑的接户线，应在室内靠近进线处便于操作的地方装设开关设备；尽可能节省有色金属的消耗，减少电能的损耗，降低运行费等。

2. 室内低压配电系统的基本配电方式

室内低压配电系统由配电装置（配电盘）及配电线路（干线及分支线路）组成。常用配电方式有以下几种，如图 3-12 所示。

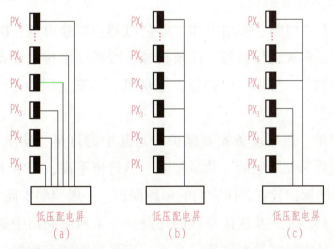

图 3-12　室内低压配电系统的基本配电方式
（a）放射式；（b）树干式；（c）混合式

（1）放射式。放射式是由总配电箱直接供电给分配电箱或负载的配电方式。其优点是各负荷独立受电，一旦发生故障只局限于本身而不影响其他回路，供电可靠性高，控制灵活，易于实现集中控制。其缺点是线路多，有色金属消耗量大，系统灵活性较差。这种配电方式适用于设备容量大、要求集中控制的设备、要求供电可靠性高的重要设备配电回路，以及有腐蚀性介质和爆炸危险等场所不宜将配电及保护起动设备放在现场者。

（2）树干式。树干式是指由总配电箱至各分配电箱之间采用一条干线连接的配电方式。其优点是投资费用低、施工方便，易于扩展。其缺点是干线发生故障时，影响范围大，供电可靠性较差。这种配电方式常用于明敷设回路，设备容量较小、对供电可靠性要求不高的设备。

（3）混合式。混合式也是在一条供电干线上带多个用电设备或分配电箱，与树干式不同的是其线路的分支点在用电设备上或分配电箱内，即后面设备的电源引自前面设备的端子。其优点是线路上无分支点，适合穿管敷设或电缆线路，节省有色金属。其缺点是线路或设备检修以及线路发生故障时，相连设备全部停电，供电的可靠性差。这种配电方式适用于暗敷设线路，供电可靠性要求不高的小容量设备，一般串联设备宜为 3~4 台，总容量不宜超过 10 kW。

在实际工程中，照明配电系统不是单独采用某一种形式的低压配电方式，多数是综合形式，如在一般民用住宅所采用的配电形式多数为放射式与分区树干式（链式）的结合。一般民用住宅低压配电形式如图 3-13 所示。

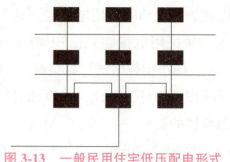

图 3-13　一般民用住宅低压配电形式

总配电箱向每个楼梯间配电为放射式，楼梯间内不同楼层间的配电箱为树干式配电。

知识链接二　保护装置的选择

1. 用电设备及配电线路的保护

民用建筑用电主要有：照明、家用电器、办公电器、试验设备、医疗机械、商业及服务业修理机械、炊事机械、影视通信设备、建筑机械、暖通给水排水设备等。这些用电设备按其使用电能的形式可归纳为：照明、电热器、电动机、小型变压器等。为了使用安全，要采取相应的保护措施。

（1）照明设备的保护。照明设备需要保护的是其中的灯具、插座、开关及其连接导线。由于这些元件是连接在照明支路上的，数量较多，但价值不高，通常不对每个器件进行单独保护，而采用照明支路的保护装置兼作它们的短路保护。一般照明支路之所以不宜大于 15 A，是因为考虑其能保护灯具、开关及连接导线的短路。一条照明支路中的个别灯具处于室外或其他非正常环境，当灯具内电气短路可能性大时，应采取附加专用保护装置，以减少由于它的故障而影响全支路工作。

民用建筑的许多小型用电设备（指小于 0.5 kW 的感性负荷或小于 2 kW 的阻性负荷），通常用插头连接在照明插座支路上。若设备自身带有保护装置（如洗衣机），则照明插座支路的保护作为其后备保护；若自身不具备保护装置（如台扇），需依靠照明插座支路的保护作为它的保护。以上两种情况往往同时存在，故照明插座支路的保护装置，必须考虑能够保护那些自身不具备电气保护的用电设备的短路。因此，在住宅中照明与插座混合的支路或单独的插座回路，其保护电路的额定电流一般不大于 10 A。当插座支路的保护装置额定电流较大时，可选用带有熔丝管的插座，熔丝管的额定电流可根据可能接用设备的容量选取，一般不大于

5 A。

照明支路（包括照明插座支路）的保护采用熔断器或自动开关。目前，建筑大多采用自动开关（一些还加有漏电保护装置）。

当照明支路采用自动开关时，其长延时脱扣器和瞬时脱扣器的整定电流应满足：

$$I_{zd1} \geqslant K_{k1} I_{30}$$
$$I_{zd3} \geqslant K_{k3} I_{30}$$

式中　I_{zd1}——自动开关长延时脱扣器的整定电流（A）；

　　　I_{zd3}——自动开关瞬时脱扣器的整定电流（A）；

　　　I_{30}——计算电流（A）；

　　　K_{k1}——用于自动开关长延时脱扣器的系数；

　　　K_{k3}——用于自动开关瞬时脱扣器的系数。

瞬时脱扣电流保护，也称电流速断保护，就是没有延时，只要电流超过整定值，立刻就动作。短延时脱扣电流的保护，电流超过整定值，有一个延时才动作，是一种过电流保护。瞬时脱扣器一般用作短路保护。短延时脱扣器可作短路保护，也可作过载保护。长延时脱扣器只作过载保护。

（2）动力设备的保护。民用建筑中采用的电动机为动力的机械设备可分为两大类：一类是随建筑功能而异的专用机械，如炊事机械、医疗机械等；另一类是属于为建筑物服务的通用机械，如通风机、水泵、电梯等。多数专用机械自身带有电动机的操作开关及保护装置，也有一些自身不带有操作开关和保护装置的。虽然多数专用机械自身带有操开关及保护装置，但往往在设计时难以确定其具体形式，因此，除那些能够确定的设备之外，通常均按设置操作开关及保护装置考虑。

在民用建筑中多采用鼠笼式电动机，现仅就鼠笼式电动机的启动与保护作一些概括的阐述。为了安全，所有电动机均应装设短路保护，总计电流不超过 20 A 时，可共用一套保护装置。

3 kW 及以上的电动机，虽容量小但长时间无人监视的电动机，或容易过负荷的电动机，应装设过负荷保护。

3 kW 及以下的电动机或定子为星形接线且装有过负荷保护的电动机可不装设断相保护。

10 kW 及以下的电动机，如条件允许自启动，可不装设低电压保护。

3 kW 及以下的鼠笼式电动机允许采用封闭型负荷开关与保护。不频繁启动的电动机，可采用电动机保护用自动开关（频繁启动的电动机用此灭弧不好处理）。

需要频繁启动或远方控制的电动机，可采用磁力启动器。通常利用磁力启动器中的热元件作为电动机的过负荷保护，其额定电流与自动开关的长延时过电流脱扣器的整定电流相同，此时需配熔断器作为短保护。

（3）低压配电线路的保护。随着家用电器的日益发展和不断普及，触电的潜在危险也越大。为此，目前已要求在住宅电气设计中使用漏电开关来保证用电的安全。采用漏电开关保护后，自漏电开关以后的插座或金属外壳所连的专用保护地线，须单独接地或采用专用线直接引至总配电装置处，经接线端子与零线接地装置相连，以提高其安全度。

🔌 2. 保护装置的选择

（1）刀开关、负荷开关、隔离开关的选择。首先是选择的原则，按线路的额定电压、计算电流选择；宜采用同时断开电源所有极和 N 极的开关隔离器；变压器后的总开关、终端配电箱总开关一般应选用同时断开相线和 N 线的开关；按刀开关的用途选择合适的操作方式，中央手柄式刀开关不能切断负荷电流，其他形式的刀开关可切断一定的负荷电流，但必须选带灭弧型的刀开关。

具体选择方法是：安装刀开关、负荷开关、隔离开关的线路，其额定电压不应超过开关的额定电压值；刀开关、负荷开关、隔离开关的额定电流应大于或等于线路的额定电流。

（2）熔断器的选择。熔断器在配电系统中起短路保护的作用。熔断器应按电气线路额定电压、计算电流、使用场所、分段能力以及配电系统前、后级选择性配合等因素进行选择。具体要求是：熔断器的额定电压应大于或等于配电线路的额定电压；熔断器熔体的额定电流应大于或等于配电线路的计算电流；熔断器的最大分断电流大于或等于配电线路可能发生的短路冲击电流；选择熔断器时，应使下一级熔断器的熔断时间比上一级熔断器的熔断时间少。靠近电源的熔断器为上一级熔断器，远离电源的熔断器为下一级熔断器，一般要求上一级熔断器的熔断时间是下一级熔断器的熔断时间的 3 倍以上。为了保证动作的选择性，当上、下级采用同一型号熔断器时，其电流等级以相差两级为宜；当上下级采用不同型号熔断器时，应根据给出的熔断时间选取。

（3）断路器的选择。断路器应按电气线路额定电压、计算电流、使用场所、动作选择性等因素进行选择。具体选择应满足：断路器的额定电压大于或等于配电线路的额定电压；断路器的额定电流应大于或等于配电线路的计算电流；断路器的极限分断冲击电流应大于或等于配电线路最大短路电流。配电用断路器延时脱扣器的整定电流，长延时动作电流整定电流取线路允许载流量的 0.8~1 倍，3 倍延时动作电流的释放时间应大于最大启动电流电动机的实际启动时间，防止电动机启动时断路器脱口分闸。照明回路用断路器延时脱口器的整定电流，长延时动作整定电流应不大于线路的计算电流，以保证线路正常运行。

（4）漏电开关的选择。漏电开关也具有与断路器相同的功能，如可以正常接通或分断电路，具有短路、过载、欠压、失压保护功能，此时，漏电开关的选择方法和断路器相同。具体要求是：漏电开关应装设在配电箱电源隔离开关的负荷侧和开关箱电源隔离开关的负荷侧；开关箱内的漏电保护器的额定漏电动作电流应不大于 30 mA，额定漏电动作时间应小于 0.1 s。使用于潮湿和有腐蚀介质场所的漏电保护器应采用防溅型产品，其额定漏电动作电流应不大于 15 mA，额定漏电动作时间应小于 0.1 s。

知识链接三　低压配电箱

低压配电系统由低压配电装置（配电盘或配电箱）及配电线路（干线及分支线）组成。从低压电源引入的总配电装置（第一级配电点）开始，至末端照明支路配电箱（盘）为止，配电级数一般不宜多于三级，每一级配电线路的长度大于 30 m。如从变电所的低压配电装置算起，则配电级数一般不多于四级，总配电线路的长度一般不宜超过 200 m，每路干线的负荷计算电流一般不宜大于 200 A。各级配电点均应设置配电箱（盘），以便将电能按要求分配于各个用电线路。

配电箱内设有配电盘，它的作用是为下一级配电点或各个用电点配电，即将电能按要求分配于各个用电线路。配电箱的种类很多，可按不同的方法分类。

按用途可分为：照明配电箱、动力配电箱、计量电表箱、插座箱和控制箱。

按结构可分为：板式、箱式和落地式。

按安装方式可分为：明装、暗装和半暗装等不同形式。

按使用场所可分为：户内式和户外式。

同时，国内生产的照明配电箱、动力配电箱还分为标准式和非标准式两种。其中，标准式已成为定型产品，有许多厂家生产这种设备。

1. 照明配电箱

照明配电箱内元件分为线路及电器两部分：线路部分包括干线的引入、引出，支路线的引出，以及干线与支路开关间的联结线等；电器部分包括开关、零线端子板等。

民用建筑内的照明配电箱要求线路部分尽量隐蔽，电器部分可以露在外面便于操作，因此形成"盘面"部分和"二层底"部分。一般要求空气开关仅将手柄露出盘面，负荷开关及瓷插式熔断器可装在盘面上。这是因为空气开关的接线端子是敞露的，而负荷开关及瓷插式熔断器的接线端子是从侧面引线，有一定的保护作用。

室内照明配电箱如图 3-14 所示，分为明装、暗装和半暗装三种形式：采用半暗装是由于箱的厚度超过墙的厚度，而又要求操作方便；暗装或半暗装配电箱的下端距地一般为 1.4 m，布置电器时箱内须操作的电器手柄距地不宜大于 1.8 m；明装照明配电箱下端距地一般为 1.8 m 以上，以减少被碰撞的可能，但操作电器较困难，故尽量不采用。配电箱的技术参数见表 3-6、表 3-7。

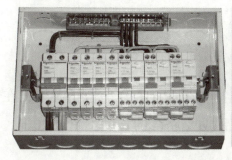
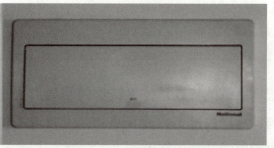

图 3-14　室内照明配电箱

表 3-6   XGM1、XGZ1、XGC1（三箱）型配电箱技术参数

产品名称	箱型代号	最多可安装元件数	外型尺寸/mm			备注
			宽	高	厚	
照明配电箱	06	6	325	240	120或180	1. 第3列是指以开关为模的 DN_{12}（DZ_{13}）元件数，1个 DZ_{12}（$DZ_{13}L$）的外型相当2个 DZ_{12}（DZ_{13}）尺寸 2. 装过路端子（T）的产品箱厚为 180 mm 3. $C_{45}E_4CB$ 系列均可按模数选
	09	9	400			
	12	12	425			
	15	15	550			
	18	18	500	605		
	24	24		680		
插座箱	45	5	560	200	120	第3列是指以 86Z 插座为模选
	49	9		280		
计量箱	50	1	350	400	160	第3列是指以 DD864 电度表为模的元件数，其中代号50的产品为三相四线计量箱
	51	1	240	380	140	
	52	2	380			
	53	3	520			
	54	4	600	560		
	56	6		800		
	58	8		1 040		

表 3-7   PZ20、PZ30 型配电箱技术参数

外壳材料	额定电压/V	单排负载总电流/A		总单元数	额定短路电流分断能力/kA	外壳防护等级	外壳允许温升/K
		单相	三相				
金属	220、380	100	32、63	6、9、10、12、15、18、30、45	20	IP30 IP40	30
金塑				2、4、6、9、10、12、15、18、24、36			40

照明配电系统的特点是按建筑物的布局形式选择若干配电点。一般情况下，在建筑物的每个沉降与伸缩区内设 1~2 个配电点，其位置应使照明支路线的长度不超过 40 m，如条件允许，最好将配电点选在负荷中心。

当建筑物为一层平房时，一般即按所选的配电点联结成树干式配电系统，如图 3-15 所示。

建筑物为多层楼房时，可按配电点确定配电立管，组成干线系统，如图 3-16 所示。

规模较小的建筑物，一般在电源引入的首层设总配电箱。箱内设能切断整个建筑照明供电的总开关，作为紧急事故或维护干线时切断总电源用。

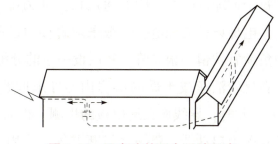

图 3-15　平房建筑配电系统示意

规模较大的建筑物需在电源引入处设总配电室，安装总配电装置，其功能为向各个配电点配出干线系统，并能在紧急事故时进行控制操作。

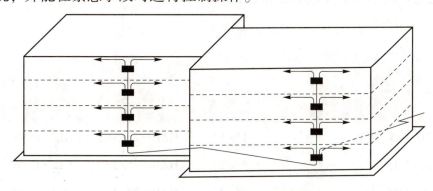

图 3-16　多层建筑配电系统示意

建筑物的每个配电点均设置分配电箱，箱内设照明支路开关及能切断各个支路电源的总开关，作为紧急事故拉闸或维护支路开关时断开电源之用。当支路开关不多于 3 个时，也可不设总开关。多层建筑的每一串照明配电箱，宜在首层箱内设控制本串干线的总开关，以便于维护干线、照明分配电箱及紧急事故时切断电源用。

照明支路开关的功能主要是保护灯具的短路、支路线的短路与过负荷，通常采用自动空气开关或熔断器。每个支路开关应注明负荷容量、计算电流、相别及照明负荷的所在区域。一台照明分配电箱内的各个支路，应力求均匀地分配在 A、B、C 三相上。如达不到时，也应在数个配电箱之间保持三相负荷平衡。支路配相时需注意，不能仅从负荷容量考虑，而应从实际使用的容量进行平衡，例如，照明插座支路仅有部分可能使用，在配线时就不能按其全部容量计算。

当有事故照明时，需与一般照明的配电分开，另按消防要求自成系统。

🖉 2. 动力配电箱（板）

动力负荷的使用性质分为多种，如建筑机械（电梯、自动门等）、建筑设备机械（水泵、通风机等）、各种专用机械（炊事、医疗、试验设备等）。动力负荷的分布可能分散（如医疗设备），可能集中（如厨房的炊事机械，机房内的风机、水泵等）。因此，动力负荷的配电系统需按电价、使用性质归类，按容量和方位分路。对集中负荷采用放射式配电干线。对分散的负荷采取树干式配电，依次联结各个动力负荷配电盘。多层建筑物当各层均有动力负荷时，宜在每个伸缩沉降区的中心每层设置动力配电点，并设分总开关作为检修或紧急事故切断电源用。电梯设备的配电，一般采取直接由总配电装置引上至屋顶机房。若多层建筑的各层无动力负荷宜预留一根立管，每层设一空的分配电箱备用。

在比较洁净或干燥的机房内，可采取明装动力配电板操作动力设备，配电板底部距地1.2 m。此时，导线应在配电板的里侧，板面上所装的电器应采用接线端子不外露的负荷开关、保护式磁力启动器、瓷插式熔断器等。采用空气开关时，应将开关本体装在板后，板面仅露出操作手柄。

采用小型动力配电箱时，如同照明配电箱那样分为明装、暗装和半暗装三种类型，一般均装在机房和专用机房内，距地高度均为1.2 m。

常见动力配电箱技术参数见表3-8和表3-9。

表3-8　XL—10型动力配电箱技术参数表

产品名称	型号	额定电压/V	回路电流回路数/A	组合开关型号×数量	熔断器型号×数量	质量/kg
动力配电箱	XL-10-1/5	380	15×1	HZ10-25/3×1	RL1-15×3	10
	XL-10-2/15		15×2	HZ10-25/3×2	RL1-15×6	22
	XL-10-3/15		15×3	HZ10-25/3×3	RL1-15×9	28
	XL-10-4/15		15×4	HZ10-25/3×4	RL1-15×12	40
	XL-10-1/35		35×1	HZ10-60/3×1	RL1-60×3	12
	XL-10-2/35		35×2	HZ10-60/3×2	RL1-60×6	28
	XL-10-3/35		35×3	HZ10-60/3×3	RL1-60×9	40
	XL-10-4/35		35×4	HZ10-60/3×4	RL1-60×12	45
	XL-10-1/60		60×1	HZ10-60/3×1	RL0-100×3	12
	XL-10-2/60		60×2	HZ10-100/3×2	RL0-100×6	28
	XL-10-3/60		60×3	HZ10-100/3×3	RL0-100×9	40
	XL-10-4/60		60×4	HZ10-100/3×4	RL0-100×12	45

表3-9　GBL2型动力配电箱技术参数表

额定绝缘电压/V	660
额定工作电压/V	380、600
额定工作频率/Hz	50~60
单台柜额定工作电流/A	250~400~630
额定分断能力（有效值）/kA	6~50
外壳防护等级	IP30~IP42

3. 总配电装置

照明与动力总配电装置包括低压电源的受电部分及配电干线的控制和保护部分。当负载容量较小时，采用配电箱或配电板。配电箱一般可设在过道内，但由于过道是公共场所，应设在管理区域内，以保证供电安全。采用配电板时应设在专用的配电室内或管理性房间内。负荷容量较大时，照明总配电装置应采用落地式配电箱或配电柜，安装在专用的配电室内。

总配电装置的受电部分一般由电度表（表用电流互感器）、电源指示灯及总开关（含保护）组成。大型装置通常采用电压表替换电源指示灯，并装设电流表监视负荷情况。总配电装置的配电干线控制与保护部分一般采用自动开关，当回路负荷很大时宜设监视负荷的电流表。

配电箱的布置原则是：尽可能靠近负荷中心，即用电器多、用电量大的地方；配电箱应设在进出线方便的地方；配电箱应设在干燥、通风、采光良好，且不妨碍建筑物美观的地方；配电箱应设在便于操作和检修的地方，一般多设在门庭、楼梯间或走廊的墙壁内，最好设在专用的配电间里；在高层建筑中，各层配电箱应尽量布置在同一部位、同一方向上，以便于施工安装和维护管理。

在确定配电箱位置时，除考虑上述布置原则外，还要考虑建筑物的几何形状、建筑设计的要求等约束条件。

配电箱的选择：根据负荷性质和用途确定配电箱的种类；根据控制对象的负荷电流的大小、电压等级以及保护要求，确定配电箱内主回路和各支路的开关电器、保护电器的容量和电压等级；根据使用环境和场合的要求，选择配电箱的结构形式，如是选用明装式还是暗装式，以及外观颜色、防潮、防火等要求；在选择各种配电箱时，一般应尽量选用通用的标准配电箱，以利于设计和施工，若因建筑设计的需要，也可以根据设计要求向生产厂家订货加工所需要的非标准箱。

用户总配电箱如图 3-17 所示。

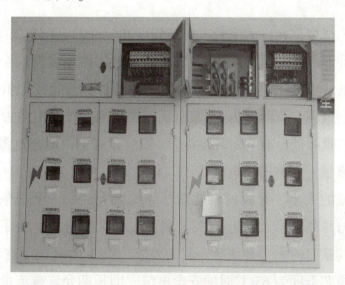

图 3-17　用户总配电箱

知识链接四　低压配电导线的选择

1. 导线的选择

建筑供电系统中，需要大量的导线和电缆。导线和电缆的选择，必须保证供电的安全性、可靠性和经济性。导线和电缆型号的选择要根据其额定电压、使用的环境和敷设的方式确定。室内低压配电线路一般选用耐压 500 V 的各种绝缘电线即可，而输送电压较高时选择各种电力电缆。导线截面根据允许载流量、机械强度和电压损失确定。

2. 常用的绝缘导线和电力电缆

（1）塑料绝缘导线［铜芯（BV）、铝芯（BLV）］。塑料绝缘导线绝缘性能良好，制造工艺简单，价格较低，无论明敷或穿管都可取代橡皮绝缘导线。其缺点是塑料绝缘对气候适应性差，低温时发硬、发脆，高温或日光照射下增塑剂容易挥发使绝缘老化。因此，塑料绝缘导线不宜在室外敷设。塑料绝缘护套线（BVV、BLVV）广泛用于室内沿墙及天棚明敷设。常用的还有铜芯聚氯乙烯软电线（BVR）。

（2）橡皮绝缘导线。橡皮绝缘导线通常用玻璃丝或棉纱配置编织层，型号用 BX、BLX 表示。氯丁橡皮绝缘导线（BXF、BLXF）耐油性好、不易霉、不延燃、适应气候性能好，老化过程慢（约为普通橡皮绝缘电线的两倍），因此，适宜在室外敷设。截面在 35 mm² 以下的氯丁橡皮绝缘导线逐渐取代普通橡皮绝缘电线，但其绝缘层机械强度稍弱。常用的还有铜芯橡皮软导线（BXR）。

（3）绝缘电力电缆。绝缘电力电缆通常有油浸纸绝缘电力电缆（护套有铅护套 ZQ 型、铝护套 ZL 型两种）、聚氯乙烯绝缘、护套电力电缆（VV、VLV）、橡皮绝缘电力电缆（XV、XLV）等。耐电压强度有 1 kV、6 kV 及以上等级。

3. 导线截面的选择

室内导线截面的选择根据允许载流量、机械强度和允许的电压损失等三个方面来确定。

（1）按允许载流量选择。电流在导线中流动时，导线的温度升高会使绝缘层加速老化甚至损坏。因此，各种电线电缆根据其外层绝缘的材料特性，规定了最高允许温度。如橡皮绝缘与聚氯乙烯绝缘长期最高允许温度为 65 ℃，铜芯橡皮绝缘护套电缆为 55 ℃。超过这个规定的温度，绝缘寿命将严重降低。在一定环境温度（25 ℃）下，不超过最高允许温度时所传输的电流，称为允许载流量，又称安全电流。

导线的温升与电流的大小、导线材料性质、导线截面面积、散热条件等因素有关。当其他因素一定时，温升与导线的截面大小有关，截面大，则温升小。为了使导线在工作时的温度不超过允许值，对其截面的大小必须有一定的要求。表 3-10 列出了在环境温度（25 ℃）下且在空气中明敷，导线线芯温度为 65 ℃时的安全电流，即长期允许载流量。表 3-11 列出了在环境温度（25 ℃）下导线线芯温度为 65 ℃时穿过钢管敷设的长期允许载流量。表 3-12 为环境温度变化时载流量的校正系数。

表 3-10　500 V 单芯橡皮、聚氯乙烯绝缘电线长期允许载流量　　　　　　　A

导线截面 /mm²	橡皮绝缘电线		聚氯乙烯绝缘电线	
	铜芯（BX、BXF、BRX）	铝芯（BLX、BLXF）	铜芯（BV、BVR）	铝芯（BLV）
0.75	18		16	
1	21		19	
1.5	27	19	24	18
2.5	33	27	32	25
4	45	35	42	32
6	58	45	55	42
10	85	65	75	59
16	110	85	105	80
25	145	110	138	105
35	180	138	170	130
50	230	175	215	165
70	285	220	265	205
95	345	265	325	250
120	400	310	375	285
150	470	360	430	325
185	540	420	490	380
240	660	510		
300	770	600		
400	940	730		
500	1 100	850		
630	1 250	980		

表 3-11　聚氯乙烯绝缘电线穿钢管敷设长期允许载流量　　　　　　　A

导线截面 /mm²	穿两根		穿三根		穿四根	
	铝芯	铜芯	铝芯	铜芯	铝芯	铜芯
1.0		14		13		11
1.5		19		17		16
2.5	20	26	18	24	15	22
4	27	35	24	31	22	28
6	35	47	32	41	28	37
10	49	65	44	57	38	50
16	63	82	56	73	50	65

导线截面	穿两根		穿三根		穿四根	
/mm²	铝芯	铜芯	铝芯	铜芯	铝芯	铜芯
25	80	107	70	95	65	85
35	100	133	90	115	80	105
50	125	165	110	146	100	130
70	155	205	143	183	127	165
95	190	250	170	225	152	200
120	220	290	195	260	172	230
150	250	330	225	300	200	265
185	285	380	255	340	230	300

表 3-12　环境温度变化时载流量的校正系数（K）

导线工作温度/℃	环境温度/℃								
	5	10	15	20	25	30	35	40	45
80	1.17	1.13	1.09	1.04	1.0	0.945	0.905	0.853	0.798
65	1.22	1.17	1.12	1.06	1.0	0.935	0.865	0.791	0.707
60	1.25	1.20	1.13	1.07	1.0	0.926	0.845	0.756	0.655
50	1.34	1.25	1.18	1.09	1.0	0.895	0.775	0.663	0.477

如果环境温度变化或者导线工作温度变化，表 3-10 和表 3-11 中所列允许载流量应乘以温度校正系数。

例：三相异步电动机额定工作电流为 40 A，当环境温度为 35 ℃，导线工作温度为60 ℃，三根导线穿过保护钢管敷设时，求该铜芯塑料导线的截面。

解：在环境温度为 25 ℃，明敷设导线时，查表 3-10，使 $I_{安全} > I_{工作}$，从表中选得 $I_{安全} = 42$ A 的铜芯聚氯乙烯绝缘电线的截面为 4 mm²。

在环境温度为 35 ℃，导线温度为 60 ℃，查表 3-12，温度校正系数 $K = 0.845$。

$$I_{安全} \geqslant I_{工作}/K = 40/0.845 = 47.3 （A）$$

查表 3-11，按三根导线穿钢管敷设时，使 $I_{安全} > I_{工作}$，从表中选得 $I_{安全} = 57$ A 的铜芯聚氯乙烯绝缘电线的截面为 10 mm²。

（2）按机械强度选择。导线在安装和运输过程中，要受到外力影响。导线本身也有自重，不同敷设方式和支持点的距离不同，导线受到不同程度的张力。如果导线不能承受这些外力，导线就容易折断。因此，选择导线截面时，必须考虑导线的机械强度。表 3-13 列出了根据机械强度允许导线的最小截面。

表 3-13　根据机械强度允许导线的最小截面

敷　设　方　法	截面/mm²	
	铜导线	铝导线
1. 室内绝缘导线敷设于绝缘子上，其间距为：		
（1）2 m 及以下	1.0	2.5
（2）6 m 及以下	2.5	4.0
（3）12 m 及以下	4.0	10
2. 室外绝缘导线固定敷设：		
（1）敷设在遮檐下的绝缘支柱上	1.0	2.5
（2）沿墙敷设在绝缘支持件上	2.5	4.0
（3）其他情况	4.0	10
3. 室内裸导线	2.5	4.0
4. 1 kV 以下架空导线	6.0	10
5. 架空引入线（25 m 以下）	4.0	10
6. 控制线（包括穿管敷设）	1.5	
7. 移动设备用软线和电缆	1.5	
8. 穿管敷设槽板配线	1.5	2.5
9. 室内灯头引接线	0.5	
10. 室外灯头引接线	1.0	

（3）按允许的电压损失选择。由于线路存在着阻抗，所以，在负荷电流通过线路时要产生电压损耗。而按规范要求，用电设备的端电压偏移有一定的允许范围，因此，线路有一定的允许电压损耗范围。如线路的电压损耗值超过了允许值，则应适当加大导线或电缆的截面，使之满足允许电压损耗的要求。

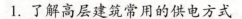

任务三　高层建筑供电

学习目标

1. 了解高层建筑常用的供电方式
2. 学会自备应急电源的选用
3. 掌握高层建筑低压配电方式

随着世界各国经济的发展和科学技术的进步，城市人口迅速增长，城市用地日趋紧张。

在发达国家的大、中城市中，高层建筑得到迅速发展。近几年，在我国大、中城市中，也兴建了不少高层建筑。

行业标准《高层建筑混凝土结构技术规程》（JGJ 3—2010）规定，10层及其以上的钢筋混凝土民用建筑属于高层建筑；《民用建筑电气设计规范》（JGJ/T 16—2008）和《建筑设计防火规范》（GB 50016—2014）均规定，高层建筑是建筑高度大于 27 m 的住宅建筑和其他建筑高度大于 24 m 的非单层建筑。

高层建筑根据其使用性质、火灾危险性、疏散和扑救难度分类，见表 3-14。

表 3-14　高层建筑分类

名称	一类	二类
居住建筑	高级建筑 19 层以上的普通住宅	10~18 层的普通住宅
公共建筑	医院 百货楼 展览楼 财贸金融楼 电信楼 中央、省（市）级广播、电视楼 省级邮政楼 高级旅馆 重要的办公楼、科研楼、图书馆、档案楼 建筑高度超过 50 m 的教学楼和普通的旅馆、办公楼、科研楼、图书馆、档案楼等	建筑高度不超过 50 m 的教学楼和普通的旅馆、办公楼、科研楼、图书馆、档案楼以及省级以下的邮政楼等

高层建筑按用途分类，主要分为高层民用建筑与高层工业厂房。高层民用建筑通常包括宾馆饭店、住宅大厦、商业楼、办公楼等。一座现代化的高层建筑，往往是各种科学技术和工业技术水平的综合反映，涉及建筑、水土地质、结构、建材、电气、消防和给水排水工程等学科。高层建筑与其他工业、民用建筑相比较，其电气工程具有以下特点：

（1）高层建筑用电设备种类多，用电量大，负荷密集，如空调负荷、电梯等交通设备、供水系统等动力设备。

（2）各种重要用电设备对电源的可靠性要求高，电气系统复杂，电气线路多，设备与线路的防火要求高，自动化程度高，特别是消防设备负荷属于一级负荷，要求更高。因此，一般高层建筑都常要求有两路独立的电压电源进线，并设置柴油发电机组作为应急电源。

知识链接一　高压供电

1. 供电方式

高层建筑供电必须符合下列基本原则：

（1）在确定供电方式时，应根据建筑物内用电负荷的性质和大小、外部电源情况、负荷与电源之间的距离确定电源的回路数，保证供电的可靠性。

（2）高层建筑高压供电电压一般采用 10 kV，有条件时也可以采用 35 kV。

（3）高压深入负荷中心可以减少供电线路中电能的损耗。

（4）对供电系统的接线方式力求简单、灵活，便于维护管理，能适应负荷的变化，并留有必要的发展余地。

（5）还要考虑节约投资，降低运行费用，减少有色金属的消耗量。

目前常用的供电方式为：

（1）两路电源进线、单母线分段。主接线图如图 3-18 所示，平时两路同时供电，互为备用，装有自动投入装置（BZT），供电可靠性比较高。在正常运行时，线路和变压器损耗比较低，但所用设备较多，初期投资增加。

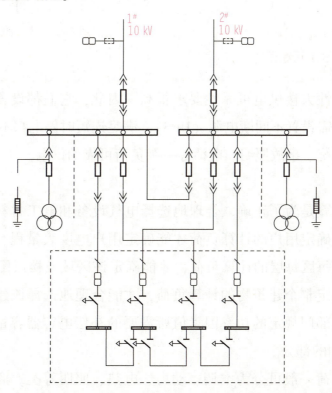

图 3-18　两路电源进线、单母线分段主接线图

（2）两路电源进线、单母线不分段，正常时一用一备。主接线如图 3-19 所示，当正常工作电源事故停电时，另一路备用电源自动投入，两路都保证 100% 的负荷用电。这种方式可以减少中间联络母线和一个电压互感器柜，减少高压设备和高压配电室面积的初期投资，但是，在清扫母线或母线故障时，将造成全部停电。由于备用线路和变压器经常性的维护工作不好，有可能出现不能起到真正的备用作用的情况。因此，这种接线方式常用于大楼负荷较小，供电可靠性要求相对较低的住宅或商业大楼。

（3）一路高压电源作为主电源，另一路以城市公用变压器或邻近变电所400 V低压作为备用电源，如图3-20所示。此种方式用于建筑规模较小，用电量不大的二类高层建筑，其可靠性略低于前两种方式。

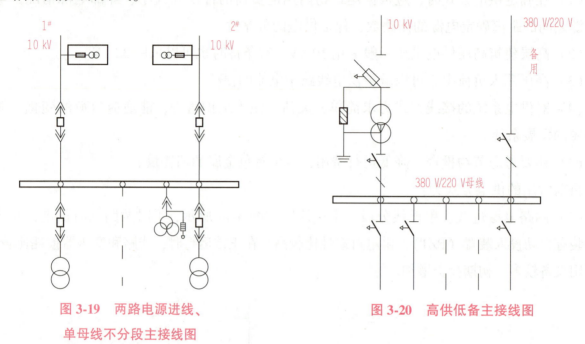

图 3-19　两路电源进线、
单母线不分段主接线图

图 3-20　高供低备主接线图

一类建筑物和商业性大楼供电可靠性要求很高，因此，它们都设置柴油发电机组，以便提供第三电源，有时还需设置不间断电源（UPS），满足连短时停电都不允许的部分重要负荷，如计算机、消防通信系统、事故照明、电话等一级负荷可靠的供电。

2. 负荷计算

高层建筑的负荷计算是为了正确、合理地选择电气设备和电工材料，并为进行无功补偿提供依据。例如，只有确定用户的计算负荷才能确定用户电度表量程、进线开关容量和进户线截面大小；只有确定每区每层的计算负荷，才能确定该区域或楼层配电箱（盘）总进线开关及导线规格；只有确定整个建筑物的计算负荷，才能合理地选择该建筑物电力变压器的容量，确定达到当地供电部门规定的功率因素值所需要的补偿电容器容量。负荷计算时还要考虑15~20年内负荷增加的部分。

高层建筑的电力负荷一般可分为空调、动力、电热、照明等类。商业性高层建筑电为负荷分布大致如下：

（1）空调设备占40%~50%；

（2）电气照明占30%~35%（包括少量电热）；

（3）动力用电占20%~25%。

由此可见，商业楼的空调约占总用电量的一半，这些空调设备一般都设置在大楼地下室、首层或下部。此外，洗衣机、水泵等动力设备也大都设在下部；因此，就竖井分布而言，因大量的用电设备在下部，一般将变压器设置在建筑物的底部是有利的。

在 40 层以上的超高层建筑中，电梯设备较多，此部分负荷大都集中在大楼的顶部。竖向中段层数较多，通常设有分区电梯和中间泵站。在这种情况下，宜将变压器上、下配置或者在上层、中层、下层分别设置。供电变压器的供电范围为 15～20 层。

知识链接二　自备应急电源

大多数高层建筑，为满足供电可靠性要求，一般要有两路以上的电源进线，并设有自备应急发电机组提供第三电源。在国内外高层建筑中，作为应急电源的自备发电机组，几乎都选择柴油发电机，因它具备以下特点：

（1）启动迅速，自动启动控制方便，一般在十几秒内就能接带应急负荷；

（2）效率高，功率范围大、体积小、质量轻以及搬运移动比较方便；

（3）操作简便，运行可靠，维修方便；

（4）它的燃料采用柴油，储存、运输都比较方便。

下面简单介绍自备应急发电机组。

1. 柴油发电机组的分类

柴油发电机组按功能可分为普通型、自启动型和自动化型三种。普通型机组需要人工操作控制启动。自启动型机组能够在市电中断供电时单台机组自动启动，并在 15 s 内向负荷供电，而在市电恢复正常后自动切换到市电并自动延时停机。自动化型机组按国家标准规定可以分为 1、2、3 三个等级：1 级具有自启动、自投入、自保护和自动停机功能，并可无人值守连续工作 4 小时；2 级除能达到 1 级的全部要求外，还能自动补给，实现无人值守 240 小时；3 级除能达到 2 级的全部要求外，还能自动转移启动命令，具有自动并列、自动解列功能，并能够实现自动调频、调载。

建筑供配电系统的应急自备电源应选自启动型或自动化型。

2. 柴油发电机组的选用

柴油发电机组的容量与台数应根据应急负荷的大小和投入顺序以及单台电动机的最大启动容量等因素综合考虑确定，但机组总台数不宜超过两台。

单台发电机容量的选择一般应满足以下条件：

（1）在柴油发电机组供电的起始阶段，由于它只能带 25% 的负荷，因此，此时的供电应能满足应急负荷中自启动设备所需功率的总和。

（2）在柴油发电机组稳定供电时，应能满足所有应急负荷的供电要求。

（3）在启动单台大容量电动机或成组电动机时，应保证母线电压偏差不超过允许值。在全压启动电动机时，发电机母线电压不应低于额定电压的 80%；在无电梯负荷时，其母线电压不应低于额定电压的 75%。

目前，国内的柴油发电机组已经形成系列，2~1 250 kW 规格较为齐全。2~30 kW 柴油发电机组属于小型设备，适用于城镇乡村、工程现场、野外作业等场所作为应急电源或备用电源。40~75 kW 柴油发电机组适用于小型供电需要，如厂矿工地、农业生产、野外作业等的照明以及企事业单位作为应急备用电源。84~160 kW 柴油发电机组适用于小型电站、厂矿工地、城镇农村等各种环境下作为一般动力及照明供电，也可作为应急备用电源设施。200~320 kW 柴油发电机组一般均为应急自启动型固定式成套机组，适用于高级宾馆、科研机构、医疗单位作为应急备用电源，也可以用于工矿企业或城镇农村等场所作为电力及电源。400~750 kW 柴油发电机组一般采用压缩空气启动，并配有调速伺服电机，可以在机旁原地操作，也可以在集控室遥控，机组中设有超速安全装置，短路、过流、逆功率保护环节，自动电压调速、调差装置等。机组可以单机运行，也可以多机并行以及与电网并网运行，在机组中还设有市电突然断电时的应急自启动装置。这种机组适用于工矿等小型电站，也适用于高层建筑、高级宾馆、医疗和科研单位作为应急备用电源。800~1 250 kW 柴油发电机组为固定式成套发电设备，可按需要配备应急自启动装置，在外电源突然断电后，机组能够立即自启动并供电，在外电源恢复供电后，机组能自动退出和停机。

知识链接三　高层建筑低压配电

低压配电系统为 220 V/380 V 系统，主要有动力线路和照明线路。根据供电负荷的要求，低压配电系统首先应满足用电负荷对供电可靠性的要求，并满足用电设备对电能质量的要求，其次应力求接线简单，操作方便、安全，具有一定的灵活性，并能适应用电负荷的发展需要。

1. 低压配电系统的配电方式

民用建筑低压配电线路的接线方式主要有放射式、树干式和环形三种，应根据用电负荷的特点、实际分布及供电要求，在线路设计中，按照安全、可靠、经济、合理的原则进行优化组合。

（1）在高层民用建筑中，对于容量较大的或较重要的负荷应从配电室进行放射式配电，而向各层配电间或配电箱配电则应采用树干式或分区树干式。

（2）在高层民用建筑配电系统中，应将照明与电力负荷分成不同的配电系统，消防及其他防灾用电设施的配电应自成体系。

（3）对于居住小区的配电，应合理采用放射式和树干式或两者相结合的方式。为提高小区配电系统的供电可靠性，也可采用环形供电方式。

2. 典型的低压配电系统

图 3-21 是高层建筑中低压配电的几种典型接线方案。其中，图 3-21（a）是分区树干式（链式）接线，每回干线配电给几层楼。图 3-21（b）是在图 3-21（a）的基础上增加了一回备用干线，以提高供电可靠性。图 3-21（c）是在图 3-21（a）的每回干线末端各增设了一个配电箱。图 3-21（d）则是采用电气竖井内的母线配电，各层配电箱均装在竖井内，适用于楼层

多、负荷大的大型商务楼。

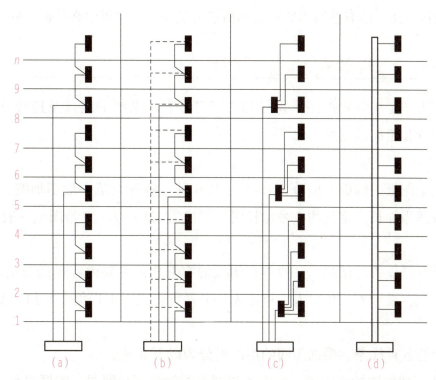

图 3-21 典型的高层建筑低压配电系统

 任务四 建筑电气施工图的内容

学习目标

1. 了解电气施工图的特点
2. 熟悉电气施工图的组成
3. 掌握电气施工图中的符号规定

建筑电气施工图是阐述建筑电气系统的工作原理,描述建筑电气产品的构成和功能,用来指导各种电气设备、电气线路的安装、运行、维护和管理的图纸。它是沟通电气设计人员、安装人员、操作人员的工程语言,是进行技术交流不可缺少的重要手段。要看懂建筑电气施工图,必须掌握电气施工图的基本知识,了解各种电气图形符号,了解电气施工图的构造、种类、特点以及它在建筑工程中的作用,还要了解电气施工图的基本规定和常用术语,以及看图的基本步骤和方法。

电气施工图种类很多,一般按功用可以分成电气系统图、内外线施工图、动力施工图、照明施工图、弱电施工图及各种电气控制原理图。上述不同的图纸各有不同的特点和表达方式,而且不同的国家和地区各有不同的规定和习惯画法。为了能顺利进行技术交流，必须认真学习和记忆各种不同的表达方法，而有些基本的规定和格式又是在制图过程中必须遵守的。

◉ 知识链接一　建筑电气施工图的特点

建筑电气施工图是用规定的图形符号和文字符号表示系统的组成及连接方式、装置和线路的具体安装位置和走向的图纸。

1. 图幅尺寸

建筑电气施工图纸的幅面一般分为0~5号共6种，各种图纸一般不加宽，只在必要时可按照 L/8 的倍数适当加长。常见的2号加长图，规格为 420×891；0号图纸一般不加长。

2. 图标

图标相当于电器设备的铭牌，一般放在图纸的右下角，主要内容包括图纸的名称、比例、设计单位、制图人、设计人、校审人、审定人、电器负责人、工程负责人和完成日期等。

3. 图线

图纸中使用的各种线条，根据不同的用途可分为以下8种。

（1）粗实线：建筑图的立面图、平面图与剖面图的截面轮廓线、图框线等。

（2）中实线：电气施工图的干线、支线、电缆线及架空线等。

（3）细实线：电气施工图的底图线。建筑平面图要用细实线，以便突出用中实线绘制的电气线路。

（4）粗点画线：通常在平面图中大型构件的轴线等处使用。

（5）点画线：用于轴线、中心线等，如电器设备安装大样图的中心线。

（6）粗虚线：适用于不可见的轮廓线。

（7）虚线：适用于不可见的轮廓线。

（8）折断线：用于被断开部分的边界线。

此外，电气专业常用的线还有电话线、接地母线、电视天线和避雷线等特殊形式。

4. 尺寸标注

工程图纸上标注的尺寸通常采用毫米（mm）作单位，只有总平面图或特大设备用米（m）作单位。电气图纸一般不标注单位。

5. 比例和方位标志

电气施工图常用的比例有 1：200、1：100、1：60、1：50 等；大样图的比例可以用 1：20、1：10、1：5。外线工程图常用小比例，在做概算、预算统计工程量时就需要用到这个比例。图纸中的方位按照国际惯例通常是上北下南，左西右东。有时为了使图面布局更加合理，也可能采用其他方位，但必须标明指北针。

6. 标高

建筑图纸中的标高通常是相对标高，一般将±0.000设定在建筑物首层室内地坪，往上为正值，往下为负值。建筑电气施工图中设备的安装标高是以各层地面为基准的，室外电气安装工程常用绝对标高，这是以青岛市外海平面为零点而确定的高度尺寸，又称海拔高度。

7. 图例

为了简化作图，国家有关标准和一些设计单位有针对性地对常见的材料构件、施工方法等规定了一些固定画法式样，有的还附有文字符号标注。要看懂建筑电气施工图，就要明白图中这些符号的含义。建筑电气施工图中的图例如果是由国家统一规定的，则称为国标符号，如果是由有关部委颁布的，称为部协符号。另外，一些大的设计院还有其内部的补充规定，即院标，或称为习惯标注符号。电气符号的种类很多，国际上通用的图形符号标准是 IEC（国际电工委员会）标准，我国新的国家标准图形符号（GB）和 IEC 标准是一致的，国标序号为 GB 4728，这些通用的电气符号在施工图册内都有，故在建筑电气施工图中不再介绍其名称及含义。但如果电气设计图中采用了非标准符号，则应列出图例表。

8. 平面图定位轴线

凡是建筑物的承重墙、柱子、主梁及房架等都应设置轴线。纵轴编号是从左起用阿拉伯数字表示，而横轴则是用大写英文字母自下而上标注的。轴线间距是由建筑结构尺寸确定的。在电气平面图中，为了突出电气线路，通常只在外墙外面绘制出横竖轴线，而不在建筑平面内绘制。

知识链接二　建筑电气施工图的组成

建筑电气施工图包括基本图和详图两大部分。

1. 基本图

（1）设计说明。建筑电气施工图设计说明是用文字叙述的方式说明一个建筑工程（如建筑用途、结构形式、地面做法及建筑面积等）和电气设备安装有关的内容。设计说明的内容包括：设计依据、工程概况、负荷等级、保安方式、接地要求、负荷分配、线路敷设方式、设备安装高度、施工图未能表明的特殊要求、施工注意事项、测试参数及业主的要求和施工原则。

（2）主要材料设备表。为了便于施工单位计算材料、采购电器设备、编制工程概（预）算及编制施工组织计划等，在电气施工图纸上要列出主要设备材料表。表内应列出全部电气材料的规格、型号、数量及有关的重要数据，要求与图纸一致，并且要按照序号编写。

（3）配电系统图。用规定的符号表示系统的组成和连接关系，它用单线将整个工程的供电线路示意连接起来，主要表示整个工程或某一项目的供电方案和方式，也可以表示某一装置各部分的关系。配电系统图包括供配电系统图（强电系统图）、弱电系统图。

1）供配电系统图（强电系统图）表示供电方式、供电回路、电压等级及进户方式，标注回路个数、设备容量及启动方法、保护方式、计量方式、线路敷设方式。它包括高压系统图、低压系统图、电力系统图、照明系统图等。

2）弱电系统图表示元器件的连接关系。它包括通信电话系统图、广播线路系统图、共用天线系统图、火灾报警系统图、安全防范系统图、微机系统图。

（4）电气平面图。电气平面图是用设备、器具的图形符号和敷设的导线（电缆）或穿线管路的线条画在建筑物或安装场所，用以表示设备、器具、管线实际安装位置的水平投影图。其是表示装置、器具、线路具体平面位置的图纸。

强电平面包括电力平面图、照明平面图、防雷接地平面图、厂区电缆平面图等，弱电部分包括消防电气平面布置图、综合布线平面图等。

（5）安装接线图。安装接线图表示系统接线关系的图纸，在施工过程中指导调试工作。

2. 详图

（1）电气工程详图。电气工程详图是指柜、盘的布置图和某些电气部件的安装大样图，它对安装部件的各部位注有详细尺寸，一般是在没有标准图可选用并有特殊要求的情况下才绘制的图。

（2）标准图。标准图是通用性详图，表示一组设备或部件的具体图形和详细尺寸，便于制作安装。它是指导施工及验收的依据。

知识链接三　电气施工图规定的符号

1. 图形符号

图形符号具有一定的象形意义，比较容易和设备相联系进行识读。图形符号很多，一般不容易记忆，但民用建筑电气工程中常用的并不是很多，掌握一些常用的图形符号，读图的速度会明显提高。表 3-15 为部分常用的图形符号。

表 3-15　常用的图形符号（部分）

灯具		开关		插座		其他	
图例	名称	图例	名称	图例	名称	图例	名称
○	灯具一般符号		单联明开关		防水插座		配电箱（屏）
	广照型灯		防水开关		单相三极明插座		动力配电箱
⊗	防水防尘灯		控防爆开关		插座一般符号		照明配电箱
	花灯		拉线明开关		单相三极暗插座		电源切换箱
	壁灯		单联暗开关		单相五孔暗插座		电话分线箱
	单支荧光灯		双联暗开关		三相暗插座		电话插座
	双支荧光灯		三联暗开关		防爆插座		电视插座
	三支荧光灯		双控暗开关		带开关三极插座		线路由此引上
	疏散指示灯		延时暗开关		带变压器插座		线路由上引来
×	应急照明灯		风扇调速开关		插座箱		垂直通过配线

2. 文字符号

文字符号在图纸中表示设备参数、线路参数与敷设方式等，掌握好用电设备、配电设备、线路和灯具等常用的文字标注形式、文字符号是读图的关键。

（1）线路的文字标注表示线路的性质、规格、数量、功率、敷设方法和敷设部位等。

导线的文字标注形式为：

$$a\text{-}b\ (c \times d)\ e\text{-}f$$

其中　a——线路的编号；

b——导线的型号；

c——导线的根数；

d——导线的横截面面积（mm^2）；

e——敷设方式；

f——线路的敷设部位。

线路的敷设部位及敷设、安装方式代号见表3-16。

表3-16　线路的敷设部位及敷设、安装方式代号

表达线路明敷设部位的代号	表达线路暗敷设部位的代号	表达线路敷设方式的代号	表达照明灯具安装方式的代号
AB－沿屋架或屋架下弦 AC-沿柱敷设 WS-沿墙敷设 CE-沿天棚敷设	BC-暗设在梁内 CLC-暗设在柱内 WC-暗设在墙内 CC-暗设在屋面内或顶板内 FC-暗设在地面内或地板内 SCE-暗设在不能进入的吊顶内	CT-电缆桥架敷设 MR-金属线槽敷设 SC-穿焊接钢管敷设 MT-穿电线管敷设 PC-穿硬塑料管敷设 FPC-穿聚乙烯管敷设 KPC－穿塑料波纹管敷设 CP-穿蛇皮管保护 M-用钢索敷设 PR-塑料线槽敷设 DB-直接埋设 TC-电缆沟敷设	SW-自在器线吊式 CS-链吊式 DS-管吊式 W-壁装式 C-吸顶式 R-嵌入式 CR-天棚内安装 WR-墙壁内安装 S-支架上安装 CL-柱上安装 HM-座装

例如：WP1-BV（3×50+1×35）CT-CE

表示：1号动力线路，铜芯聚氯乙烯绝缘导线，3根横截面面积为50 mm^2、1根横截面面积为35 mm^2，沿顶板面用电缆桥架敷设。

又如：WL1-BV（3×2.5）-SC15-WC

表示：照明支线第1回路，铜芯聚氯乙烯绝缘导线，3根横截面面积为2.5 mm^2，穿管径为

15 mm 的焊接钢管敷设，在墙内暗敷。

（2）用电设备的文字标注表示用电设备的编号和容量等参数。

基本格式：$\dfrac{a}{b}$

式中　a——设备的工艺编号；

　　　b——设备的容量（kW）。

例如：$\dfrac{14YR}{30}$ 表示第 14 台电动机，型号为 YR，容量为 30 kW。

（3）配电设备的文字标注表示配电箱等设备的编号、型号和容量等参数。

基本格式：a-b-c 或 a $\dfrac{b}{c}$

式中　a——设备的编号；

　　　b——设备的型号；

　　　c——设备的容量（kW）。

例如：AP4 $\dfrac{XL-3-2}{40}$ 表示 4 号动力配电箱，其型号为 XL-3-2，功率为 40 kW。

又如：AL4-2 $\dfrac{XRM-302-20}{10.5}$ 表示第四层的 2 号配电箱，其型号为 XRM-302-20，功率为
10.5 kW。

（4）灯具的文字标注表示灯具的类型、型号、安装高度和安装方法等。

基本格式：a-b $\dfrac{c \times d \times L}{e}$ f

式中　a——同一房间内同型号灯具个数；

　　　b——灯具型号或代号，见表 3-17；

　　　c——灯具内光源的个数；

　　　d——每个光源的额定功率（W）；

　　　L——光源的种类，见表 3-18；

　　　e——安装高度（m），指灯具底部距地面的距离（当为"-"时表示吸顶安装）；

　　　f——安装方式，见表 3-16。

表 3-17　常用灯具的代号

序号	灯具名称	代号	序号	灯具名称	代号
1	荧光灯	Y	5	普通吊灯	P
2	壁灯	B	6	吸顶灯	D
3	花灯	H	7	工厂灯	G
4	投光灯	T	8	防尘防水灯	F

表 3-18　常用电光源代号

序号	电光源种类	代号	序号	电光源种类	代号
1	荧光灯	FL	5	钠灯	Na
2	白炽灯	IN	6	氙灯	Xe
3	碘钨灯	I	7	氖灯	Ne
4	汞灯	Hg	8	弧光灯	Arc

例如：$5\text{-}YG_2 \dfrac{2\times 40\times FL}{2.5}CS$

表示：有 5 套型号为 YG_2 的荧光灯，每盏灯具有 2 个 40 W 的荧光灯管，安装高度为 2.5 m，采用链吊式安装。

又如：$5\text{-}DBB306 \dfrac{4\times 40\times INC}{-}$

表示：5 盏型号为 DBB306 的吸顶灯，每盏灯有 4 个功率为 40 W 的白炽灯泡，安装方式为吸顶安装。

任务五　建筑电气施工图的识图

学习目标

1. 掌握电气施工图的识读方法
2. 掌握电气施工图的识读要点

识读建筑电气施工图必须熟悉电气图的基本知识（表达形式、通用画法、图形符号、文字符号）和建筑电气施工图的特点。

识读建筑电气施工图的方法没有统一规定。根据工程总结，通常可按下面的方法进行阅读，即了解情况先浏览，重点内容反复看。

知识链接一　电气施工图的读图方法

1. 读图的原则

就建筑电气施工图而言，一般遵循"六先六后"的原则。即先强电后弱电、先系统后平面、先动力后照明、先下层后上层、先室内后室外、先简单后复杂。

2. 读图的顺序及方法

电气工程图读图顺序如图 3-22 所示。

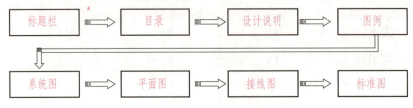

图 3-22　电气工程图读图顺序

（1）看标题栏：了解工程名称、项目内容、设计单位、设计日期、绘图比例。

（2）看目录：了解单位工程图纸的数量及各种图纸的编号。

（3）看设计说明：了解工程概况、供电方式以及安装技术要求。需要特别注意的是有些分项局部问题是在各分项工程图纸上说明的，看分项工程图纸时也要先看设计说明。

（4）看图例：充分了解各图例符号所表示的设备器具名称及标注说明。

（5）看系统图：各分项工程都有系统图，如变配电工程的供电系统图，电气工程的电力系统图，电气照明工程的照明系统图，了解主要设备、元件的连接关系及它们的规格、型号、参数等。

（6）看平面图：了解建筑物的平面布置、轴线、尺寸、比例，各种变配电设备、用电设备的编号、名称和它们在平面上的位置，各种变配电设备起点、终点、敷设方式及在建筑物中的走向。

平面图的读图顺序如图 3-23 所示。因电气平面图是电气施工的重要依据，因此，在图纸上应反映电源进线及配电盘的规格与位置，线路的型号与规格、线路走向与敷设方式，用电设备类型、规格与安装位置等基本情况。

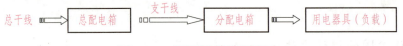

图 3-23　平面图的读图顺序

（7）看标准图：标准图详细表达设备、装置、器材的安装方式方法。

（8）看设备材料表：设备材料表提供了该工程所使用的设备、材料的型号、规格、数量，是编制施工方案、编制预算、材料采购的重要依据。

知识链接二　电气施工图的识读要点及注意事项

1. 电气施工图的识读要点

在识图时，首先应抓住要点进行识读，如：

（1）在明确负荷等级的基础上，了解供电电源的来源、引入方式及路数；

（2）了解电源的进户方式是由室外低压架空引入还是电缆直埋引入；

（3）明确各配电回路的相序、路径，管线敷设部位、敷设方式以及导线的型号和根数；

（4）明确电气设备、器件的平面安装位置。

其次是结合土建施工图进行识读：

电气施工与土建施工结合得非常紧密，施工中常常涉及各工种之间的配合问题。电气施工平面图只反映了电气设备的平面布置情况，结合土建施工图的识读还可以了解电气设备的立体布设情况。

最后熟悉施工顺序，便于阅读电气施工图。如识读配电系统图、照明与插座平面图时，就应先了解室内配线的施工顺序：

（1）根据电气施工图确定设备安装位置、导线敷设方式、敷设路径及导线穿墙或楼板的位置；

（2）结合土建施工进行各种预埋件、线管、接线盒、保护管的预埋；

（3）装设绝缘支持物、线夹等，敷设导线；

（4）安装灯具、开关、插座及电气设备；

（5）进行导线绝缘测试、检查及通电试验；

（6）工程验收。

总之，在识读电气施工图时，应对施工图中各图纸应协调配合识读。对于具体工程来说，说明配电关系时，需要有配电系统图；说明电气设备、器件的具体安装位置时，需要有平面布置图；说明设备工作原理时，需要有控制原理图；表示元件连接关系时，需要有安装接线图；说明设备、材料的特性、参数时，需要有设备材料表等。这些图纸各自的用途不同，但相互之间是有联系并协调一致的。在识读时应根据需要，将各图纸结合起来识读，以达到对整个工程或分部项目全面了解的目的。

2. 读图注意事项

就建筑电气工程而言，读图时应注意以下事项：

（1）注意阅读设计说明，尤其是施工注意事项及各分部分项工程的做法，特别是一些暗设线路、电气设备的基础及各种电气预埋件更与土建工程密切相关，读图时要结合其他专业图纸阅读。

（2）注意系统图与系统图对照看，例如，供配电系统图与电力系统图、照明系统图对照看，核对其对应关系；系统图与平面图对照看，电力系统图与电力平面图对照看，照明系统图与照明平面图对照看，核对有无不对应的错误，看系统的组成与平面对应的位置，看系统图与平面图线路的敷设方式、线路的型号、规格是否保持一致。

（3）注意看平面图的水平位置与其空间位置。

（4）注意线路的标注，注意电缆的型号规格，注意导线的根数及线路的敷设方式。

（5）注意核对图中标注的比例。

任务六 建筑电气施工图实例识读

学习目标

1. 认识具体工程的设计说明
2. 学会看建筑照明施工图
3. 进一步掌握识读建筑施工图的原则

知识链接一 常用电气施工图设计说明介绍

设计说明。设计说明一般是一套电气施工图的第一张图纸，主要包括：①工程概况；②设计依据；③设计范围；④供配电设计；⑤照明设计；⑥线路敷设；⑦设备安装；⑧防雷接地；⑨弱电系统；⑩施工注意事项。

识读一套电气施工图，首先应仔细阅读设计说明，通过阅读，可以了解工程的概况、施工所涉及的内容、设计的依据、施工中的注意事项以及在图纸中未能表达清楚的事宜。

下面以×××文化旅游投资有限公司的电气设计说明为例，通过它来初步了解电气施工图的设计说明。

强电设计说明：

一、工程概况

（1）建设单位：×××文化旅游投资有限公司。

（2）建设地点：×××市×××大道北侧。

（3）项目名称：金海苴却砚文化街。

（4）本工程位于×××市中国苴却砚文化旅游区，项目定位为苴却砚文化体验区。包括苴却砚酒店和商业街，总建筑面积为 76 700 m²。

（5）该子项为 19#楼，地上十层，地下一层。总建筑面积约为 15 443 m²，地上约为 12 718 m²，地下约为 2 725 m²。建筑高度为 42.3 m。功能为快捷酒店。

二、设计依据

（1）上级部门批准的有关文件及甲方提供的设计任务书。

（2）本院建筑、结构、给水排水及通风专业提供给本专业的设计资料。

（3）本设计执行的主要国家现行规范、规程及相关行业标准：

《20 kV 及以下变电所设计规范》（GB 50053—2013）；

《建筑设计防火规范》（GB 50016—2014）；

《供配电系统设计规范》（GB 50052—2009）；

《低压配电设计规范》（GB 50054—2011）；

《民用建筑电气设计规范》（JGJ 16—2008）；

《建筑照明设计标准》（GB 50034—2013）；

《通用用电设备配电设计规范》（GB 50055—2011）；

《建筑物防雷设计规范》（GB 50057—2010）；

《建筑物电子信息系统防雷技术规范》（GB 50343—2012）；

《商店建筑设计规范》（JGJ 48—2014）；

《旅馆建筑设计规范》（JGJ 62—2014）；

《电力工程电缆设计规范》（GB 50217—2007）；

《电气火灾监控系统设计、施工及验收规范》（DB51/T 1418—2012）等。

三、设计范围

（1）配电系统、电力系统、照明系统、电气火灾监控系统及消防设备电源监控系统、防雷接地及电气安全、电气节能。

（2）所有公共部分、商铺及客房均为二次装修设计（本次仅设计应急照明），本次设计仅预留配电箱及容量。

（3）室外景观、泛光照明及广告照明仅预留用电量于低压配电室内，该部分由业主委托专业公司另行设计。

四、供配电系统

1. 负荷分级

消防设施用电、应急照明用电为一级负荷；主要通道及楼梯间照明用电、客梯用电、排污泵、生活泵用电为二级负荷；其余用电负荷均为三级负荷。

2. 供电电源

（1）本工程 10 kV 电源由市电不同区域的两个 10 kV 开关站分别各引一路 10 kV 电源供电，一用一备。

（2）10 kV、10 kV/0.4 kV 变配电房设于本子项地下一层。

3. 应急电源

由地下室子项设置的 1 台柴油发电机组（主用功率为 640 kW）作为应急电源，当市电故障时，发电机组自动启动并能在 30 s 内供电，通过自动切换开关向应急及重要负荷母线段供电，该自动切换开关应具有可靠的电气/机械联锁，确保市电与发电机组电源不并网运行。

4. 高、低压供电系统接线形式及运行方式

（1）本子项 10 kV 高压配电系统采用单母线不分段运行方式，10 kV 断路器采用真空断路器，采用直流作为操作、继电保护及信号的电源。

（2）低压配电系统采用单母线分段运行方式。

（3）本子项用电指标见下表。

变配电所编号	干式变压器编号	设备容量 P_e（kW）	功率因数 $\cos\varphi$	计算负荷				设备容量 S_e（kV·A）	负载率
				有功 P_j（kW）	无功 Q_j（kvar）	补偿 Q_j（kvar）	视在 S_j（kV·A）		
z4ES	z4TM1	858	0.93	393.2	304.0	150	422.3	500	84%
	z4TM2	743	0.93	371.9	298.8	150	400.6	500	80%

（4）功率因数补偿：在变压器低压侧设功率因数集中自动补偿装置，电容器组采用自动循环投切方式。气体放电灯单灯就地设电容器补偿。补偿后，10 kV 侧功率因数大于 0.9。在电容柜配置电抗器，以减小谐波的危害。

（5）计量：10 kV 系统设总计量。

五、电力配电系统

1. 配电电压

配电电压为 220 V/380 V。

2. 客梯及水泵等采用放射式供电

消防用电设备、应急照明等采用末端双回路供电、末端设双电源自投开关，自投方式采用双电源自投自复；其余电力、照明供电采用放射式或树干式相结合的供电方式。消防设备双电源开关应为 PC 级。

3. 主要电动机启动及控制方式

（1）送、排风机平时原地控制，火灾时，由消防控制室发来信号停机。

（2）送（补）风机、排风（烟）风机平时原地控制，火灾时，由消防控制室发来信号自动控制启停。

（3）排烟风机、加压风机由消防控制室发来信号自动控制启停。

（4）潜水泵根据集水坑水位自动控制启停。

（5）火灾时，消防信号在变配电所或楼层配电箱处控制切除非消防电源。非消防电源的切除通过空气断路器的分励脱扣器来实现。

六、照明系统

（1）设置正常照明、应急照明。

（2）主要场所照度标准及照明功率密度值（LPD）见下表。

序号	名称	一般照明功率密度规定限值（目标值）	照明功率密度设计值	照度值
1	客房	6 W/m²	二次装修确定	–
2	大堂	8 W/m²	二次装修确定	200lx

设装饰性灯具场所，可将实际采用的装饰性灯具总功率的 50% 计入照明功率密度值的计算。

（3）灯具以节能光源高效灯具为主，荧光灯具要求配 T5 荧光灯管。

（4）主要场所灯具选择：客房、商铺内、楼梯间选紧凑型节能灯，应急照明及疏散指示标志灯具应采用玻璃或其他非燃烧材料制作的保护罩。

（5）应急照明：在商铺内、楼梯间、走道等场所设置应急照明，在楼梯间、商铺内、安全出口等处设疏散指示标志灯及安全出口标志灯，作为疏散用的应急照明，疏散走道（属人员密集场所）的疏散照明最低照度不低于 2.0lx，楼梯间地面最低照度不应低于 5lx。

（6）应急照明灯具采用集中蓄电池柜供电，蓄电池持续供电时间大于 30 min，并同时满足有关规范对电池初装容量的规定。

（7）照明控制：

1）疏散走道采用单联双控开关控制（消防时强制点亮），商铺的应急照明平时不亮（消防时强制点亮），楼梯间照明采用带消防功能的红外延时控制。

2）火灾时，应急照明灯由消防信号控制点亮。

（8）根据甲方咨询相关部门意见此建筑不在航空线上，不设置航空障碍照明。

七、设备安装

（1）本工程所选择的电气设备及开关元件型号仅作设计参数参考，施工实施采购时由业主、监理等单位比选确定选用符合国家认证的合格产品。

（2）高压配电柜采用 KYN28A-12 型，采用直流电源装置供微机保护及指示灯电源，均为下进下出线。

（3）干式变压器选用 SCB10 型、Dyn11 接线，设强制风冷系统、温度监测及报警装置，防护等级 IP20。

（4）低压配电屏采用 GCS 型固定分隔式开关柜落地式安装，均为下进下出线。

（5）一般照明配电箱采用 XL-21G 型、XXM 型或 XRM 型。XL-21G 型为落地式安装；XXM 型为挂墙安装；XRM 型为嵌墙安装，底边距地均为 1.5 m；原地检修按钮盒户内采用 TYX3-PY 型，吊顶外为挂墙安装，底边距地为 1.3 m，吊顶内采用角钢支架吊装，户外采用 TYX3-PY-W 型，采用角钢支架安装。

（6）应急照明集中电源箱落地安装。

（7）挂墙式照明及动力配电箱安装高度要求：箱体高度为 600 mm 以下的配电箱，底边距地 1.5 m；箱体高度为 600~800 mm 的配电箱，底边距地 1.2 m；箱体高度为 800~1 000 mm的配电箱，底边距地 1.0 m；箱体高度为 1 000~1 200 mm 的配电箱，底边距地 0.8 m；箱体高度为 1 200 mm 以上的配电箱，采用落地式安装。

（8）落地柜在潮湿场所底部设 200 mm 高砖砌支墩，其余场所底部设 10#槽钢基座。

（9）等电位联结端子箱为暗装，底边距地 0.3 m。

（10）照明开关、插座均为暗装，安装高度见强电图例。

（11）所有电气设备安装应满足当地地震烈度要求。

八、线缆选择及敷设方式

（1）低压配电干线：非消防负荷采用 WDZ-YJY-0.6/1 kV 型低烟无卤阻燃交联聚乙烯-绝缘聚氯乙烯护套电缆，消防及应急照明采用 WDZAN-YJ（F）E-0.6/1 kV 型低烟无卤阻燃耐火电缆。交联聚乙烯-绝缘聚氯乙烯护套电缆采用电缆托盘或穿钢管沿顶板下、电气竖井、墙或吊顶内敷设，低烟无卤阻燃耐火电缆敷设于电缆托盘沿顶板下、电气竖井、墙或吊顶内敷。

（2）低压配电支线：消防负荷及应急照明选用 WDZN-BYJ（F）E-0.45/0.75 kV 型低烟无卤阻燃耐火导线，其余负荷选用 WDZ-BYJ（F）-0.45/0.75 kV 型导线，均沿金属线槽或穿钢管埋地、沿墙或吊顶内敷设。

（3）控制电缆：消防设备采用 WDZN-KYJY-0.75 kV 型阻燃耐火控制电缆，控制电缆采用电缆托盘或穿钢管沿顶板下、电气竖井、墙或吊顶内敷设。

（4）φ50 以下采用紧定式镀锌管，管壁厚度采用 1.6 mm，φ50 及以上采用钢管，钢管壁厚度应不小于 1.5 mm。潮湿环境钢管管壁厚度应不小于 2 mm。钢管应采用热镀锌钢管。

（5）当管路长度超过规范要求时，应加装拉线盒或加大管径。

（6）电缆托盘安装详见 04D701-3，线槽安装详见 96D301-1。线槽及托盘水平安装时，支架间距不大于 1.5 m，垂直安装时，支架间距不大于 2 m；电缆托盘和线槽不得在穿过楼板或墙壁处进行连接。

（7）所有穿过建筑物伸缩缝、沉降缝的管线、电缆托盘、金属线槽应设置补偿装置，做法见 04D301-3、96D301-1。

（8）同一托盘内敷设的消防与非消防回路间、供同一负荷的工作和备用回路间及共用金属线槽敷设的应急照明与一般照明线路间应加隔板隔开，电缆在同一电缆沟内敷设时，分设于电缆沟两侧。

（9）消防负荷配电线路穿钢管暗敷于现浇楼板时，保护层厚度应大于 30 mm；敷设有消防配电线缆的电缆托盘及明敷设（包括吊顶内）钢管或金属线槽在施工完成后均应刷防火涂料保护。

（10）电缆、电缆托盘、金属线槽穿每层楼板、防火墙、进出电气竖井及变电所等应采用防火隔板、防火堵料做防火密封隔离，以满足防火的要求，做法见 04D701-1。

（11）BV-0.45/0.75 kV 型及 WDZN-BYJ（F）E-0.45/0.75 kV 型铜芯导线穿管管径表见下表。

导线截面	导线根数		
	2~5	6~8	>8
2.5 mm²	SC20	SC25	分管敷设

注：平面图中有标注则以平面为准。

九、防雷、接地及电气安全

（1）防雷类别及防雷措施：本工程为人员密集建筑物，年预计雷击次数为 0.131 9 次/年，按二类防雷建筑物设防。设置外部防雷装置及内部防雷装置以防直击雷、防闪电感应（包括闪电静电感应和闪电电磁感应）及防闪电电涌进入。

（2）接闪器：沿女儿墙明敷 ϕ10 热镀锌圆钢作为接闪带，及暗敷屋面的 -25×4 热镀锌扁钢敷设成不大于 10×10（或 12×8）的接闪网格组成接闪器以防直击雷。

（3）引下线：利用钢柱或钢筋混凝土柱子（或剪力墙）内四根不小于 ϕ10 或两根不小于 ϕ16 的圆钢作为引下线。引下线上端与接闪器连接，下端与建筑物基础底板钢筋连接。所有钢筋采用土建施工的绑扎法、螺丝、对焊或搭焊连接，以形成电气通路。

（4）接地体：利用建筑物基础及基础底板轴线上的上、下两层钢筋内的各一根主筋通长焊接形成的基础接地网作自然接地体，该接地体通过散流接地连接线与护壁钢筋（或钢管）可靠焊接以降低接地电阻。

（5）等电位措施：将建筑每层靠外墙梁内两根 ϕ16 以上或四根不小于 ϕ10 的主筋通长焊接形成均压环，外墙上的金属栏杆、金属窗、金属构件、引下线、玻璃幕墙的预埋件与本层均压环可靠连接。

（6）防闪电感应措施：建筑物内的设备、管道、构架等主要金属物及凡凸出屋面的所有金属构件、金属管件、设备金属外壳均就近与防雷装置或等电位联结装置、电气设备保护接地装置可靠连接。平行敷设的长金属管道、构架及电缆金属外皮其净距离小于100 mm采用金属线跨接，跨接点间距不大于 30 m；交叉净距小于 100 mm 也应采用金属线跨接。

（7）防闪电电涌侵入措施：10 kV 配电系统设置氧化锌避雷器，变压器低压侧装设 I 级试验的电涌保护器（电压保护水平不大于 2.5 kV，冲击电流不小于 12.5 kA），弱电系统的线缆在进出建筑物的配线设备处装设适配的信号浪涌保护器。

（8）本子项接地形式采用 TN-S 制式。电气竖井内敷设接地干线，各楼层电气竖井内设备均与竖井内接地干线可靠连接。凡正常不带电而当绝缘破坏有可能呈现电压的一切电气设备金属外壳与 PE 线可靠连接。

（9）本工程做总等电位联结，进出建筑物的所有埋地金属管道及电缆金属外皮，建筑物内 PE 干线，建筑物钢筋均通过 -40×4 镀锌扁钢就近与 MEB 可靠连接。

（10）在设备间、水泵房、有洗浴设备的卫生间、强弱电竖井等场所做局部等电位联结，做法参见02D501-2。

（11）本工程采用联合接地系统，防雷接地、弱电接地、保护接地等共用接地体，接地电阻要求不大于1Ω。施工完成后应实测，如达不到要求，应补打人工接地体或其他降阻措施。接地作法详见接地平面图。

（12）沿电缆托盘及金属线槽敷设40×4（电缆托盘内）或25×4（金属线槽内）镀锌扁钢接地干线（该接地干线首端应与变电所内接地干线或配电箱内PE母排相连，末端应与就近的柱内钢筋相连），每段电缆托盘及金属线槽应至少一点与之可靠连接；电气竖井内垂直敷设一条40×4镀锌扁钢接地干线，其下端应与基础接地网可靠连接；各楼层强电、弱电竖井内的金属箱体、金属构件应通过25×4镀锌扁钢与竖井内接地干线可靠连接。

（13）所有插座回路（壁挂空调的插座回路除外）均装设额定动作电流为30 mA的剩余电流保护装置，以保证人身安全。

十、电气火灾监控系统及消防设备电源监控系统

（1）楼层或区域总配电箱处设防电气火灾的剩余电流报警装置，设额定动作电流为300 mA的剩余电流保护装置以防电气火灾。剩余电流信号传至监控主机显示，对非消防照明回路电源，当剩余电流达到设定值时监控主机报警，配电箱处仅报警不切除电源，监控主机设于消防控制中心。

（2）消防设备电源监控系统为各类消防设备供电的交流或直流电源，包括主、备电源发生过压、欠压、缺相、过流、中断供电等故障时，ZXVA消防电源监控器能进行声光报警、记录，并显示被监测电源的电压、电流值及准确故障点的位置。ZXHA消防电源监控器专用于消防设备电源监控系统并独立安装在消防控制室。

十一、电气节能

（1）合理选用低能耗配电变压器及台数，变压器尽量设于负荷中心。

（2）变压器低压侧设静电电容器自动补偿装置集中补偿、电感镇流器的气体放电灯就地设补偿电容器分散补偿。

（3）采用T5三基色荧光灯光源或紧凑型节能灯光源，荧光灯采用节能电感镇流器或电子镇流器。带节能电感镇流器的气体放电灯单灯就地设电容器补偿，补偿后功率因数大于0.85。

（4）楼梯间照明采用带消防功能的红外延时控制，实现用电的节能控制。

十二、其他

（1）PE线不得串联连接。

（2）设计所选灯具均为I类灯具，其外露可导电部分应与PE线连接。

（3）本工程电线绝缘层颜色按以下要求配置：L1、L2、L3、N、PE分别为黄、绿、红、淡蓝、黄绿相间。

（4）水、暖通专业在订货时，对电动阀应由相关专业厂家根据暖通专业的控制要求配置

控制箱或控制柜；自带控制箱或控制柜要求进线设电源总开关。

（5）凡与施工有关而又未说明之处，参见国家、地方标准图集。

（6）电气施工应及时与土建配合预留孔洞、预埋电气管线及各种设备的固定构件等。电缆托盘、金属线槽安装时，应与其他工种密切配合，当与其他工种管道相撞时，应及时与监理单位、业主、设计单位商量及行调整，避免造成经济损失。

（7）施工单位必须按照工程设计图纸和施工技术标准施工，不得擅自修改工程设计；施工单位在施工过程中发现设计文件和图纸有差错的，应当及时提出意见和建议。

（8）消防配电设备应有明显标志。

（9）电缆桥架、防雷及接地用圆钢或扁钢均应采用热镀锌材料，焊接处做防腐处理。

（10）二次装修时应尽量使配电箱的 L1、L2、L3 三相负荷平衡，二装场所照度标准、显色指数及照明功率密度值详见《建筑照明设计标准》的要求，同时应按规范设置疏散及出口指示标志。

（11）消防用的双电源开关采用 PC 级。

十三、敷设方式标注说明

CC 暗敷设在顶板或屋面内	WC 暗敷设在墙内	CT 金属托盘敷设
CE 沿天棚或顶板面敷设	WS 沿墙面敷设	MR 金属线槽敷设
F 地板内或地面下敷设	RS 沿地面敷设	SC 穿镀锌钢管敷设

 知识链接二　照明配电系统图与平面图

1. 照明配电系统图

照明配电系统图是用图形符号、文字符号绘制的，用以表示建筑照明配电系统供电方式、配电回路分布及相互联系的建筑电气工程图，能集中反映照明的安装容量、计算容量、计算电流、配电方式，导线或电缆的型号、规格、数量、敷设方式及穿管管径、开关及熔断器的规格型号等。通过照明系统图，可以了解建筑物内部电气照明配电系统的全貌，它也是进行电气安装调试的主要图纸之一。

照明系统图的主要内容包括：

（1）电源进户线、各级照明配电箱和供电回路，表示其相互连接形式；

（2）配电箱型号或编号，总照明配电箱及分照明配电箱所选用计量装置、开关和熔断器等器件的型号、规格；

（3）各供电回路的编号，导线型号、根数、截面和线管直径，以及敷设导线长度等；

（4）照明器具等用电设备或供电回路的型号、名称、计算容量和计算电流等。

图 3-24 所示为某商场楼层配电箱照明配电系统图。

图 3-25 所示为某住宅楼照明配电系统图。

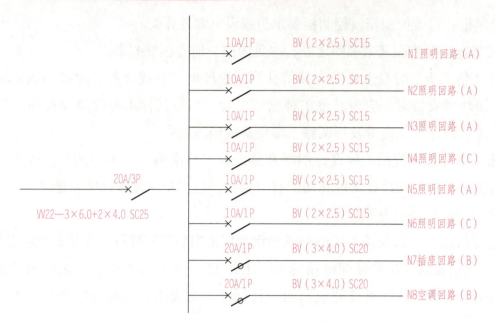

图 3-24　某商场楼层配电箱照明配电系统图

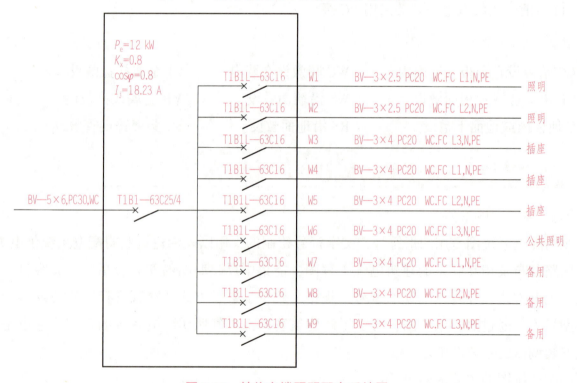

图 3-25　某住宅楼照明配电系统图

2. 平面布置图

（1）照明、插座平面图。

1）照明平面图的用途、特点。照明平面图主要用来表示电源进户装置、照明配电箱、灯具、插座、开关等电气设备的数量、型号规格、安装位置、安装高度，表示照明线路的敷设位置、敷设方式、敷设路径、导线的型号规格等。

2）照明、插座平面图举例。图 3-26、图 3-27 分别为某高层公寓标准层插座、照明平面图。

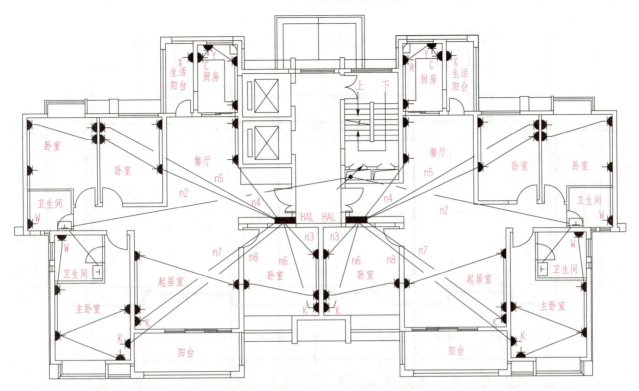

图 3-26 某高层公寓标准层插座图

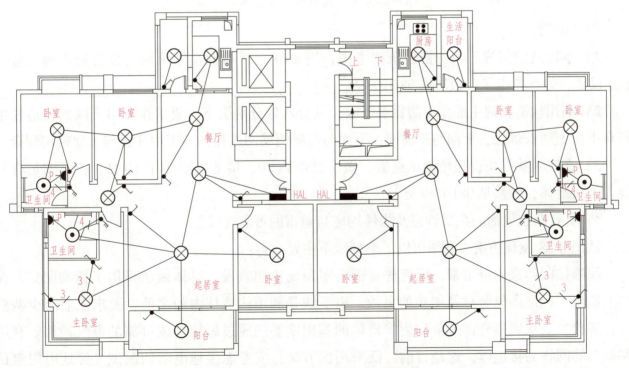

图 3-27 某高层公寓照明平面图

（2）屋顶防雷平面图（见图 3-28）。防雷平面图是指导具体防雷接地施工的图纸。通过阅读，可以了解工程的防雷接地装置所采用设备和材料的型号、规格、安装敷设方法、各装置之间的连接方式等情况。在阅读的同时，还应结合相关的数据手册、工艺标准以及施工规范，从而对该建筑物的防雷接地系统有一个全面的了解和掌握。

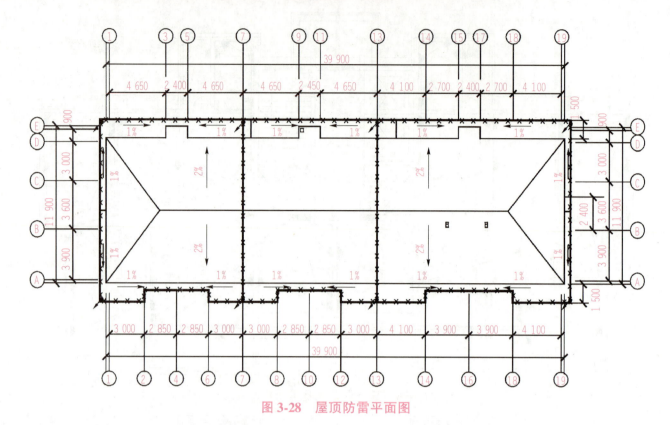

图3-28　屋顶防雷平面图

设计说明：

1）本建筑防雷按三类防雷建筑物考虑，用 φ10 镀锌圆钢在屋顶周边设置避雷网，每隔 1 m 设置一处支持卡子，做法见 98D10—9。

2）利用构造柱内主筋作为防雷引下线，共分八处分别引下，要求作为引下线的构造柱主筋自下而上通长焊接，上面与避雷网，下面与基础钢筋网连接，施工中注意与土建密切配合。

3）在建筑物四角设接地测试点板，做法见电施 10，接地电阻小于 10 Ω；若不满足应另设人工接地体，做法见 98D13—35。

4）所有凸出屋面的金属管道及构件均应与避雷网可靠连接。

从图 3-28 屋顶防雷平面图可以了解到以下主要内容：

屋顶接闪器采用避雷带，用镀锌扁钢沿屋顶周边明敷设。具体做法采用了标准图集，在图上给出了标准图集名称及图集的页数。引下线是利用构造柱内的主筋，要求主筋至少两根通长焊接，要从屋顶避雷带至作为接地体的基础钢筋网通过焊接构成可靠的电气通路。利用基础钢筋网作为接地体，这是目前广泛采用的方法，应考虑接地电阻的测试。接地电阻测试板的具体做法在另一张施工图上，应在该图上做进一步的了解。要求屋顶所有金属构件均与避雷带相焊接。

（3）接地平面图。图 3-29 为干线及总等电位接地平面图，由于整个连接体都与作为接地体的基础钢筋网相连，可以满足重复接地的要求，故没有另外再做重复接地。大部分做法采用标准图集，图中给出了标准图集的名称和页数。

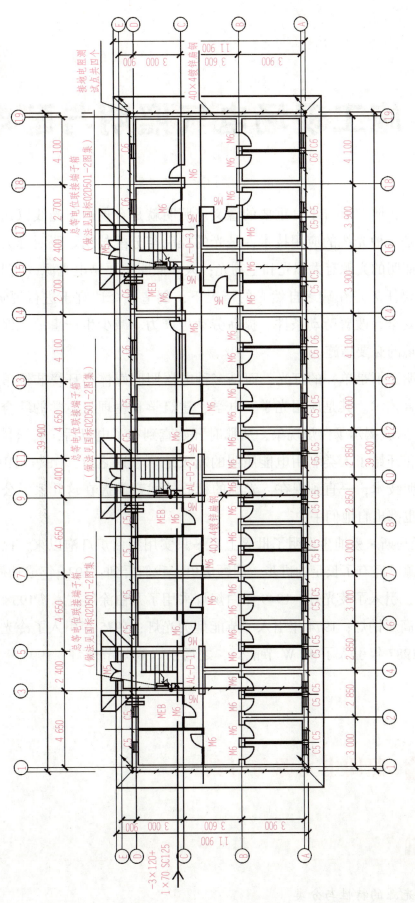

图3-29　干线及总等电位接地平面图

施工现场电气照明与配电线路

在人们的生产生活中，照明有着十分重要的意义。照明就是合理运用光线以达到满意的视觉效果，它归根结底是一种光线的应用技术，是光的控制与分配技术。照明分为天然照明和人工照明两种，天然照明的光源有太阳光和生物光；人工照明主要是电光源（灯具），也就是电气照明。照明的首要任务是在缺乏自然光的情况下，创造一个适宜于进行视觉工作的环境。合理的照明是保证安全、改善劳动条件、提高劳动生产力、减少生产事故、保护工作人员视力健康以及美化环境的必要措施。

今天的人工照明已不是单一的灯光，而是多种电器照明媒体与环境装饰紧密结合，形成了一门电气装饰综合艺术。其是应用光学、电学、建筑学和生理卫生学的综合科学技术。早在 1802 年英国科学家就揭示了白炽现象，从那时开始直到有了电以后，美国科学家爱迪生发明了第一只白炽灯，开始了人类利用电能照明的新天地。在这之后，GE、PHILIPS 等国际知名大公司垄断了照明技术，一直到现在，光源的核心技术都掌握在这几家大公司之中，之后的许多新光源产品也都出自他们手中。

自从 1879 年托马斯·爱迪生发明了世界上第一只实用型白炽灯泡以来，已经走过了一百多年的历史，电光源已经有了长足的进步。回顾历史，我们看到：1931 年成功研制高压汞灯；1936 年荧光灯问世，引入了荧光灯；1949 年白炽灯采用了柔白涂层技术；1958 年引入了卤钨灯；1962 年发明了高压钠灯；1974 年引入了节能型荧光灯；1975 年引入了冷光灯，之后引入了小功率金卤灯；1987 年引入了 40 W 节能灯，之后引入高效节能灯；1994 年发明了无极荧光灯。

 **任务一** 照明电光源与灯具

 学习目标

1. 了解照明电光源的特性与分类
2. 掌握建筑施工现场常用的电光源

3. 熟悉常用灯具的类型与选用

◉ 知识链接一　照明电光源

✎ 1. 电光源分类

照明电光源可以按工作原理、结构特点等进行分类。按发光原理，可分为热辐射光源和气体放电光源两类。

热辐射光源：它是利用物体加热时辐射发光的原理所制造的光源，如白炽灯、卤钨灯等；气体放电光源：它是利用电场作用下气体放电发光的原理所制造的光源，如荧光灯、高压汞灯、高（低）压钠灯、金属卤化物灯和氙灯等。

✎ 2. 常用电光源

（1）白炽灯。白炽灯是靠电流加热钨丝到白炽程度引起热辐射发光的，其结构如图 4-1 所示。白炽灯具有较宽的工作电压，从电池提供的几伏电压到市电电压，价格低廉，不需要附加电路。其光效低，仅有10%的输入能量转化为可见光能，典型的寿命从几十小时到几千小时不等。灯头是白炽灯电连接和机械连接部分，如图 4-2 所示，按形式和用途主要可分为螺口式灯头、插口灯头、聚焦灯头及特种灯头等。最常用的螺口式灯头为 E14、E27；最常用的插口灯头为 B15、B22。常用于住宅基本照明及装饰照明，具有安装容易、立即启动、成本低廉等优点。

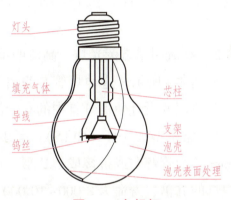

图 4-1　白炽灯

螺口式灯头　　　　插口灯头　　　　聚焦灯头　　　　特种灯头

图 4-2　白炽灯头外形

普通白炽灯属于老一代光源，光效低、寿命短，应予限制，但不能完全取消，因为普通白炽灯没有电磁干扰，便于调节，适合需要频繁开关的场合。对于局部照明、投光照明、信号指示以及水电丰富的山区和边远农村是不可缺少的光源。

（2）荧光灯。荧光灯又称为日光灯，是气体放电光源。其性能主要取决于灯管的几何尺寸，即长度和直径，填充气体的种类和压强，涂敷荧光灯粉及制造工艺。常用的荧光灯主要分为以下三类：

1）直管荧光灯。其外形结构如图 4-3 所示，一般使用的有 T5、T8、T12，常用于办公室、商场、住宅等一般公用建筑，具有可选光色多，可达到高照度，兼顾经济性等优点。

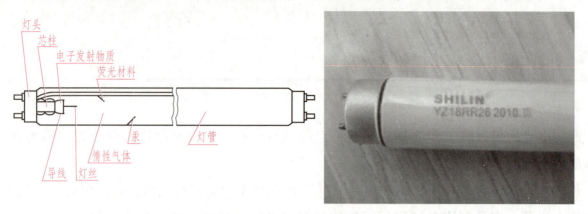

图4-3　直管荧光灯外形结构

"T"表示灯管直径，一个"T"表示1/8英寸；T5管直径为15 mm，T8管直径为25 mm，T12管直径为38 mm。荧光灯都可调配出3 000 K、3 500 K、4 000 K、6 500 K四种标准"白色"。

2）高流明单端荧光灯。高流明单端荧光灯又称为是为高级商业照明中代替直管荧光灯设计。如图4-4所示，这种灯管与直管型灯管相比，主要的优点有：结构紧凑、流明维护系数高，其单端的设计使得灯具中的布线简单得多。

3）紧凑型荧光灯（CFLS）。紧凑型荧光灯又称为节能灯，如图4-5所示，使用直径为9~16 mm的细管弯曲或拼接成（U形、H形、螺旋形等），缩短了放电的线型长度。它的光效为白炽灯的五倍，寿命为8 000~10 000小时，常用于局部照明和紧急照明。

图4-4　高流明单端荧光灯　　　　图4-5　紧凑型荧光灯（CFLS）

荧光灯工作原理如下：接通电源后，在电压的作用下，启辉器产生辉光放电，其动触片受热膨胀与静触点接触形成通路，电流通过并加热灯丝发射电子。但这时辉光放电停止，动触片冷却恢复原来形状，在使触点断开的瞬间，电路突然切断，镇流器产生较高的自感电动势，当接线正确时，电动势与电源电压叠加，在灯管两端形成高压。在高压作用下，灯丝通电、加热并发射电子流，电子撞击汞

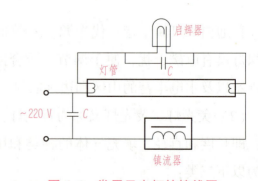

图4-6　常用日光灯的接线图

原子，使其电离而放电。放电过程中发射出的紫外线又激发灯管内壁的荧光粉，从而发出可见光。其接线图如图 4-6 所示。

近年来，市场上也有使用电子整流器的，电子整流器是半导体元件，耗能很少。将220 V的交流电直接整流得到315 V 的直流电，再用高压管产生高频振荡，振荡后的高频电压通过一个串联谐振电路，它是一种电压谐振，谐振时电容两端有很高的电压。灯丝就分别串联在电容两端，只有电路产生谐振时灯丝与灯丝之间才有很高的高频电压，才能使灯管点亮。

（3）卤钨灯。卤钨灯是白炽灯的一种。普通白炽灯在使用过程中，由于从灯丝蒸发出来的钨沉积在壁上而使玻璃壳黑化，玻璃壳黑化后透光性降低造成发光效率降低。在灯泡内充入惰性气体对防止玻璃壳黑化虽有一定作用，但效果仍不令人满意。卤钨灯除在灯泡内充入惰性气体外，还充入有少量的卤族元素，这样对防止玻壳黑化具有较高的效能。卤钨灯中，有的是充入卤族元素碘，叫作碘钨灯。其发光效率可达 21～22 lm/W。寿命一般为 2 000 h。

卤钨灯的外形结构如图 4-7 所示。

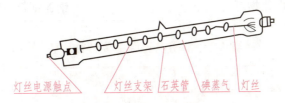

灯丝电源触点　　灯丝支架　石英管　碘蒸气　灯丝

图 4-7　卤钨灯的结构

与额定功率相同的无卤素白炽灯相比，卤钨灯的体积要小得多，并允许充入高气压的较重气体（较昂贵），这些改变可延长寿命或提高光效。卤钨灯和普通照明的白炽灯是同属白炽灯类产品，均是电流通过灯丝白炽发光，是普通白炽灯的升级换代产品。卤钨灯光效和寿命比普通白炽灯高一倍以上，因此，在许多照明场所，如商业橱窗、展览厅（包括一般商业产品、文化艺术品以及历史文物品的展览展示等）以及摄影照明等，要求显色性高、高档冷光或聚光的场合，可采用各种结构形式不同的卤钨灯取代普通白炽灯，来达到节约能源、提高照明质量的目的。

使用注意事项：管形卤钨灯必须水平安装，并且应当与易燃物保持一定距离，特别是在建筑施工工地。卤钨灯的耐振性也较差，不适于在振动较大的场所使用，更不能作为移动式光源来使用。

3. 常用电光源的特性与选用

（1）电光源的分类。由于电光源技术的迅速发展，新型电光源越来越多，它们光效高、光色好、功率大、寿命长或者适合某些特殊场所的需要，各有特色。目前，常用电光源分类和主要特性比较分别见表 4-1 和表 4-2。

表 4-1　常用电光源分类

热辐射光源	白炽灯		
	卤钨灯		
气体放电光源（按发光物质分类）	金属	汞灯	低压汞灯（荧光灯）
			高压汞灯（荧光高压汞灯）
		钠灯	低压钠灯
			高压钠灯
	惰性气体	氙灯—管型氙灯、超高压球形氙灯	
		汞氙灯—管型汞氙灯	
		氖灯	
		霓虹灯	
	金属卤化物灯	钠铊铟灯、镝灯	

表 4-2　常用电光源主要特性比较

光源名称	普通照明灯泡	卤钨灯	荧光灯	荧光高压汞灯	管型氙灯	高压钠灯	金属卤化物灯
额定功率范围/W	10~1 000	500~2 000	6~125	50~1 000	1 500~100 000	250、400	400~1 000
光效/(lm·W^{-1})	6.5~19	19.5~21	25~67	30~50	20~37	90~100	60~80
平均寿命/h	1 000	1 500	2 000~3 000	2 500~5 000	500~1 000	3 000	2 000
一般显色指数/Ra	95~99	95~99	70~90	30~40	90~94	20~25	65~85
启动稳定时间	瞬时	瞬时	1~3 s	4~8 min	1~2 s	4~8 min	4~8 min
再启动时间	瞬时	瞬时	瞬时	5~10s	瞬时	10~20 min	10~15 min
功率因数	1	1	0.33~0.7	0.44~0.67	0.4~0.9	0.44	0.4~0.61
频闪效应	不明显		明显				
表面亮度	大	大	小	较大	大	较大	大
电压对光通量影响	大	大	较大	较大	较大	大	较大
环境温度对光通量影响	小	小	大	较小	小	较小	较小

续表

光源名称	普通照明灯泡	卤钨灯	荧光灯	荧光高压汞灯	管型氙灯	高压钠灯	金属卤化物灯
耐振性能	较差	差	较好	好	好	较好	好
所需附件	无	无	镇流器 启辉器	镇流器	镇流器 触发器	镇流器	镇流器 触发器

注：1. 小功率管型氙灯需用镇流器，大功率可不用镇流器。

　　2. 1 000 W 钠铊铟灯目前需用触发器启动。

从表中可以看出，这些性能指标之间有时是相互矛盾的，在选用电光源时，首先应考虑光效高、寿命长；其次，再考虑显色指数、启动性能以及其他次要指标；最后，综合考虑环境条件、初期投资与年运行费用。

（2）电光源的选择。选择照明光源时，一般考虑以下因素：

1）对于一般性生产车间、辅助车间、仓库和站房，以及非生产性建筑物、办公楼和宿舍、厂区道路等，优先考虑选用投资低廉的白炽灯和简座日光灯。

2）照明开闭频繁，需要及时点亮、调光和要求显色性好的场所，以及需要防止电磁波干扰的场所，宜采用白炽灯和卤钨灯。

3）对显色性和照度要求较高，条件要求较好的场所，宜采用日光色荧光灯、白炽灯和卤钨灯。

4）荧光灯、高压汞灯和高压钠灯的抗振性较好，可用于振动较大的场所。

5）选用光源时还应考虑照明器的安装高度。白炽灯适宜的悬挂高度为 6~12 m，荧光灯为 2~4 m，高压汞灯为 5~18 m，卤钨灯为 6~24 m。对于灯具高挂并需要大面积照明的场所，宜采用金属卤化物灯和氙灯。

6）在同一场所，当采用的一种光源的光色较差时，可考虑采用两种或多种光源混合照明。

（3）光源的优缺点（见表4-3）。

表 4-3　光源的优缺点

名称	优点	缺点
普灯	1. 价廉 2. 一点就亮 3. 显色性好	寿命短
节能灯	1. 光效较高 2. 寿命较长 3. 光线柔和	价格贵

续表

名称	优点	缺点
金卤灯	1. 光效高 2. 寿命长 3. 显色性好	1. 须带镇流器、触发器 2. 再次启动能力差 3. 电源要求高
钠灯	1. 光效最高 2. 寿命最长 3. 启动性能好	1. 须带镇流器、触发器 2. 显色性差

（4）光源灯头规格（见表4-4）。

表4-4　光源灯头规格

灯头	光源名称	功率	品牌
E27	普通电子节能灯	9~26 W	欧司朗
	白炽灯	40~100 W	
	金卤灯	70~150 W	
	高压钠灯	70 W	
	高压钠灯	70~150 W	亚字牌
E40	金卤灯	175~2 000 W	欧司朗
	高压钠灯	150~1 000 W	
RX7S	双端金卤灯	70~150 W	欧司朗
FC-2	双端金卤灯	250~400 W	—
	双端高压钠灯	250~400 W	
G12	插入式金卤灯	70~150 W	欧司朗
G13	日光灯	18~58 W	欧司朗

知识链接二　灯具

灯具是将光通量按需要进行再分配的控制器，其主要作用是：使光源发出的光通量按需要方向照射，提高光源的利用率，减少眩光，保护光源免受机械损伤，产生一定的照明装饰效果等。灯具的结构应满足制造、安装及维修方便、外形美观和使用工作场所的照明要求。

1. 灯具的分类

根据使用的工作场所不同，可以分为工业生产和民用建筑照明用灯具。工业用的灯具要求安全、可靠，有时还有防爆、防潮等特殊要求，灯具结构有开启型、封闭型、密闭型和防爆型等。灯座、灯罩材料常用金属、工程塑料。民用灯具根据建筑空间的不同要求，如宾馆、住宅、办公室、教室、剧场、广场等的灯具也有不同要求，有时以经济、实用为主，有时以装饰、美观为主。

如果按总光通量在空间的上半球和下半球的分配比例来进行分类，可分为以下几种：

（1）直接型灯具。这是用途最广泛的一种灯具。因为 90% 以上的光通向下照射，所以灯具光通的利用率最高。如果灯具是敞口的，一般来说灯具效率也相当高。工作环境照明应当优先采用这类灯具。直接型灯具的光强分布大体可以分为三类，即窄配光、中配光（或称余弦配光）和宽配光。高大空间的照明需用窄配光的灯具，这种灯具配备镜面反射罩并以大功率的（HID 气体放电灯）灯或卤钨灯做光源，能将光束控制在狭窄的范围内，获得很高的轴线光强。在这种灯具照射下，水平照度高，阴影浓重。

（2）半直接型灯具。在灯具上方发出少量的光线照亮顶棚，减小灯具与顶棚之间的强烈对比，使环境亮度分布更加舒适。外包半透明散光罩的荧光灯吸顶灯具，下面敞口的半透明罩，以及上方留有较大的通风、透光空隙的荧光灯具，都属于半直接型配光。这种灯具把大部分光线直接投射到工作面上，也有较高的光通利用率。

（3）均匀漫射型灯具。最典型的是乳白玻璃球形灯罩，其他各种形状漫射透光的封闭灯罩也有类似的配光。这种灯具将光线均匀地投向四面八方，对工作面而言，光通利用率较低。将一对直接型和间接型的灯具组合在一起，或者用不透光材料遮住灯泡，而上、下均敞口透光的灯具，其输出光通分配也近于上、下各半。这种灯具叫作直接—间接型灯具。吊灯是漫射型代表，这种光源的瓦数要低，从而避免眩光的出现。

（4）半间接型灯具。半间接型灯具，上面敞口的半透明罩属于这一类。它们主要用于民用建筑的装饰照明，由于大部分灯光投向顶棚和上部墙面，增加了室内的间接光，光线更为柔和宜人。壁灯就属于半间接照明，这种照明形式既给房间提供了需要的光线又在墙体上留下特殊的光影，可以调节墙体的单调。

（5）间接型灯具。它将灯光全部投向顶棚，使顶棚成为二次光源。室内光线扩散性极好，几乎没有阴影和光幕反射，也不会产生直接眩光。如果采用高光效的灯和效率很高的灯具，并且灯位选在合适位置，使顶棚充分发挥二次光源的作用，它的节能和经济效益有可能比用普通灯的直接型灯具照明还好。近年来，为了将 HID 灯用于一般高度的房间，国外设计、研制了不少有镜面反射罩的间接照明灯具。使用这种灯具要注意经常保持房间表面和灯具的清洁，避免因积尘污染而降低照明效果。卧室设计是间接照明的形式，光从墙体内的发光槽中射出，经由墙体反射出来，从而变得柔和、温馨。

灯具按照安装方式可以分为以下几种：

（1）悬吊式。它是最普及的灯具之一，如图 4-8 所示，有线吊、链吊、管吊等多种形式。将灯具吊起来，以达到不同的照明要求。如白炽灯的软线吊式、日光灯的链吊式、工厂车间内配照型灯具的管吊式等。这种悬吊式安装方式可用在各种场合。

（2）吸顶式。吸顶式是将灯具吸装在顶棚上，如图 4-9 所示，半圆球形吸顶安装的走廊灯，它适合于室内层高较低的场所。

（3）壁装式。将灯具安装在墙上或柱上，如图4-10所示，适用于作局部照明或装饰照明用。

图4-8　悬吊式　　　　　图4-9　吸顶式　　　　　图4-10　壁装式

灯具的其他安装方式包括落地式、台式、嵌入式等，如图4-11所示。不论是何种照明灯具，都应根据使用环境要求、照明要求及装饰要求等合理选择确定。

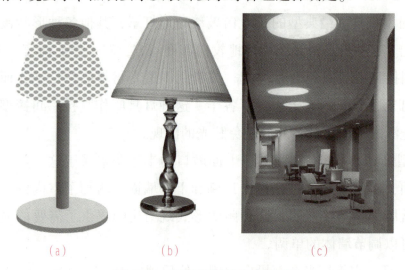

（a）　　　　　　　　（b）　　　　　　　　（c）

图4-11　灯具的其他安装方式

（a）落地式；（b）台式；（c）嵌入式

🔦 2. 灯具的光学特性

灯具的光学特性主要体现在光强分布（配光曲线）、遮光角（保护角）和灯具的效率等指标上。

（1）配光曲线。灯具在空间各个方向上的光强的分布情况用配光曲线来描述。

配光特性是衡量灯具光学特性的重要指标。常见的灯具的配光曲线有正弦分布型、光照型、漫射型、配照型和深照型五种形状。

（2）效率。灯具射出的光通量与光源发出的光通量的比值称为灯具的效率。

灯具的效率一般为0.5~0.9，其大小与灯罩材料、形状、光源的中心位置有关。

（3）遮光角。遮光角又称为保护角，指的是灯具出光沿口遮蔽光源发光体使之完全看不见的方位与水平线的夹角。其值一般为15°~30°。

3. 灯具的结构（表4-5）

表4-5　灯具的结构

结构型式	结构特点
开启型	光源与外界空间直接接触（无罩）
闭合型	灯罩将光源包起来，但内外空气仍能流通
封闭型	灯罩固定处加以一般封闭，内外空气仍可有限流通
密闭型	灯罩固定处加以严密封闭，内外空气不能流通
防爆型	灯罩及其固定处和灯具外壳均能承受要求的压力，符合《防爆电气设备制造检验规程》的规定，可用于有爆炸危险性介质的场所

4. 灯具的选择

根据被照场所对配光的要求、环境条件和使用特点，合理地选择灯具的光强分布、效率、保护角、类型及造型尺寸等，同时还应考虑灯具的装饰效果和经济性，优先选用配光合理、光效高、寿命长的灯具。

一般生产车间、办公室和公共建筑，多采用半直接型或均匀漫射型灯具，从而获得舒适的视觉效果。在正常工作环境中，宜选用开启型灯具。

任务二　建筑电气照明设计

学习目标

1. 了解常用建筑灯具的布置
2. 能对常用建筑的照明进行简单计算
3. 掌握绿色照明与节能

知识链接一　灯具的布置

灯具的布置就是确定灯具在房间的空间位置，这与它的投光方向、工作面的布置、照度的均匀度，以及限制眩光和阴影都有直接的影响。灯具布置是否合理，还关系到照明安装容量和投资费用，以及维护、检修是否方便等。灯具的布置应根据工作物的布置情况、建筑结构形式和视觉工作特点等条件来进行。灯具的布置主要有两种方式。

1. 均匀布置

灯具有规律地对称排列，以便使整个房间内的照度分布比较均匀。均匀布灯有正方形、矩形、菱形等。均匀布灯的方式，如图 4-12 所示。

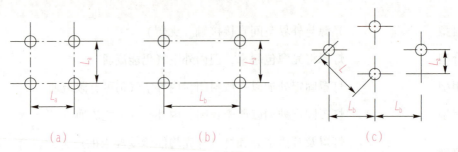

（a）　　　　　　　　　　（b）　　　　　　　　　　（c）

图 4-12　灯具的均匀布置

（a）正方形；（b）矩形；（c）菱形

2. 选择布置

为适应生产要求和设备布置，加强局部工作面上的照度及防止工作面上出现阴影，而采用灯具位置随工作表面安排的方式，称选择布置。

室内一般照明，大部分采用均匀布置的方式，均匀布灯是否合理，主要取决于灯具的间距 L 和计算高度 H（灯具距工作面垂直距离，如图 4-13 所示）的比值（称距高比）是否恰当。

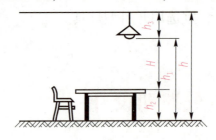

图 4-13　灯具的计算高度示意图

距高比小，照度的均匀度好，但经济性差；距高比过大，布灯则稀少，不能满足规定照度的均匀度。因此，实际距高比必须小于照明手册中规定的灯具最大距高比。各种灯具最有利的 L/H 值见表 4-6，荧光灯的最大允许距高比值见表 4-7。

表 4-6　灯具最有利的距高比值

灯具类型	多列布置时的 L/H		单列布置时的 L/H	
	最有利值	最大允许值	最有利值	最大允许值
圆球灯，防水防尘灯	2.3	3.2	1.9	2.5
无罩、磨砂罩万能型灯	1.8	2.5	1.8	2.0
深罩型灯，塔型灯	1.5	1.8	1.5	1.7
镜面深罩型灯，下部有玻璃隔栅的荧光灯	1.2	1.4	1.2	1.4

表 4-7　荧光灯的最大允许距高比值

名称	功率 /W	型号	效率 /%	光通量 /lm	距高比	
					A-A	B-B
筒式荧光灯	1×40	YG1-1	81	2 400	1.62	1.22
	1×40	YG2-1	88	2 400	1.46	1.28
	2×40	YG2-2	97	2×2 400	1.33	1.28
封闭型	1×40	YG4-1	84	1×2400	1.52	1.27
封闭型	2×40	YG4-2	80	2×2 400	1.41	1.26
吸顶式	2×40	YG6-2	86	2×2 400	1.48	1.22
吸顶式	3×40	YG6-3	86	3×2 400	1.50	1.26
塑料格栅嵌入式	3×40	YG15-3	45	3×2 400	1.07	1.05
铝格栅嵌入式	2×40	YG15-2	63	2×2 400	1.28	1.20

注：A-A 指沿灯管横向，B-B 指沿灯管纵向。

知识链接二　照明计算

1. 照明的分类

按照明方式分：

（1）一般照明。在整个场所或场所的某部分照度基本上均匀的照明。对于工作位置密集而对光照方向又无特殊要求，或工艺上不适宜装设局部照明装置的场所，宜使用一般照明。

（2）局部照明。局限于工作部位的固定的或移动的照明。对于局部地点需要高照度并对照射方向有要求时，宜采用局部照明。

（3）混合照明。一般照明与局部照明共同组成的照明。对于工作位置需要较高照度并对照射方向有特殊要求的场所，宜采用混合照明。

按照明的功能，照明可分成如下几类：

（1）工作照明。正常工作时使用的室内外、值班照明同时使用，但控制线路必须分开。

（2）事故照明。当工作照明由于电气事故而断电后，为了继续工作或从房间内疏散人员而设置的照明。

（3）值班照明。在非生产时间内为了保护建筑物及生产的安全，供值班人员使用的照明。

（4）障碍照明。装设在建筑物上作为障碍标志用的照明。

（5）装饰照明。装饰照明是为美化和装饰某一特定空间而设置的照明。

（6）艺术照明。艺术照明是通过运用不同的灯具、不同的投光角度和不同的光色制造出一种特定空间气氛的照明。

为了保证夜航的安全，在飞机场周围较高的建筑物上，在船舶航行的航道两侧的建筑物上，应按民航和交通部门的有关规定装设障碍照明。障碍标志灯一般为红色，有条件时宜采用闪烁照明，并且接入应急电源回路。

2. 照明计算

（1）照度标准。照度标准是国家有关部门制定与颁布的，各类建筑物和工作场所的光源应该符合的照度值。照度标准要根据人眼的视觉特性，按不同场所对视觉的使用要求来制定；同时，又要与本国的经济发展水平、人民物质文化生活水平相称。我国当前施行《建筑照明设计标准》（GB 50034—2013）。

《建筑照明设计标准》（GB 50034—2013）中的照度值是按 0.5、1、3、5、10、15、20、30、50、75、100、150、200、300、500、750、1 000、1 500、2 000、3 000、5 000 lx 分级的。

标准规定的照度值均为作业面或参考平面上的维持平均照度值。

这次我国颁布的照度标准只有一个照度等级，参考面上的照度标准值，根据场所和视觉的具体要求，可以提高或降低一个等级。

照度标准是指工作面或生活场所参考平面上的平均照度值。在使用时设计人员可根据建筑物功能、等级和使用条件选取适当的标准值。不同建筑的照度标准见表4-8。

表 4-8　各类建筑物的照度标准值和照明功率密度值

建筑类型	房间或场所	参考平面及其高度	照度标准值/lx	照明功率密度/W·m⁻²	
				现行值	目标值
居住建筑	起居室（一般活动区）	0.75 m 水平面	100	7	6
	卧室（一般活动区）	0.75 m 水平面	75		
	餐厅	0.75 m 水平面	150		
	厨房、卫生间	0.75 m 水平面	100		
办公建筑	普通办公室、会议室	0.75 m 水平面	300	11	9
	高档办公室	0.75 m 水平面	500	18	15
	设计室	实际工作面	500	18	15
	营业室	0.75 m 水平面	300	13	11
	资料、档案室	0.75 m 水平面	200	8	7
商业建筑	一般商店营业厅	0.75 m 水平面	300	12	10
	高档商店营业厅	0.75 m 水平面	500	19	16
	一般超市营业厅	0.75 m 水平面	300	13	11
	高档超市营业厅	0.75 m 水平面	500	20	17
旅馆建筑	客房（写字台）	台面	300	15	13
	中餐厅	0.75 m 水平面	200	13	11
	多功能厅	0.75 m 水平面	300	18	15
	客房层走廊	地面	50	5	4
	门厅、总服务台	地面	300	15	13

续表

建筑类型	房间或场所	参考平面及其高度	照度标准值/lx	照明功率密度/W·m^{-2}	
				现行值	目标值
医院建筑	治疗室、诊室、护士站	0.75 m 水平面	300	11	9
	化验室	0.75 m 水平面	500	18	15
	手术室	0.75 m 水平面	750	30	25
	候诊室、挂号厅	0.75 m 水平面	200	8	7
	药房	0.75 m 水平面	500	20	17
	病房	地面 0.75 m	100	6	5
	重症监护室	水平面	300	11	9
学校建筑	教室、阅览室、试验室	桌面	300	11	9
	美术教室	桌面	500	18	15
	多媒体教室	0.75 m 水平面	300	11	9
工业建筑（通用房间或场所）	试验室	0.75 m 水平面	300	11	9
	一般精细计量室、测量室	0.75 m 水平面	500	18	15
	变、配电站配电装置室	0.75 m 水平面	500	18	15
	变压器室	0.75 m 水平面	200	8	7
	控制室	地面	100	5	4
	一般控制室	0.75 m 水平面	300	11	9
	主控制室	0.75 m 水平面	500	18	15
	电话站、计算机网络中心动力站	0.75 m 水平面	500	18	15
	风机、空调机房、泵房	地面	100	5	4
	冷冻站、压缩空气站	地面	150	8	7
	锅炉房、燃气站操作层	地面	100	6	5

（2）照度的计算。照度计算是照明计算的主要内容之一，其目的有以下两点：

1）根据场所的照度标准以及其他相关条件，通过一定的计算方法来确定符合要求的光源容量及灯具的数量。

2）在灯具的形式、数量、光源的容量都确定的情况下，计算其所达到的照度值。

照度的计算方法很多，通常有利用系数法、单位容量法和逐点计算法。

1）利用系数法。利用系数法考虑了直射光及反射光两部分产生的照度，计算结果为水平面上的平均照度，特别适用于反射条件好的场所。

利用系数：表示室内工作面上由灯具的照射及墙、顶棚的反射而得到的光通量与光源发出的光通量的比值，与灯具类型、灯具效率、照明方式、房间内各表面反射系数有关。

根据灯具功率和数量计算出总光通量，考虑上述各种系数的影响后求出被照面的光通量，再除以被照面积即可求出被照面的平均照度。

2）单位容量法。单位容量法是指在单位水平面积上光源的安装电功率，它实际上是光源

电功率的面密度。即

$$P_0 = \frac{\sum P}{S}$$

式中　P_0——单位容量（W/m）；

　　　$\sum P$——房间安装光源的总功率（W）；

　　　S——房间的总面积（m）。

单位容量法就是利用已经制作好的"单位面积光通量"或"单位面积安装电功率"数据表格进行计算。

根据已知条件在表上查得单位容量，室内照明的总安装容量为：

$$\sum P = P_0 S$$

室内需要的灯具数量为：$N = \dfrac{\sum P}{P_L}$

式中　P_L——每盏灯具的光源容量（W）；

　　　N——灯具数量（盏）。

3）逐点计算法。根据光源向各被照点发射的光通量的直射分量来计算被照点的照度。该法适用于水平面、垂直面和倾斜面上的照度计算。该法计算结果比较准确，故可用于计算车间的一般照明、局部照明和外部照明等，但不适用于周围反射性很高的场所的照度。

（3）照明负荷计算。照明负荷计算就是确定供电量。在根据照度计算确定布灯设计、算出电气照明电光源所需的功率以后，进行照明负荷计算和设计，选择配电导线、控制设备与配电箱的型号、数量及位置等。

3. 照明质量与节能

（1）照明质量。照明质量主要是指照明的均匀性、稳定性、光源的显色性、色温、亮度分布、限制眩光和频闪效应等。

1）照度均匀性。照度应较均匀，否则易视觉疲劳。最低均匀度：最低照度与最高照度之比，不得低于0.3；平均均匀度：最低照度与平均照度之比，不得低于0.7；办公室、阅览室等工作房间一般照度平均均匀度不应小于0.7。工作房间的非工作区的平均照度不应低于工作区平均照度的1/5。局部照明与一般照明共用时，工作面上一般照明的照度值宜为总照度值的1/5，且不宜低于50lx。交通区的照度不宜低于工作区照度的1/5。

2）合适的亮度分布。亮度不均匀造成视觉疲劳，但不必过于均匀，适当的变化能使空间气氛活跃。工作区的亮度与工作区相邻环境的亮度比值>3：1；工作区亮度与视野周围的平均亮度比值>10：1；灯的亮度与工作区亮度之比<40：1。当照明灯具采用暗装时，顶棚的反射系数应大于60%，且顶棚的照度不宜小于工作区照度的1/10。

3）眩光限制。眩光是人体视觉器官对照明空间的光线的感觉，是度量处于视觉环境中的照明装置发出的光对人眼引起不舒适感主观反应的心理参数。限制眩光的方法有：限制光源的亮度；提高灯具的悬挂高度，增大照射角度；设置光栅，遮挡直射光；采用漫反射光源，如磨砂灯泡；减小灯泡的功率；合理地布置光源的位置；提高环境亮度，减少亮度对比；选择有适当保护角的灯罩，挡住直射光。

4）光源显色性。是指照明光源对物体色表的影响，该影响是由于观察者有意识或无意识地将它与参比光源下的色表相比较而产生的。对于客房、设计室、办公室等辨色要求较高的场所，平均显色系数应大于 60。

5）照度稳定性。由于光源光通量的变化，引起照度忽明忽暗的变化，会分散人们的注意力，导致视觉疲劳。应要求照明电光源的电源电压稳定，如视觉要求较高的场所电压允许偏差值为+5%～-2.5%；一般工作场所为±5%。此外，还要求照明器牢固安装，以免晃动。采用高频电子整流器或相邻灯具分接在不同相序的分支线上等措施，尽量减小气体放电灯的频闪效应对视觉作业的影响。

（2）照明节能。在现代建筑物中，照明用电量很大，往往仅次于空调的用电量。在保证照明质量的前提下，节省照明耗材是一个很重要的课题。

1）合理选取照度水平，有效地控制单位面积的照明功率密度值。表4-8列出了各类建筑的房间或场所规定照明功率密度的现行值和实现节能的目标值。

2）正确选择照明方案，优先采用分区照明方式。

3）一般照明应优先选用技术先进的新型高效电光源。如 T8、T5 直管荧光灯、金卤灯，特别是被称为节能灯的稀土三基色紧凑型荧光灯。与同样光能输出的白炽灯相比，它的用电量只有 1/5～1/4，从而可以大大节省照明电能和费用。

随着半导体发光二极管（LED）技术的不断提高，作为高效节能和长寿命的第四代照明电光源，将在景观照明、应急照明和建筑物通用照明等场所得到广泛的应用。

4）合理选用照明控制方式。根据使用特点，分区和分时段进行照明控制。

5）充分利用天然光和太阳能等绿色能源，实现绿色照明。绿色照明是指节约能源、保护环境，有益于提高人们生产、工作、学习效益和生活质量，保护身心健康的照明。如采用合理房间的房间采光系统或采光窗面积；有条件时，宜随室外天然光的变化自动调节人工照明照度等措施。

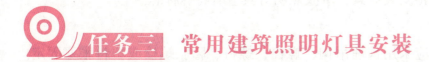

任务三　常用建筑照明灯具安装

学习目标

1. 知道照明灯具的安装要求
2. 掌握施工现场常用灯具的安装

3. 学会常用照明配电箱的安装

4. 能对施工现场开关插座进行安装

在进行照明装置安装之前，土建应具有以下条件：

第一，对灯具安装有妨碍的模板、脚手架应拆除；

第二，顶棚、墙面等的抹灰工作及表面装饰工作已完成，并结束场地清理工作。

照明装置安装施工中使用的电气设备及器材，均应符合国家或部门颁布的现行技术标准，并具有合格证件，设备应有铭牌。所有电气设备和器材到达现场后，应做仔细的验收检查，不合格或有损坏的均不能安装。

知识链接一　照明灯具的安装

照明灯具的安装，按环境分类可分为室内和室外两种，室内普通灯具的安装方式有：悬吊式、吸顶式、嵌入式和壁式等。灯具安装工艺流程：灯具固定→灯具组装→灯具接线→灯具接地。

灯具的安装应与土建施工密切配合，做好预埋件的预埋工作。

1. 安装要求

（1）安装的灯具应配件齐全，灯罩无损坏。

（2）螺口灯头接线必须将相线接在中心端子上，零线接在螺纹端子上；灯头外壳不能有破损和漏电。

（3）照明灯具使用的导线最小线芯截面应符合相关规定。

（4）灯具安装高度：室内一般不低于 2.5 m，室外不低于 3 m。

（5）地下建筑内的照明装置，应有防潮措施，灯具低于 2.0 m 时，应使人不易碰到，否则应采用 36 V 及以下的安全电压。

（6）嵌入顶棚内的装饰灯具应固定在专设的框架上，电源线不应贴近灯具外壳，固定灯罩的框架边缘应紧贴在顶棚上，嵌入式日光灯管组合的开启式灯具、灯管应排列整齐，金属间隔片不应有弯曲、扭斜等缺陷。

（7）配电盘及母线的正上方不得安装灯具，事故照明灯具应有特殊标志。

2. 吊灯安装

在砖混结构安装照明装置时，应采用预埋吊钩、螺栓、螺钉、膨胀螺栓或塑料胀塞固定。小型吊灯在吊棚上安装时，要设紧固装置，将吊灯通过连接件悬挂在紧固装置上，如图 4-14 所示。

质量较大的吊灯在混凝土顶棚上安装时，要预埋吊钩或螺栓，或者用胀管螺栓紧固，如图 4-15 所示。安装时应使吊钩的承重力大于灯具重量的 14 倍。大型吊灯因体积大、灯体重，必须固定在建筑物的主体棚面上（或具有承重能力的构架上）。

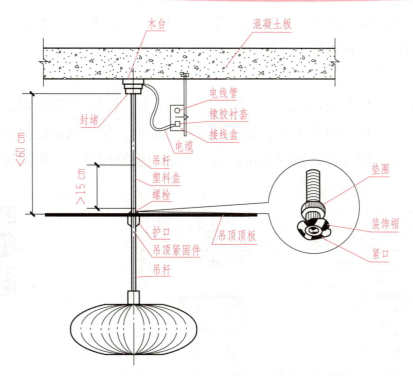

图 4-14　吊灯在吊棚上安装

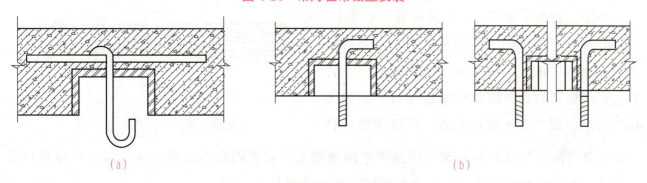

图 4-15　灯具吊钩及螺栓预埋做法

（a）吊钩；（b）螺栓

吊灯的具体安装步骤为：

（1）安装圆木。先在准备安装吊线盒的地方打孔，预埋木榫或尼龙胀管。在圆木底面用电工刀刻两条槽，在圆木中间钻三个小孔，然后将两根电源线端头分别嵌入圆木的两条槽内，并从两边小孔穿出，最后用木螺钉从中间小孔中将圆木紧固在木榫或尼龙胀管上。

（2）安装吊线盒。先将圆木上的电线从吊线盒底座孔中穿出，用木螺钉将吊线盒紧固在圆木上。将穿出的电线剥头，分别接在吊线盒的接线柱上。按灯的安装高度取一段软电线，作为吊线盒和灯头的连接线，将上端接在吊线盒的接线柱上，下端准备接灯头。在离电线上端约 5 cm 处打一个结，使结正好卡在接线孔里，以便承受灯具重量。

（3）安装灯头。旋下灯头盖，将软线下端穿入灯头盖孔中。在离线头约 3 mm 处也打一个结，把两个线头分别接在灯头的接线柱上，然后旋上灯头盖。若是螺口灯头，相线应接在与中心铜片相连的接线柱上，否则容易发生触电事故。

在一般环境下灯头离地高度不低于 2 m，潮湿、危险场所不低于 2.5 m，如因生活、工作和生产需要而必须把电灯放低时，其离地高度不能低于 1 m，且应在电源引线上加绝缘管保护，并使用安全灯座。离地不足 1 m 使用的电灯，必须采用 36 V 以下的安全灯。

3. 吸顶灯安装

吸顶灯在混凝土顶棚上安装时，可以在浇筑混凝土前，根据图纸要求把木砖预埋在里面，也可以安装金属胀管螺栓，如图 4-16 所示。在安装灯具时，把灯具的底台用木螺钉安装在预埋木砖上，或者用紧固螺栓将底盘固定在混凝土顶棚的胀管螺栓上，再把吸顶灯与底台、底盘固定。

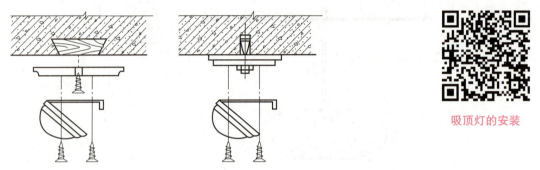

吸顶灯的安装

图 4-16　吸顶灯在混凝土顶棚上安装

小型、轻型吸顶灯可以直接安装在吊棚上，安装时应在罩面板的上面加装木方，木方规格为 60 mm×40 mm，木方要固定在吊棚的主龙骨上。安装灯具的紧固螺钉拧紧在木方上，如图 4-17 所示。较大型吸顶灯安装，可以用吊杆将

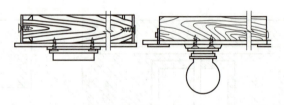

图 4-17　吸顶灯在吊顶上安装

灯具底盘等附件装置悬吊固定在建筑物主体顶棚上，或者固定在吊棚的主龙骨上；也可以在轻钢龙骨上紧固灯具附件，而后将吸顶灯安装至吊棚上。

4. 壁灯安装

安装壁灯时，先在墙或柱上固定底盘，再用螺钉把灯具紧固在底盘上。固定底盘时，可用螺钉旋入灯位盒的安装螺孔来固定，也可在墙面上用塑料胀管及螺钉固定。壁灯底盘的固定螺钉一般不少于两个。

壁灯的安装高度一般为：灯具中心距地面 2.2 m 左右，床头壁灯以 1.2～1.4 m 为宜。壁灯安装示意图如图 4-18 所示。

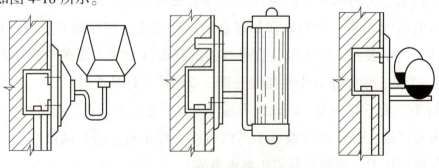

图 4-18　壁灯安装示意图

5. 荧光灯安装

荧光灯有电感式和电子式两种。电感式荧光灯电路简单、使用寿命长、启动较慢、有频闪效应。电子式荧光灯启动快、无频闪效应、镇流器易损坏。电感式荧光灯接线原理如图 4-19 所示。电子式荧光灯的接线与之相同，但不需要启辉器。

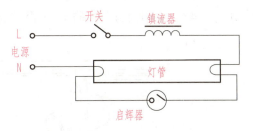

图 4-19　荧光灯接线原理图

（1）荧光灯吸顶安装。根据设计图纸确定出荧光灯的位置，将荧光灯贴紧建筑物表面，荧光灯的灯架应完全遮盖住灯头盒，对准灯头盒的位置打好进线孔，将电源线穿入灯架，在进线孔处应套上塑料管保护导线，用胀管螺钉固定灯架，如图 4-20 所示。吸顶式安装时，灯架与顶棚之间应留 15 mm 的间隙，以利通风。

（2）荧光灯吊链安装。吊链的一端固定在建筑物顶棚上的塑料（木）台上，根据灯具的安装高度，将吊链编好挂在灯架挂钩上，并且将导线编叉在吊链内并引入灯架，在灯架的进线孔处应套上软塑料管保护导线，压入灯架内的端子板上。将灯具导线和灯头盒中引出的导线连接，并用绝缘胶布分层包扎紧密，理顺接头扣于塑料（木）台

日光灯的安装

上的法兰盘内，法兰盘（吊盒）的中心应与塑料（木）台的中心对正，用木螺钉将其拧牢。将灯具的反光板固定在灯架上。最后，调整好灯架，将灯管装好。如图 4-21 所示。

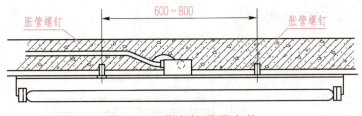

图 4-20　荧光灯吸顶安装

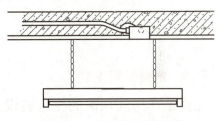

图 4-21　荧光灯吊链安装

（3）荧光灯嵌入吊顶内安装。荧光灯嵌入吊顶内安装时，应先把灯罩用吊杆固定在混凝土顶板上，底边与吊顶平齐。电源线从线盒引出后，应穿金属软管保护。如图 4-22 所示。

6. 轨道射灯安装

轨道射灯主要用于室内局部照明。射灯可以在轨道上移动，也可调整照射角度，使用灵活，如图 4-23 所示。

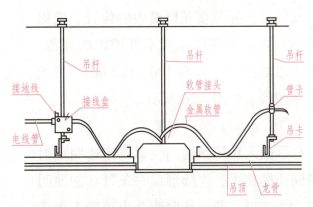

图 4-22　荧光灯嵌入吊顶内安装

7. 碘钨灯安装

安装碘钨灯时，灯管须装在配套的灯架上，由于灯管温度达 250～600 ℃，灯架距可燃物的净距不得小于 1 m，离地垂直高度不宜少于 6 m。安装后灯管须保持水平，其水平倾斜

度应小于±4°，否则会严重缩短灯管寿命。室外安装应有防雨措施，如图4-24所示。

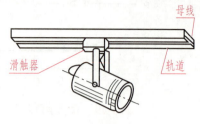
图4-23　轨道射灯安装

图4-24　碘钨灯安装

🔑 8. 筒灯及射灯安装

筒灯及射灯可直接嵌入吊顶顶棚内安装。装修时，在吊顶板相应位置开好孔。安装时，灯罩的边框应压住并贴紧罩面板，如图4-25所示。

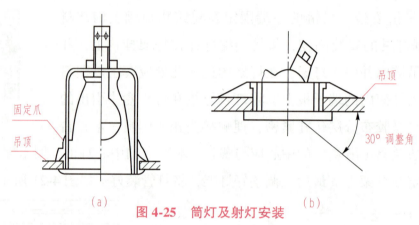
（a）

（b）

图4-25　筒灯及射灯安装
（a）筒灯；（b）射灯

🔑 9. 光檐照明安装

光檐是在房间顶部的檐内装设光源，使光线从檐口射向顶棚并经顶棚反射而照亮房间。安装时，光源在光檐槽内的位置，应保证站在室内最远端的人看不见檐内的光源。光源离墙的距离一般为 100～150 mm，荧光灯首尾相接。如图4-26所示。

🔑 10. 光梁、光带安装

灯具嵌入房屋顶棚内，罩以半透明反射材料同顶棚相平，连续形成一条带状的照明方式称为光带。若带状照明凸出顶棚下形成梁状则称为光梁。光带和光梁的光源主要是组合荧光灯。光带或光梁布置与建筑物外墙

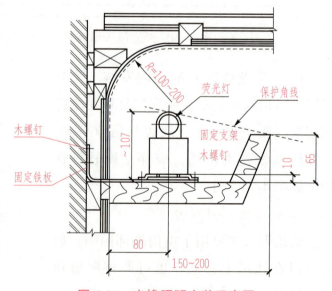
图4-26　光檐照明安装示意图

宜平行，外侧的光带、光梁紧靠窗子，并行的光带、光梁的间距应均匀、一致。

光带、光梁的灯具安装施工方法，同嵌入式灯具安装相同。光带、光梁分为在顶棚下维

护或在顶棚上维护的不同形式。在顶棚上维护时，反射罩应做成可揭开的，灯座和透光面则固定安装；从顶棚下维护时，透光面做成拆卸式，以便于维修灯具。如图 4-27 所示。

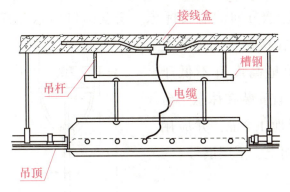

图 4-27　光梁、光带安装

11. 发光顶棚安装

发光顶棚是利用磨砂玻璃、半透明有机玻璃、棱镜、格栅等制作而成的。光源装设在这些大片安装的介质之上，介质将光源的光通量重新分配而照亮房间。

发光顶棚的照明装置有两种形式：一是将光源装在带有散光玻璃或遮光格栅内；二是将照明灯具悬挂槽钢、在房间的顶棚内，房间的顶棚装有散光玻璃或遮光格栅的透光面。

发光顶棚内照明灯具的安装与吸顶灯及吊灯做法相同。如图 4-28 所示。

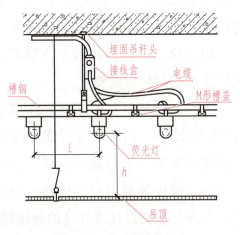

图 4-28　发光顶棚安装

12. 疏散指示灯与应急照明灯安装

在市电停电或火灾状态下，正常照明电源被切除，为能维持行走所需光线，需要采用疏散指示灯与应急照明灯，疏散指示灯与应急照明灯安装如图 4-29、图 4-30 所示。

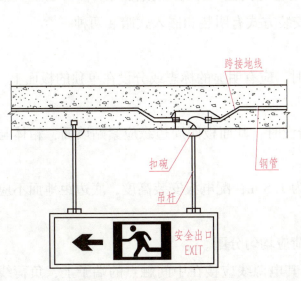

图 4-29　疏散指示灯安装

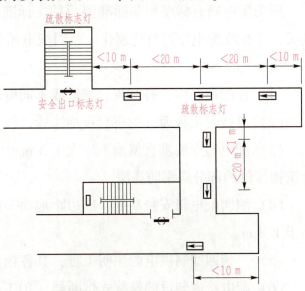

图 4-30　疏散指示灯设置原则示意图

安装时检查标志灯的指示方向是否正确，应急灯是否可靠、灵敏，疏散照明要求沿走道提供足够的照明，宜设在安全出口的顶部、疏散走道及其转角处距地1 m以下的墙面上，疏散走道上的标志灯应有指示疏散方向的箭头标志。安全出口标志灯宜安装在疏散门口的上方，在首层的疏散楼梯应安装在楼梯口的里侧上方，安全出口标志灯，距地高度宜不低于2 m。楼梯间内的疏散标志宜安装在休息平台板上方的墙角处或壁装距地1.8 m，并应用箭头及阿拉伯数字清楚标明上、下层层号。

13. 庭院照明灯具安装

庭院照明灯具的导电部分对地绝缘电阻值应大于2 MΩ。立柱式路灯、落地式路灯、特种园艺灯等灯具与基础固定可靠，地脚螺栓备帽齐全。灯具的接线盒或熔断器盒，盒盖的防水密封垫应完整。

金属立柱及灯具的裸露导体部分的接地（PE）或接零（PEN）应可靠。接地线干线沿庭院灯布置位置形成环网状，且应有不少于两处与接地装置引出线连接。由接地干线引出支线与金属灯柱及灯具的接地端子连接，且应有标识。庭院照明灯具安装如图4-31所示。

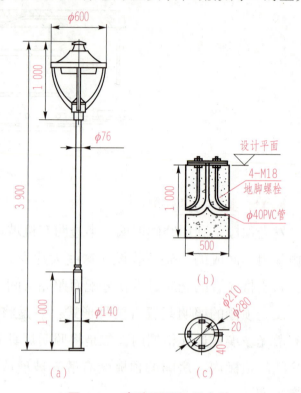

图4-31 庭院照明灯具安装

（a）外形图；（b）基础图；（c）底座孔位图

知识链接二 照明配电箱的安装

照明配电箱有标准和非标准型两种。标准配电箱可向生产厂家直接订购或在市场上直接购买，非标准配电箱可自行制作。照明配电箱的安装方式有明装和嵌入式暗装两种。

1. 照明配电箱安装的技术要求

（1）在配电箱内，有交流、直流或不同电压时，应有明显的标志或分设在单独的板面上。

（2）导线引出板面，均应套设绝缘管。

（3）配电箱安装垂直偏差不应大于3 mm。暗设时，其面板四周边缘应紧贴墙面，箱体与建筑物接触的部分应刷防腐漆。

（4）照明配电箱安装高度，底边距地面一般为1.5 m；配电板安装高度，底边距地面不应小于1.8 m。

（5）三相四线制供电的照明工程，其各相负荷应均匀分配。

（6）配电箱内装设的螺旋式熔断器（RL1），其电源线应接在中间触点的端子上，负荷线接在螺纹的端子上。

（7）配电箱上应标明用电回路名称。

2. 悬挂式配电箱安装

悬挂式配电箱可安装在墙上或柱子上。直接安装在墙上时，应先埋设固定螺栓，固定螺栓的规格和间距应根据配电箱的型号和重量以及安装尺寸决定。施工时，先量好配电箱安装孔尺寸，在墙上画好孔位，然后打洞，埋设螺栓（或用金属膨胀螺栓）。如图 4-32 所示。

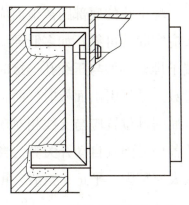

图 4-32　悬挂式配电箱安装

3. 嵌入式暗装配电箱安装

嵌入式暗装配电箱安装，通常是按设计指定的位置，在土建砌墙时先把与配电箱尺寸和厚度相等的木框架嵌在墙内，使墙上留出配电箱安装的孔洞，待土建结束，配线管预埋工作结束，敲去木框架将配电箱嵌入墙内。如图 4-33 所示。

4. 落地式配电箱安装

落地式配电箱安装时，在安装前先要预制一个高出地面一定高度的混凝土空心台，这样可使进出线方便，不易进水，保证运行安全。进入配电箱的钢管应排列整齐，管口高出基础面 50 mm 以上。如图 4-34 所示。

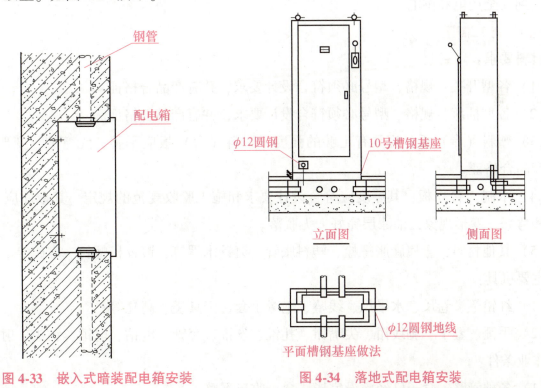

图 4-33　嵌入式暗装配电箱安装　　　　图 4-34　落地式配电箱安装

基础型钢制作安装：

基础型钢安装时，应将型钢调直，然后按图纸要求加工基础型钢架，并刷好防锈漆，按图示位置架设在预留铁件上；用水平尺找平找正，用电焊固定；基础型钢安装的不平直度及水平度每米小于 1 mm，全长时应小于 5 mm；最后，将接地扁钢与基础型钢两端焊牢，焊接长

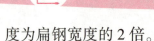

度为扁钢宽度的2倍。

配电箱安装要求：

配电箱的底部距离地面应符合设计要求和规范要求。导线剥削处不应损伤线芯，导线压头应牢固、可靠；如多股导线与端子排连接时，应加装压线端子，然后一起涮锡，再压接在端子排上。如与压线孔连接时，应把多股导线涮锡后穿孔，用顶丝压接，注意不得剪断导线股数。导线引出面板时，面板线孔应光滑、无毛刺，金属面板应装设绝缘保护套。配电箱内盘面闸具位置应与支线相对应，其下面应装设卡片框架，标明回路名称。配电箱盘面上安装的各种刀闸及自动开关等，当处于断路状态时，刀片可动部分均不应带电。配电箱上的电具、仪表应牢固、半正、整洁，间距均匀，铜端子无松动，启闭灵活，零部件齐全。

知识链接三　开关、插座、风扇的安装

开关的作用是接通或断开照明灯具电源。根据安装形式分为明装式和暗装式两种。明装式有拉线开关、扳把开关等；暗装式多采用扳把开关（跷板式开关）。

插座的作用是为移动式电器和设备提供电源。有单相三极三孔插座、三相四极四孔插座等种类。开关、插座安装必须牢固、接线要正确，容量要合适。它们是电路的重要设备，直接关系到安全用电和供电。

1. 施工准备

材料要求：

（1）各型开关：规格、型号必须符合设计要求，并有产品合格证。

（2）各型插座：规格、型号必须符合设计要求，并有产品合格证。

（3）塑料（台）板：应具有足够的强度。塑料（台）板应平整，无弯翘、变形等现象，并有产品合格证。

（4）木制（台）板：其厚度应符合设计要求和施工验收规范的规定。其板面应平整，无劈裂和弯翘、变形现象，油漆层完好、无脱落。

（5）其他材料：金属膨胀螺栓、塑料胀管、镀锌木螺钉、镀锌机螺钉、木砖等。

主要机具：

（1）红铅笔、卷尺、水平尺、线坠、绝缘手套、工具袋、高凳等。

（2）手锤、錾子、剥线钳、尖嘴钳、扎锥、丝锥、套管、电钻、电锤、钻头、射钉枪等。

作业条件：

（1）各种管路、盒子已经敷设完毕。盒子收口平整。

（2）线路的导线已穿完，并已做完绝缘摇测。

（3）墙面的浆活、油漆及壁纸等内装修工作均已完成。

2. 操作工艺

工艺流程：清理→结线→安装。

（1）清理。用錾子轻轻地将盒子内残存的灰块剔掉，同时将其他杂物一并清出盒外，再用湿布将盒内灰尘擦净。

（2）结线。一般结线规定，开关结线，同一场所的开关切断位置一致且操作灵活，接点接触可靠。电器、灯具的相线应经开关控制。多联开关不允许拱头连接，应采用 LC 型压接帽压接总头后，再进行分支连接。交、直流或不同电压的插座安装在同一场所时，应有明显区别，且其插头与插座配套，均不能互相代用。插座箱多个插座导线连接时，不允许拱头连接，应采用 LC 型压接帽压接总头后，再进行分支线连接。

（3）安装。安装开关、插座准备：先将盒内甩出的导线留出维修长度，削出线芯，注意不要碰伤线芯。将导线按顺时针方向盘绕在开关、插座对应的接线柱上，然后旋紧压头。如果是独芯导线，也可将线芯直接插入接线孔内，再用顶丝将其压紧。注意线芯不得外露。

🔩 3. 开关安装的要求

（1）拉线开关距地面的高度一般为 2～3 m，距门口为 150～200 mm；且拉线的出口应向下。

（2）扳把开关距地面的高度为 1.4 m，距门口为 150～200 mm；开关不得置于单扇门后。

（3）暗装开关的面板应端正、严密并与墙面一平。

（4）开关位置应与灯位相对应，同一室内开关方向应一致。

（5）成排安装的开关高度应一致，高低差不大于 2 mm，拉线开关相邻间距一般不小于 20 mm。

（6）多尘、潮湿场所和户外应选用防水瓷制拉线开关或加装保护箱。

（7）在易燃、易爆和特别潮湿的场所，开关应分别采用防爆型、密闭型，或安装在其他处所控制。

（8）民用住宅严禁装设床头开关。

（9）明线敷设的开关应安装在不少于 15 mm 厚的木台上。

🔩 4. 插座安装规定

（1）暗装和工业用插座距地面不应低于 30 cm。

（2）在儿童活动场所应采用安全插座。采用普通插座时，其安装高度不应低于 1.8 m。

（3）同一室内安装的插座高低差不应大于 5 mm；成排安装的插座高低差不应大于 2 mm。

（4）暗装的插座应有专用盒，盖板应端正、严密并与墙面平。

（5）落地插座应有保护盖板。

（6）在特别潮湿和有易燃、易爆气体及粉尘的场所不应装设插座。

🔩 5. 开关的安装

按接线要求，将盒内甩出的导线与开关连接好，将开关推入盒内，对正盒眼，用机螺钉固定牢固。固定时要使面板端正，并与墙面平齐。常用开关及其安装图如图4-35～图4-38所示。

图 4-35　拉线式灯具开关实物图

（a）普通型；（b）瓷防水式；（c）防爆型

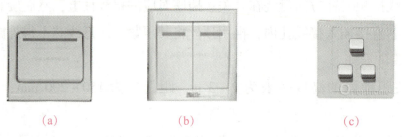

图 4-36　跷板式灯具开关实物图

（d）单联单控；（e）双联单控；（f）三联单控

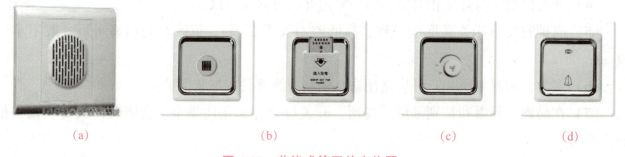

图 4-37　节能式等开关实物图

（a）声光控延时开关；（b）钥匙取电器；（c）调速开关；（d）门铃开关

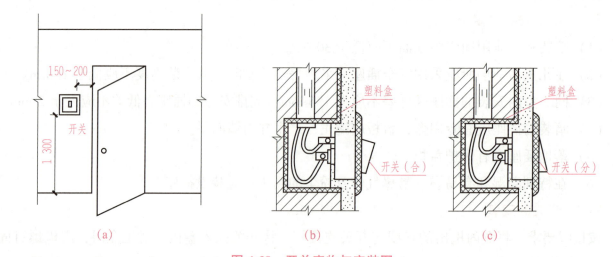

图 4-38　开关实物与安装图

（a）开关面板安装示意；（b）明装开关；（c）暗装开关

6. 插座的安装

先将从盒内甩出的导线由塑料（木）台的出线孔中穿出，再将塑料（木）台紧贴于墙面用螺钉固定在盒子或木砖上。如果是明配线，木台上的隐线槽应先右对导线方向，再用螺钉固定牢固。塑料（木）台固定后，将甩出的相线、中性线、保护地线按各自的位置从开关、插座的线孔中穿出，按接线要求将导线压牢。然后，将插座贴于塑料（木）台上，对中找正，用木螺钉固定牢固。最后，再把插座的盖板上好。其安装接线如图 4-39 所示。

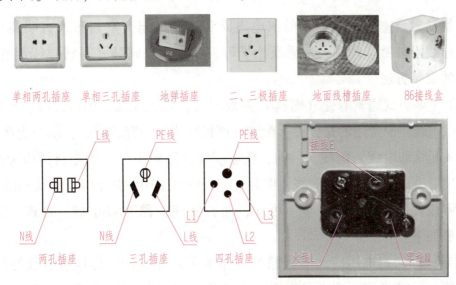

图 4-39　插座实物及接线图

7. 风扇的安装

（1）吊扇的安装。吊扇的安装应在土建施工中，按电气照明施工平面图上的位置要求预埋吊钩，而吊扇吊钩的选择、安装是吊扇能否正常、安全、可靠工作的前提。具体要求如下：吊扇的安装高度不低于 2.5 m，安装时严禁改变扇叶的角度。扇叶的固定螺钉应有防松装置，吊杆与电机间螺纹连接的啮口长度不小于 20 mm，并必须有防松装置；吊扇吊钩挂上吊扇后应使吊扇重心与吊钩垂直部分在同一垂直线上；吊钩的直径不应小于吊扇悬挂销钉的直径，且不小于 10 mm；吊钩伸出建筑物的长度应以盖上风扇吊杆护罩后能将整个吊钩全部罩住为宜。吊扇的调速开关安装高度为 1.3 m。吊扇的安装如图 4-40 所示。

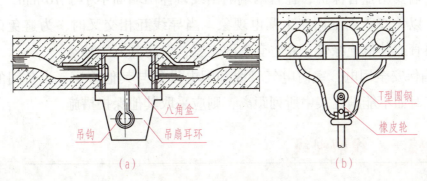

（a）　　　　　　　　　　　（b）

图 4-40　吊扇安装
（a）接线盒及吊钩预埋安装示意；（b）吊扇安装

（2）壁扇的安装。壁扇底座在墙上采用尼龙胀塞或膨胀螺栓固定，数量不应少于 2 个，且直径不应少于 8 mm。壁扇安装时，其下侧边缘距地面高度不宜小于 1.8 m，且底座平面的垂直偏差不宜大于 2 mm，涂层完整。

任务四　室内照明线路布置与敷设

室内布线就是敷设室内用电器具的供电电路和控制电路，室内布线有明装式和暗装式两种。明装式是导线沿墙壁、顶棚、横梁及柱子等表面敷设；暗装式是将导线穿管埋设在墙内、地下或顶棚里的安装方法。

室内配线的主要方式通常有瓷（塑料）夹板配线、瓷瓶配线、槽板配线、护套线配线、电线管配线等。照明线路中常用的是瓷夹板配线、槽板配线和护套线配线；动力线路中常用的是瓷瓶配线、护套线配线和电线管配线。目前，瓷瓶配线使用较少，多用塑料槽板配线和护套线配线。暗装式布线中最常用的是线管布线；明装式布线中最常用的是绝缘子布线和槽板布线。

室内配线不仅要使电能传送安全、可靠，而且要使线路布置正规、合理、整齐、安装牢固。其技术要求如下：

（1）所用导线的额定电压应大于线路的工作电压。导线的绝缘应符合线路的安装方式和敷设环境的条件。导线的截面应满足供电安全电流和机械强度的要求，一般的家用照明线路选用 2.5 mm² 的铝芯绝缘导线或 1.5 mm² 的铜芯绝缘导线为宜。

（2）配线时应尽量避免导线接头。必须有接头时，应采用压接和焊接，并用绝缘胶布将接头缠好。要求导线连接和分支处不应受到机械力的作用，穿在管内的导线不允许有接头，必要时尽可能把接头放在接线盒或灯头盒内。

（3）配线时应水平或垂直敷设。水平敷设时，导线距地面不小于 2.5 m；垂直敷设时，导线距地面不小于 2 m。否则，应将导线穿在钢管内加以保护，以防机械损伤。同时，所配线路要便于检查和维修。

（4）当导线穿过楼板时，应设钢管加以保护，钢管长度应从离楼板面 2 m 高处至楼板下出口处。导线穿墙要用瓷管保护，瓷管两端的出线口伸出墙面不小于 10 mm，这样可以防止导线和墙壁接触，以免墙壁潮湿而产生漏电现象。当导线互相交叉时，为避免碰线，在每根导线上均应套塑料管或其他绝缘管，并将套管固定紧，以防其发生移动。

（5）为了确保安全用电，室内电气管线和配电设备与其他管道、设备间的最小距离都有明确规定。施工时如不能满足表中所列距离，则应采取其他保护措施。

知识链接一　线槽配线

线槽配线分为金属线槽配线、地面内暗装金属线槽配线和塑料线槽配线。

施工工艺流程：弹线定位→线槽固定→线槽连接→槽内布线→导线连接→线路检查、绝缘摇测。

1. 金属线槽配线（MR）

金属线槽材料有钢板、铝合金，如图 4-41 所示。金属线槽在不同位置连接示意如图 4-42 所示。

图 4-41　金属线槽材料

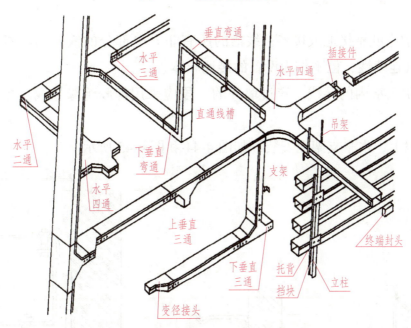

图 4-42　金属线槽在不同位置连接示意

工艺要求：

（1）金属线槽配线一般适用于正常环境的室内场所明配，但不适用于有严重腐蚀的场所。具有槽盖的封闭式金属线槽，其耐火性能与钢管相似，可敷设在建筑物的顶棚内。

（2）金属线槽施工时，线槽的连接应连续、无间断；每节线槽的固定点不应少于两个；应在线槽的连接处、线槽首端、终端、进出接线盒、转角处设置支转点（支架或吊架）。线槽敷设应平直、整齐。

（3）金属线槽配线不得在穿过楼板或墙壁等处进行连接。由线槽引出的线路，可采用金属管、硬塑管、半硬塑管、金属软管或电缆等配线方式。金属线槽还可采用托架、吊架等进行固定架设。

（4）金属线槽配线时，在线路的连接、转角、分支及终端处应采用相应的附件。

（5）导线或电缆在金属线槽中敷设时应注意：

1）同一回路的所有相线和中性线应敷设在同一金属线槽内。

2）同一路径无防干扰要求的线路，可敷设在同一金属线槽内。

3）线槽内导线或电缆的总截面不应超过线槽内截面的 20%，载流导线不宜超过 30 根。当设计无规定时，包括绝缘层在内的导线总截面面积不应大于线槽截面面积的 60%。控制、信号或与其相类似的线路，导线或电缆截面面积总和不应超过线槽内截面面积的50%，导线和电缆的根数不做限定。

4）在穿越建筑物的变形缝时，导线应留有补充裕量，如图4-43所示。

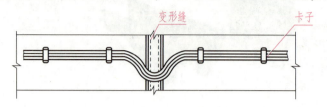

图 4-43　线缆在变形缝处的处理

线路敷设

（6）金属线槽应可靠接地或接零，线槽的所有非导电部分的铁件均应相互连接，使线槽本身有良好的电气连续性，但不作为设备的接地导体。

（7）从室外引入室内的导线，穿过墙外的一段应采用橡胶绝缘导线。穿墙保护管的外侧应有防水措施。

金属线槽在墙上、水平支架上安装，如图4-44和图4-45所示。

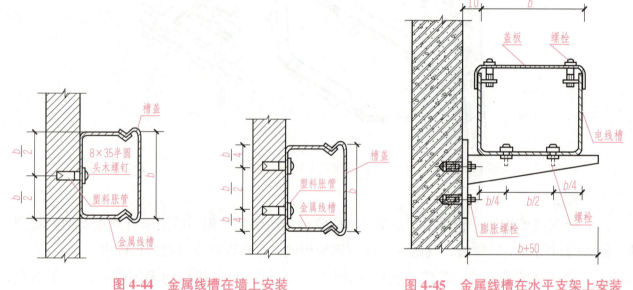

图 4-44　金属线槽在墙上安装　　　图 4-45　金属线槽在水平支架上安装

2. 地面内暗装金属线槽配线

地面内暗装金属线槽（见图4-46）配线是将电线或电缆穿在经过特制的壁厚为2 mm的封闭式金属线槽内，直接敷设在混凝土地面、现浇钢筋混凝土楼板或预制混凝土楼板的垫层内。其示意图如图4-47所示。

图 4-46　地面内暗装金属线槽及其分线盒

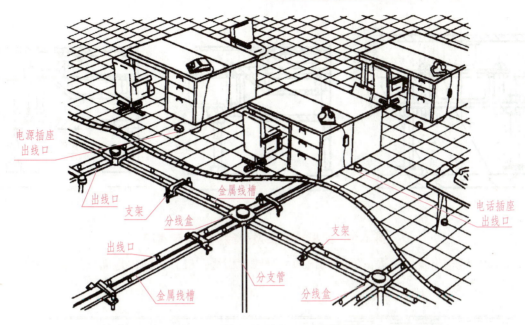

图 4-47　地面内暗装金属线槽配线

地面内暗装金属线槽安装时，应根据单线槽或双线槽不同结构形式，选择单压板或双压板与线槽组装并上好地脚螺栓，将组合好的线槽及支架沿线路走向水平放置在地面或楼（地）面的找平层或楼板的模板上，如图 4-48 所示，然后再进行线槽的连接。线槽连接应使用线槽连接头进行连接。线槽支架的设置一般在直线段 1～1.2 m 间隔处、线槽接头处或距分线盒 200 mm 处。

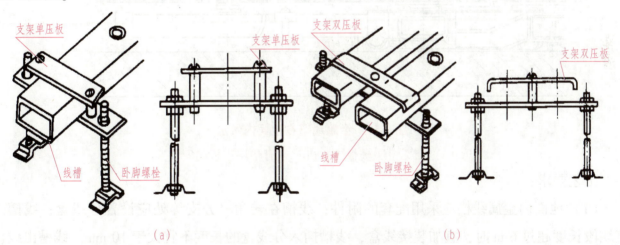

图 4-48　单、双线槽支架安装示意图
（a）单线槽支架；（b）双线槽支架

线槽出线口及分线盒的安装如图 4-49 所示。

金属线槽在地面内的做法如图 4-50 所示。

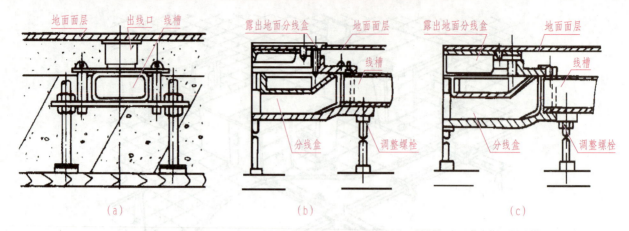

图 4-49　线槽出线口及分线盒安装示意图

（a）线槽出线口做法；（b）露出地面分线盒做法；（c）不露出地面分线盒做法

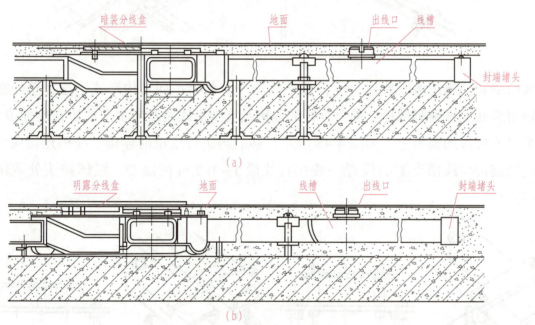

图 4-50　金属线槽在地面内做法

（a）在无垫层楼板内；（b）在有垫层楼板内安装

工艺要求：

（1）地面内金属线槽应采用配套的附件；线槽在转角、分支等处应设置分线盒；线槽的直线段长度超过 6 m 时，宜加装接线盒，线槽插入分线盒的长度不宜大于 10 mm。线槽出线口与分线盒不得凸出地面，且应做好防水密封处理。金属线槽及金属附件均应镀锌。

（2）由配电箱、电话分线箱及接线端子箱等设备引至线槽的线路，宜采用金属配线方式引入分线盒，或以终端连接器直接引入线槽。

（3）强、弱电线路应采用分槽敷设。

无论是明装还是暗装金属线槽均应可靠接地或接零，但不应作为设备的接地导线。

3. 塑料线槽配线（PR）

塑料线槽配线适用于正常环境的室内场所，特别是潮湿及酸碱腐蚀的场所，但在高温和易受机械损伤的场所不宜使用，其配线与配件示意图如图 4-51 所示。塑料线槽配线安装、维修、更换电线电缆方便。

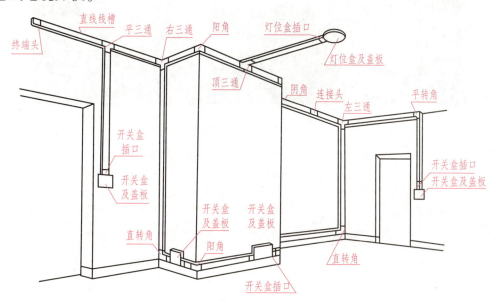

图 4-51　塑料线槽的配线示意图

工艺要求：

（1）塑料线槽必须经阻燃处理，外壁应有间距不大于 1 m 的连续阻燃标记和制造厂标。

（2）强、弱电线路不应同敷在一根线槽内。线槽内电线或电缆总截面面积不应超过线槽内截面面积的 20%，载流导线不宜超过 30 根。当设计无此规定时，包括绝缘层在内的导线总截面面积不应大于线槽截面面积的 60%。

（3）导线或电缆在线槽内不得有接头。分支接头应在接线盒内连接。

（4）线槽敷设应平直、整齐。塑料线槽配线，在线路的连接、转角、分支及终端处应采用相应附件。塑料线槽一般沿墙明敷设，在大空间办公场所内每个用电点的配电也可用地面线槽。

知识链接二　导管配线

将绝缘导线穿在管内敷设，称为导管配线。导管配线安全、可靠，可避免腐蚀性气体的侵蚀和机械损伤，更换导线方便。导管配线普遍应用于重要公用建筑和工业厂房中，以及易燃、易爆和潮湿等场所。

管材有金属管（钢管 SC、紧定式薄壁钢管 JDG、扣压式薄壁钢管 KBG、可挠金属管 LV、金属软管 CP 等，如图 4-52 所示）和塑料管（硬塑料管 PC、刚性阻燃管 PVC、半硬塑料管 FPC，如图 4-53 所示）两大类，BV、BLV 导线穿管管径选择见表 4-9。

图 4-52　金属管

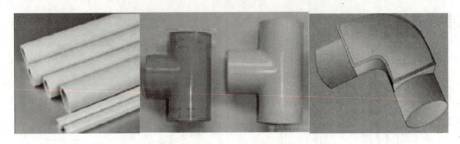

图 4-53　PVC 塑料管

表 4-9　BV、BLV 导线穿管管径选择表

导线截面/mm²	PVC管（外径/mm）导线数/根							焊接钢管（内径/mm）导线数/根							电线管（外径/mm）导线数/根						
	2	3	4	5	6	7	8	2	3	4	5	6	7	8	2	3	4	5	6	7	8
1.5	16				20			15				20			16				19		25
2.5	16				20			15				20			16				19		25
4	16		20					15				20			16			19	25		
6	16		20			25		15		20				25	19		25				32
10	20		25		32			20			25		32			25		32		38	
16	25		32		40				25		32		40		25	32			38		51
25	32			40			50	25		32		40		50	32		38		51		
35	32		40		50				32		40		50		38			51			
50	40		50			60		32	40		50		65		51						
70	50		60		80			50				65		80	51						
95	50		60		80			50				65		80							
120	50	60		80			100	50				65		80							

注：管径为51的电线管一般不用，因为管壁太薄，弯曲后易变形。

按照施工工艺要求，所有材质的导管配线均先配管，然后管内穿线。为了穿线方便，在电线管路长度和弯曲超过下列数值时，中间应增设接线盒。

（1）管子长度每超过 30 m，无弯曲时；

（2）管子长度每超过 20 m，有一个弯时；

（3）管子长度每超过 15 m，有两个弯时；

（4）管子长度每超过 8 m，有三个弯时；

（5）暗配管两个接线盒之间不允许出现四个弯。

1. 金属管暗配

配管工艺流程：熟悉图纸→选管→切断→套丝→煨弯→按使用场所刷防腐漆→配合土建施工逐层逐段预埋管→管与管、管与盒（箱）连接→接地跨接线焊接。

（1）导管的加工。包括管弯曲、切断、套丝和钢管的防腐。

（2）管路连接。管与管连接如图 4-54 所示，管与盒（箱）连接如图 4-55 所示。

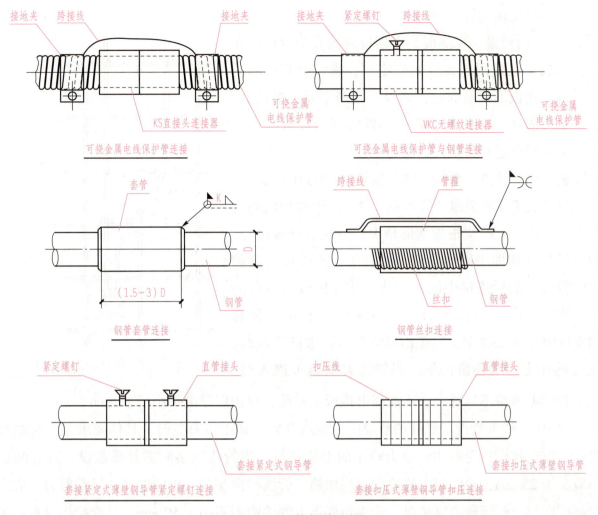

图 4-54　管与管连接

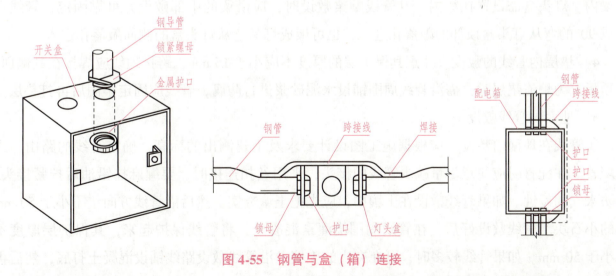

图 4-55　钢管与盒（箱）连接

（3）管敷设。

1）现浇墙、柱内敷设。墙体内配管应在两层钢筋网中沿最近路径敷设，并沿钢筋内侧绑扎固定，如图 4-56 所示。当线管穿过柱时，应适当加筋，以减少暗配管对结构的影响。柱内管线需与墙连接时，伸出柱外的短管不要过长，以免碰断。墙柱内的管线并行时，应注意其管间距不可小于 25 mm，管间距过小，会造成混凝土填充不饱满，从而影响土建的施工质量。

管线穿外墙时应加套管保护。

2）顶板内敷设。现浇混凝土顶板内的管线敷设应在模板支好后，根据图纸要求画线定位，确定好管、盒的位置，待土建板下铁筋绑好，而板上铁筋未铺时敷设盒、管，并加以固定。土建板上铁筋绑好后再检查管线的固定情况，并对盒进行封堵。

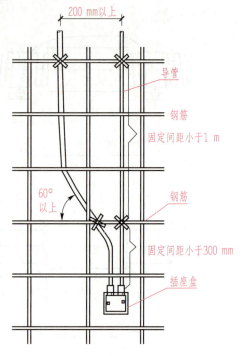

图 4-56　墙体内管路敷设

在施工中需注意，敷设在现浇混凝土顶板中的管子，其管径应不大于顶板混凝土厚度的 1/2。由于顶板内的管线较多，所以施工时应根据实际情况，分层、分段进行。先敷设好与已预埋于墙体等部位的管子，再连接与盒相连接的管线，最后连接中间的管线，并应先敷设带弯的管子再连接直管。并行的管子间距不应小于 25 mm。使管子周围能够充满混凝土，避免出现空洞。在敷设管线时，应注意避开土建所预留的洞。当管线需从顶板进入时，应注意管子煨弯得不应过大，不能高出顶板上铁筋，保护层厚度不小于 15 mm。

3）梁内管线的敷设。管线的敷设应尽量避开梁。如不可避免时，具体要求是：管线竖向穿梁时，应选择梁内受剪力、应力较小的部位穿过。当管线较多时需并排敷设，且管间的间距不应小于 25 mm，并应与土建协商适当加筋。管线横向穿时，也应选择从梁受剪力、应力较小的部位穿过。管线横向穿梁时，管线距底箱上侧的距离不小于 50 mm，且管接头尽量避免放于梁内。灯头盒需设置在梁内，其管线顺梁敷设时，应沿梁的中部敷设并可靠固定，管线可煨成 90° 的弯从灯头盒顶部的敲落孔进入，也可煨成灯叉弯从灯头盒的侧面敲落孔进入。

4）垫层内管线的敷设。注意其保护层的厚度不应小于 15 mm，跨接地线应焊接在其侧面。当顶板上为炉渣垫层时，需沿管线周围铺设水泥砂浆进行防腐，管线应固定牢固后再打垫层。

5）地面内管线敷设。

①管线在地面内敷设，应根据施工图设计要求及土建测出的标高，确定管线的路由，进行配管。在配管时应注意尽量减少管线的接头，采用丝扣连接时，要缠麻抹铅油后拧紧接头，以防水气的侵蚀。如果管线敷设在土壤中，应先把土壤夯实，然后沿管线方向垫不小于 50 mm 厚的小石块。管线敷设好后，在管线周围浇灌素混凝土，将管线保护起来，其保护层厚度不应小于 50 mm。如果管线较多时，可在夯实的土壤上沿管线敷设路线铺设混凝土打底，然后再敷设管线，在管线周围用混凝土保护，保护层厚度同样不小于 50 mm。

②地面内的管线使用金属地面接线盒时，盒口应与地面平齐，引出管线与地面垂直。

③敷设的管线需露出地面时，其管口距地面的高度不应小于 200 mm。

④多根管线进入配电箱时，管线应排列整齐。如进入落地式配电箱，其管口应高于基础面不小于 50 mm。

⑤线管与设备相连时，尽量将管线直接敷设至设备进线孔，如果条件不允许直接进入设备进线孔，则在干燥环境下，可加金属软管引入设备进线孔，但管口处应采用成型连接器连接，并做可靠跨接地线。如在室外或较潮湿的环境下，可在管口处加防水弯头，并做可靠跨接地线。管线进设备时，不应穿过设备基础，如穿过设备基础则应设置套管保护，套管的内径应不小于管线外径的 2 倍。

⑥管线敷设时应尽量避开采暖沟、电信管沟等各种管沟。

6）空心砖墙内的管线敷设。施工时应与土建专业密切配合，在土建砌筑墙体前进行预制加工。准备工作做好后，将管线与盒、箱连接，并与预留管进行连接，管线连接好，可以开始砌墙，在砌墙时应调整盒、箱口与墙面的位置，使其符合设计及规范要求。当多根管线进箱时，应注意管口平齐、入箱长度小于 5 mm，且应用圆钢将管线固定好。空心砖墙内管线敷设应与土建专业配合好，避免在已砌好的墙体上剔凿。

7）加气混凝土砌块墙内管线敷设。施工时，除配电箱应根据施工图设计要求进行定位预留外，其余管线的敷设应在墙体砌好后，根据土建放线确定好盒（箱）的位置及管线所走的路由，进行剔凿，但应注意剔的洞、槽不得过大。剔槽的宽度应大于管外径加 15 mm，槽深不小于管外径加 15 mm，接好盒（箱）管线后用不小于 M10 的水泥砂浆进行填充，抹面保护。

（4）接地。为了安全运行，金属导管管路要进行接地连接，如图 4-57 所示。

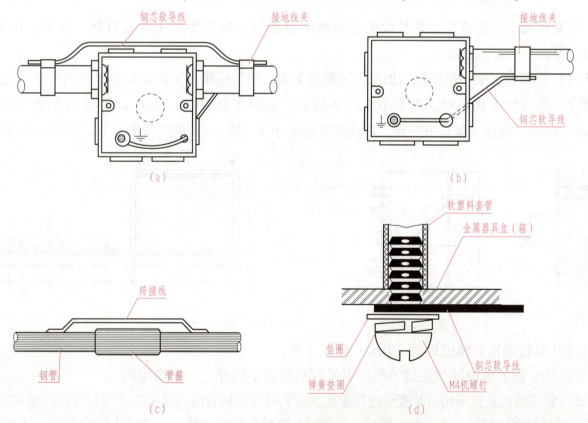

图 4-57　镀锌钢导管接地跨接做法
（a）中间开关盒；（b）终端开关盒；（c）钢管与钢管连接处；（d）金属盒（箱）接地先压线

导管穿过建筑物伸缩缝时，应做补偿装置，如图 4-58 所示。

（5）管路防腐。

1）暗配于混凝土中的管路可不做防腐。

2）在各种砖墙内敷设的管线，应在跨接地线的焊接部位、丝扣连接的焊接部位，刷防腐漆。

3）焦碴层内的管线应在管线周围打 50 mm 的混凝土保护层进行保护。

4）直埋入土壤中的钢管也需用混凝土保护。如不采用混凝土保护时，可刷沥青油漆进行保护。

5）埋入有腐蚀性或潮湿土壤中的管线，如为镀锌管丝接，应在丝头处抹铅油缠麻，然后拧紧丝头。

如为非镀锌管件，应刷沥青油后缠麻，然后再刷一道沥青油。

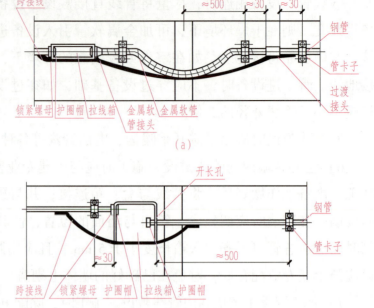

图 4-58　钢管过伸缩缝补偿装置

（a）软管补偿；（b）装设补偿盒补偿

2. 金属管明配

明配管施工工艺流程，其敷设工艺与暗配管相同，施工要点主要在管弯、支架、吊架预制加工等。

（1）管弯、支架、吊架预制加工。明配管支架、吊架应按施工图设计要求进行加工。支架、吊架的规格设计无规定时，应不小于以下规定：扁钢支架 30 mm×30 mm，角钢支架 25 mm×25 mm×3 mm，埋注支架应有燕尾，埋注深度应不小于 120 mm。明配管固定方法如图 4-59 所示。

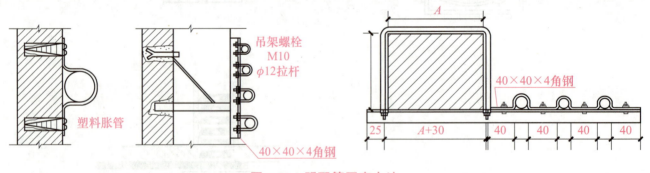

图 4-59　明配管固定方法

（2）套接紧定式薄壁钢管（JDG）施工工艺。

1）JDG 管的敷设除管连接的施工工艺与明配管不同外，其余均相同。

2）管与管的连接采用直管接头进行连接，安装时先把钢管插入管接头，使与管接头插紧定位，然后持续拧紧紧定螺钉，直至拧断脖颈，使钢管与管接头连成一体，无须再作跨接地线。注意不同规格的钢管应选用不同规格与之相配套的管接头。紧定式导管间连接做法如图 4-60 所示。

3）管与盒的连接采用螺纹接头，螺纹接头为双面镀锌保护。螺纹接头与接线盒连接的一端，带有一个爪形螺母和一个六角形螺母。安装时，爪形螺母扣在接线盒内侧露出的螺纹接头的丝扣上，六角形螺母在接线盒外侧，用紧定扳手使爪形螺母和六角形螺母加紧接线盒壁。紧定式导管与盒间连接做法如图 4-61 所示。

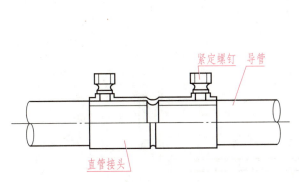

图 4-60　紧定式导管间连接做法

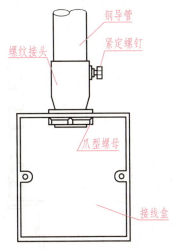

图 4-61　紧定式导管与盒间连接做法

3. 可挠金属电线管和扣压式薄壁钢管敷设施工工艺

（1）可挠金属管暗管敷设工艺流程：备管件、箱盒预制→测位→箱盒固定→管线敷设→断管、安装附件→管与管连接或管与箱盒连接→卡接地线→管线固定。

（2）可挠金属管明管敷设工艺流程：备管件、箱盒预制→测位→支架固定→断管、安装附件→管与管连接或管与箱盒连接→卡接地线→管线固定。

可挠金属管与盒连接如图 4-62 所示，吊顶内灯具与可挠金属管连接如图 4-63 所示。

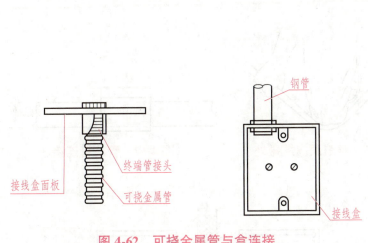

图 4-62　可挠金属管与盒连接

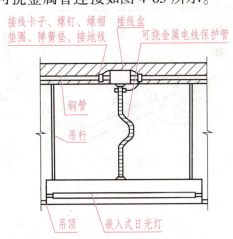

图 4-63　吊顶内灯具与可挠金属管连接

（3）扣压式薄壁钢管暗管敷设工艺流程：弯管、箱盒预制→测位→剔槽孔→爪型螺纹管接头与箱、盒紧固→箱盒定向稳装→管线敷设→管线连接→压接接地→管线固定。

（4）扣压式薄壁钢管明管敷设工艺流程：弯管、箱盒预制→测位→爪型螺纹管接头与箱、盒紧固→箱盒定向稳装→管线敷设→管线连接→压接接地→管线固定。

（5）扣压式薄壁钢管吊顶内敷设工艺流程：弯管、箱盒预制→测位→爪型螺纹管接头与箱、盒紧固→箱盒支架固定→管线敷设→管线连接→压接接地→管线固定。扣压式导管与盒连接如图 4-64 所示。

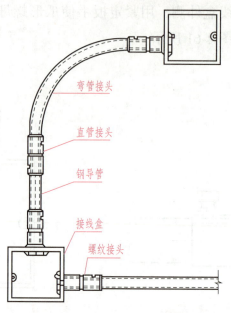

图 4-64　扣压式导管与盒连接

4. 阻燃硬质塑料（PVC）管明、暗敷设

（1）明配管工艺流程：预制支、吊架铁件及弯管→测定盒箱及管线固定点位置→管线固定→管线敷设→管线入箱盒→变形缝做法。

（2）暗配管工艺流程：弹线定位→加工弯管→稳住盒箱→暗敷管线→扫管穿引线。

弯管操作示意如图 4-65、图 4-66 所示，管连接示意如图 4-67、图 4-68 所示，管过伸缩缝补偿装置如图 4-69 所示。

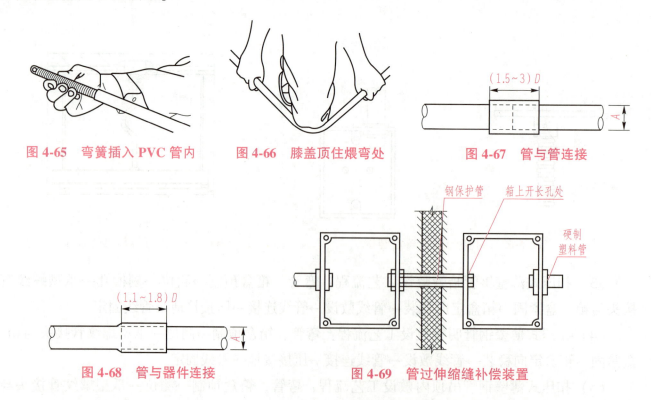

图 4-65　弯簧插入 PVC 管内　　图 4-66　膝盖顶住煨弯处　　图 4-67　管与管连接

图 4-68　管与器件连接　　　　图 4-69　管过伸缩缝补偿装置

5. 管内穿线

管内穿线工艺流程：选择导线→扫管→穿带线→放线与断线→导线与带线的绑扎→管口

带护口→导线连接→线路绝缘摇测。

（1）管内穿线工艺要求。

1）对穿管敷设的绝缘导线，其额定电压不应低于 500 V。爆炸危险环境照明线路的电线和电缆额定电压不得低于 750 V，且电线必须穿于钢导管内。

2）管内导线包括绝缘层在内的总截面面积应不大于管内截面面积的 40%。

3）导线在管内不应有接头和扭结，接头应放在接线盒（箱）内。

4）电线、电缆穿管前，应清除管内杂物和积水。管口应有保护措施，不进入接线盒（箱）的垂直管口穿入电线、电缆后，管口应密封。

5）导线颜色要求：用黄色、绿色和红色的导线为相线，用淡蓝色的导线为中性线，用黄绿色相间的导线为保护地线。

6）同一交流回路的导线必须穿于同一管内，不同回路、不同电压等级和不同电流种类的导线不得同管敷设，但下列几种情况除外：

①电压为 50 V 及以下的回路；

②同一台设备的电源线路和无抗干扰要求的控制线路；

③同一花灯的所有回路；

④同类照明的多个分支回路，但管内的导线总数不应超过 8 根。

（2）穿线方法。穿线工作一般应在管子全部敷设完毕后进行。先清扫管内积水和杂物，再穿一根钢丝线作引线，当管路较长或弯曲较多时，也可在配管时就将引线穿好。一般在现场施工中当管路较长、弯曲较多、从一端穿入钢引线有困难时，多采用从两端同时穿钢引线，且将引线头弯成小钩。当估计一根引线端头超过另一根引线端头时，用手旋转较短的一根，使两根引线绞在一起，然后把一根引线拉出，就可以将引线的一头与需穿的导线结扎在一起。最后，由两人共同操作，一人拉引线，一人整理导线并往管中送，直到拉出导线为止。

知识链接三 钢索配线

钢索配线是由钢索承受配电线路的全部荷载，将绝缘导线、配件和灯具吊钩在钢索上。适用于大跨度厂房、车库和仓储等场所。

工艺流程：预制加工工件→预埋铁件→弹线定位→固定支架→组装钢索→保护地线安装→钢索吊管（钢索吊护套线）→钢索配线→线路检查绝缘摇测。

钢索配线如图 4-70 所示，钢索吊装并行双管如图 4-71 所示，专用钢索吊卡如图 4-72 所示。

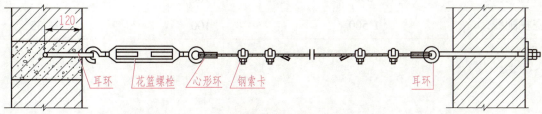

图 4-70 钢索配线

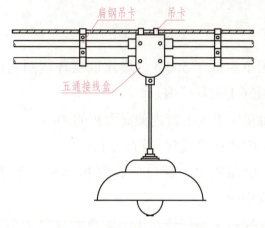

图 4-71　钢索吊装并行双管

图 4-72　专用钢索吊卡

钢索配线要求：

（1）在潮湿、有腐蚀性介质及易积贮纤维、灰尘的场所，应采用带塑料护套的钢索。

（2）配线时宜采用镀锌钢索，不应采用含油芯的钢索。

（3）钢索的单根钢丝直径应小于 0.5 mm，并不应有扭曲和断股。

（4）钢索的终端拉环应牢固、可靠，并应承受钢索在全部负载下的拉力。

（5）钢索与终端拉环应采用心形环连接，固定用的线卡不应少于 2 个，钢索端头应采用镀锌钢丝扎紧。

（6）当钢索长度为 50 m 及以下时，可在其一端装花篮螺栓；当钢索长度大于 50 m 时，两端均应装设花篮螺栓。

（7）钢索中间固定点间距不应大于 12 m；中间固定点吊架与钢索连接处的吊钩深度不应小于 20 mm，并应设置防止钢索跳出的锁定装置。

（8）在钢索上敷设导线及安装灯具后，钢索的弧度不宜大于 100 mm。

（9）钢索应可靠接地。

（10）钢索配线的零件间和线间距离应符合表 4-10 的规定。

表 4-10　钢索配线的零件间和线间距离　　　　　　　　　　　　　　　　　　mm

配线类别	支持件之间最大间距	支持件与灯头盒之间最大距离	线间最小距离
钢管	1 500	200	—
硬塑料管	1 000	150	—
塑料护套线	200	100	—
瓷柱配线	1 500	100	35

建筑防雷与接地施工技术

 **任务一   保护接地与接零**

学习目标

1. 了解接地的类型
2. 掌握重复接地的作用与做法
3. 掌握建筑施工现场低压配电系统的接地形式

　　所谓接地，就是将电气设备的某一可导电部分与大地之间用导体作电气连接（在理论上，电气连接是指导体与导体之间电阻为零的连接；实际上，用金属等导体将两个或两个以上的导体连接起来即可称为电气连接，又称为金属性连接）。通常是用接地体与土层相接触实现的，将金属导体或导体系统埋入地下土层中，就构成一个接地体。

　　在建筑施工现场，接地体除采用专门埋设外，也可以利用兼作接地体的已有各种金属构件、金属井管、钢筋混凝土建（构）筑物的基础、非燃性物质用的金属管道和设备等。这种接地体称为自然接地体。用作连接电气设备和接地体的导体称为接地线。

知识链接一   接地与接零

1. 接地的类型

　　（1）工作接地。在正常或故障情况下为了保证电气设备的可靠运行，而将电力系统中某一点接地称为工作接地。例如，电源（发电机或变压器）的中性点直接（或经消弧线圈）接地，能维持非故障相对地电压不变；电压互感器一次侧线圈的中性点接地，能保证一次系统中相对低电压测量的准确度；防雷设备的接地是为雷击时对地泄放雷电流。工作接地在减轻故障接地的危险、稳定系统的电位等方面起着重要的作用。

接地线

1）减轻一相接地的危险性。如果低压三相供电网中，变压器低压中性点不接地，当发生一相接地时，接地的电流不大，设备仍能正常运转，此故障能够长时间存在。当用电设备采用接零保护时，如人体触及设备外壳时，接地故障电流通过人体和设备到零线构成回路，将十分危险，极易发生触电事故。如果变压器低压侧中性点采用直接接地，则触电事故可以减少。

2）稳定系统的电位。采用工作接地能稳定系统的电位，将系统对地电压限制在某一范围内，同时也能减轻高压串入低压的危险。工作接地的接地电阻应≤4 Ω。

（2）保护接地。将在故障情况下可能呈现危险的对地电压的设备外露可导电部分进行接地称为保护接地。电气设备上与带电部分相绝缘的金属外壳，通常因绝缘损坏或其他原因而导致意外带电，容易造成人身触电事故。为保障人身安全，避免或减小事故的危害性，电气工程中常采用保护接地。

采用保护接地的电气设备一旦绝缘损坏发生碰壳时，漏电电流可以通过接地装置向大地中流散，从而降低设备外壳的对地电压，避免人身触电危险。根据相关规范规定，保护接地适用于三相三线制中性点不直接接地的电力系统以及三相四线制中性点接地的原有公用系统中（由公用变压器供电的低压用户）。保护接地的接地电阻值一般不应大于4 Ω。

（3）重复接地。在低压 TN 供电系统中，除电源变压器的中性点必须工作接地外，零线必须做重复接地。其接地电阻小于10 Ω。重复接地是指零线（PEN 线、PE 线）的一处或多处通过接地体再次与大地做良好的金属连接。重复接地的作用是：

1）降低漏电设备外壳的对地电压，缩短漏电故障持续时间。

2）减轻零线断线时的触电危险。

3）减轻或消除三相负荷严重不平衡时零线上可能出现危险的对地电压。

4）改善架空线路的防雷性能。

采用 TN 保护接零系统中，零线应在下列部位进行重复接地：

1）架空配电线路干线每相隔 1 km 处和分支线的终端。

2）架空线路或电缆线路引入车间或大型建筑物的进线处，重复接地可设在第一支持物或电源进线柜处。

3）采用金属管配线时，应将金属管和零线连接后做重复接地。

4）做防雷保护的电气设备，必须同时作重复接地。同一台电气设备的重复接地可使用同一个接地体，接地电阻应符合重复接地电阻值的要求。

2. 保护接零

为了防止因电气设备的绝缘损坏而使人身遭受触电危险，将电气设备正常运行时不带电的金属外壳及架构与变压器的中性点引出的零线（PEN 线 PE 线）相连接，称为保护接零。

采用保护接零的电气设备一旦绝缘损坏发生碰壳时，由于设备外壳与零线相连接，可形成很大的短路电流，从而使保护装置动作，使漏电设备切断电源。

保护接零的方式适用于三相四线制中性点直接接地的电力系统中有专用变压器的用户以及由小区配电室供电的低压用户（由公用变压器供电者除外）。

对接零系统的安全技术要求是：

1）电源侧中性点必须进行工作接地，其接地电阻值不应大于 4 Ω。

2）零线应在规定的地点作重复接地，其接地电阻不应大于 10 Ω。

3）零线上不得装设熔断器及开关。

4）零线截面面积的选择应符合规程要求，主干零线的截面面积不小于相线截面面积的 50%。

5）三相五线制中的保护零线（PE 线）的截面面积不应小于相线截面面积，保护零线中不得流过工作电流。

6）在同一低压配电系统中，保护接零和接地不能混用。

7）不准将三孔插座上接电源工作零线的孔与保护接零线的孔连接在一起使用。在 1 000 V 以下的同一配电系统中，不允许同时采用接地和接零两种保护方式。在同一低压供电系统中，两种保护不能同时使用。也就是说，要么全部采用接地保护方式，要么全部采用接零保护方式。究竟采用哪种保护方式，应根据系统的供电方式来确定。

如果在同一低压供电系统中，有的电气设备采用接地保护，而有的电气设备采用保护接零。当采用保护接地的某一电气设备发生漏电，保护装置又未及时动作时，接地电流将通过大地流回变压器中性点，从而使零线电位升高，导致所有采用接零保护设备的外壳带危险电压，严重威胁人身安全。所以，在同一低压供电系统中，应采用一种保护方式，不允许一部分电气设备采用接地保护，而另一部分电气设备采用接零保护。

知识链接二　低压配电系统的接地形式

我国建筑施工现场临时用电所采用的电力系统，通常为线电压 380 V、相电压 220 V、变压器中性点直接接地的三相四线制低压系统，在这个系统中，变压器中性点接地方式和设备采用的保护方式可分成 IT、TT 和 TN 几种。第一个字母表示三相电力变压器中性点对地关系：I 表示变压器中性点不接地或经阻抗接地；T 表示变压器中性点直接接地。第二个字母表示用电设备外露导电部分采用的保护方式：T 表示用电设备的金属外壳作接地保护；N 表示用电设备的金属外壳作接零保护。TN 系统又分为 TN-C、TN-S、TN-C-S 几种。第三、四个字母表示在 TN 系统中工作零线 N 和保护零线 PE 按不同的分合状态。

1. IT 系统

在中性点不接地的三相三线制供电系统中，将电气设备在正常情况下不带电的金属外壳及其构架等，与接地体经各自的 PE 线分别直接相连，称为 IT 系统。在中性点不接地的三相三线制系统中，当电气设备某相的绝缘损坏时外壳就带电，同时由于线路与大地存在绝缘电阻 r 和对地电容，若人体此时触及设备外壳，则电流就全部通过人体而构成通路如图 5-1（a）所示，从而造成触电危险。采用 IT 系统后，如因绝缘损坏而外壳带电，接地电流 I_E 将同时沿接地装置和人体两条通路流过，如图 5-1（b）所示。由于流经每条通路的电流值与其电阻值成反比，而通常人体电阻 R_b（1 000 Ω）比接地体电阻 R_e（小于 10 Ω）大数百倍，所以，流经人体的电流很小，不会发生触电危险。IT 系统由于其金属外壳是经各自 PE 线分别接地，各台设备的 PE 线之间无电磁联系，因此适用于对数据处理、精密检测装置等供电，一般工业与民用建筑供配电中很少采用。

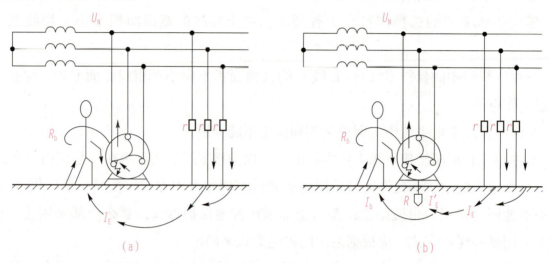

图 5-1　中性点不接地的三相三线系统

（a）无保护接地时的电流通路；（b）有保护接地（TN 系统）时的电流通路

2. TT 系统

在中性点直接接地的低压三相四线制系统中，将电气设备正常情况下不带电的金属外壳经各自的 PE 线分别直接接地，称为保护接地系统，又称为 TT 系统。在中性点接地的三相四线制系统中，当设备发生单相接地时，由于接触不良而导致故障电流较小，不足以使过电流保护装置动作，此时，如果人体触及设备外壳，则故障电流就要全部通过人体，造成触电事故，如图 5-2（a）所示。采用 TT 系统后，设备与大地接触良好，发生故障时的单相短路电流较大，足以使过电流保护动作，迅速切除故障设备，大大减小触电危险。即使在故障未切除时人体触及设备外壳，由于人体电阻远大于接地电阻，故通过人体的电流较小，触电的危险性也不大，如图 5-2（b）所示。但是，如果这种 TT 系统中设备只是绝缘不良而漏电，由于漏电流较小而不足以使过电流保护装置动作，从而使漏电设备外壳长期带电增加了触电危险，所以，TT 系统应考虑加装灵敏的触电保护装置（如漏电保护器），以保障人身安全。TT 系统由于设备外壳经各自 PE 线分别接地，故各 PE 线之间无电磁干扰，适用于数据处理和精密检测装置使用；而同时 TT 系统又属于三相四线制系统，接用相电压的单相设备很方便，如装设触电保护装置，人身安全也有保障。

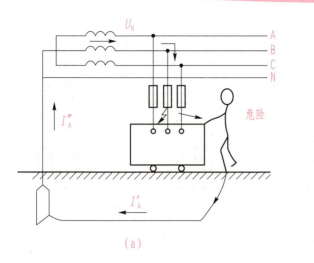
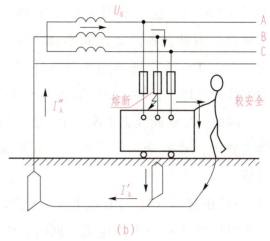

图 5-2 TT 系统

（a）外露可导电部分未接地时；（b）外露可导电部分接地时

3. TN 系统

在中性点直接接地的低压三相四线制系统中，将电气设备正常不带电的金属外壳与中性线（N 线）相连接，称为 TN 系统，又称为接零保护系统。当设备发生单相碰壳接地故障时，短路电流流经外壳和 PE（PEN）线形成回路，由于回路中相线、PE（PEN）线及设备外壳的合成电阻很小，所以短路电流较大，一般都能使设备的过电流保护装置（如熔断器）动作，迅速将故障设备从电源断开，从而减小触电危险，保护人身和设备的安全，因此，TN 系统在我国和其他许多国家得到了广泛的应用。在 TN 方式供电系统中，根据其保护零线与工作零线之间的接线关系，可以分为以下三种类型：

（1）TN—C 系统。这种系统的中性线 N和保护线 PE 合为一根 PEN 线，称为保护中性线，电气设备的金属外壳与 PEN 线相连，如图 5-3 所示。一般而言，只要开关保护装置选择适当，可以满足供电可靠性要求，并且其所用材料少、投资小，故在我国应用最普遍。这种供电系统的特点是：

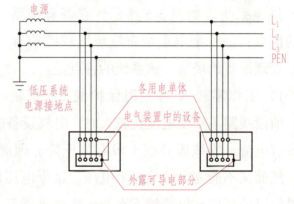

图 5-3 TN-C 系统

1）TN-C 系统只适用于三相负载基本平衡的情况。当三相负载不平衡时，工作零线上有不平衡电流，对地出现电压，进而使得与保护线所连接的设备外壳也会出现一定的电压。

2）工作零线断线时，所有接零的设备外壳均会带电。

3）当出现相线碰壳（单相接地）时，将会使中性线上的危险电位蔓延到各接零设备的外壳。因此，需配置完善的短路保护和漏电保护装置。

4）TN-C 系统干线上使用漏电保护器时，其负载侧工作零线上不得装设重复接地，否则漏电开关将合不上。

（2）TN—S 系统。整个系统的中性线与保护线是分开的，所有设备外壳均与公共 PE 线相连，如图 5-4 所示。在正常情况下，PE 线上无电流通过，因此，各设备之间不会产生电磁干扰，所以 TN-S 系统适用于数据处理和精密检测装置使用。另外，由于其 N 线和 PE 线分开，因此，N 线断线也不影响 PE 线上设备防触电要求，故安全、可靠性高。该系统的特点是：

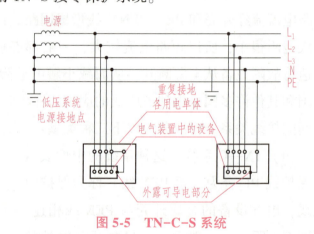

图 5-4　TN-S 系统

1）系统正常运行时，PE 线上没有电流，只有工作零线 N 上有不平衡电流。同时，PE 线对地电压也为零。

2）PE 线不允许断线，也不允许接入漏电保护开关。

3）干线上使用漏电保护器时，工作零线不得设重复接地，但 PE 线上却可设重复接地。

TN-S 接线方式安全、可靠，广泛用于低压供配电系统中。因而《施工现场临时用电安全技术规范》（JGJ 46—2005）明确要求必须采用 TN-S 接零保护系统。

（3）TN—C—S 系统。TN-C-S 是在建筑施工临时供电中，如果前部分是 TN-C 方式供电，而施工规范规定施工现场必须采用 TN-S 方式供电系统，则可以在系统后部分现场总配电箱分出 PE 线，这种系统称为 TN-C-S 供电系统。如图 5-5 所示。它兼有两系统的优点，适于配电系统末端环境较差或有数据处理设备的场所。该系统的特点是：

图 5-5　TN-C-S 系统

1）工作零线 N 与专用保护线 PE 相联通，前段线路不平衡电流比较大时，电气设备的接零保护受到零线电位的影响。后段的 PE 线上没有电流，即该段导线上没有电压降，因此，TN-C-S 系统可以降低电动机外壳对地的电压，然而又不能完全消除这个电压，这个电压的大小取决于后段 N 线的负载不平衡的情况及这段线路的长度。负载越不平衡，这段 N 线又很长时，设备外壳对地电压偏移就越大。所以，要求负载不平衡电流不能太大，而且在 PE 线上应作重复接地。

2）PE 线在任何情况下都不能进入漏电保护器，因为线路末端的漏电保护器动作会使前级漏电保护器跳闸造成大范围停电。

3）对 PE 线除在总箱处必须和 N 线相接以外，其他各分箱处均不得把 N 线和 PE 线相连，PE 线上不许安装开关和熔断器，也不得用大地兼作 PE 线。

TN-C-S 供电系统是在 TN-C 系统上临时变通的做法。当三相电力变压器工作接地情况良好、三相负载比较平衡时，TN-C-S 系统在施工用电实践中效果还是可行的。但是，在三相负载不平衡、建筑施工工地有专用的电力变压器时，必须采用 TN-S 方式供电系统。

 漏电保护与等电位连接

学习目标

1. 掌握漏电保护装置的安装与应用
2. 认识等电位联结的意义
3. 熟悉建筑物内等电位联结的安装施工

为了有效地防止人身触电和预防漏电火灾事故发生，除采用保护接地和保护接零措施外，还应采用漏电开关和漏电断路器等漏电保护装置。它们根据不同要求装设在民用建筑供电系统中，防止接地故障造成的危害。

知识链接一　漏电保护装置

前面介绍的接地和接零等保护措施，都是减轻和防止人身触电危险的积极而有效的措施。但是这些措施并不能从根本上杜绝触电事故，实际工作中往往由于保护措施的不完善、违反操作规程或工作人员缺乏电气安全知识等，触电事故还是经常发生的，即使是上述各种保护措施完善，也不能完全保证不发生触电事故。在长期的生产实践中，人们在不断地探求更加完善、更为理想的保护措施。目前，人们认为防止大量的低压触电事故的最有效的方法，莫过于当有人遭受电击而且程度足以危及生命之前，触电线路能够及时、准确地向保护装置发出信息，使之有选择地切断电源，这种措施称为漏电保护或触电保护，这种保护装置就叫作漏电保护装置。漏电保护装置有漏电开关和漏电断路器。

1. 漏电开关

漏电开关分为带过载、带短路保护和不带过载、只带短路保护两种。为了尽量缩小停电范围，可采用分段保护方案。将额定漏电动作电流大于几百毫安至几安的漏电开关安装在电源变压器低压侧，主要对线路和电气设备进行保护；将漏电动作电流大于几十毫安至几百毫安的漏电开关安装在分支路上，防止人体间接触电及防止漏电引起火灾；在线路末端的用电设备处和容易发生触电的场所装设额定漏电动作电流 30 mA 及以下的漏电开关，对直接触碰带电体的人进行保护。

漏电开关多用在有家用电器（电冰箱、洗衣机、电风扇、电熨斗、电饭锅等）的线路中，并用于带有金属外壳的手持式电动工具、露天作业用易受雨淋、潮湿等影响的移动用电设备

（如建筑工地使用的搅拌机、水泵、电动锤传送带及农村加工农产品的用电设备如脱粒机等）的线路中，以及在易燃易爆场所的电气设备和照明线路中。

漏电开关按工作原理分电压动作型、电流动作型、电压电流动作型、交流脉冲型和直流动作型等。电流动作型的检测特性好、用途广，可用于全系统的总保护，又可用于各干线、支路的分支保护，因而得到了广泛的应用。漏电开关是由零序互感器、漏电脱扣器和主开关等三部分组成的自动开关，当检测判断到触电或漏电故障时，能自动直接切断主电路电源。

为了保证漏电开关在使用时动作可靠、便于检查，漏电开关均设有由试验电阻 R 和试验按钮 S2 组成的试验电路。当按下试验按钮 S2 时，试验电路中产生一个模拟漏电流，使主开关跳开。用户在刚安装后以及使用期间定期进行试验检查，如不能动作，则应进行更换或维修。

表 5-1 中列出了 DZL18-20 集成电路单相漏电开关的性能。该漏电开关适用于单相电路中，作为家庭和单相用电设备的漏电和触点自动保护之用，以达到有效地保护人身安全的目的。DZL18-20属于电子式电流型漏电开关，采用集成电路放大器，工作稳定、可靠，价格也较便宜。

表 5-1　DZL18-20 集成电路单相漏电开关性能

额定电压 /V	额定电流 /A	过载脱扣器额定电流 /A	额定漏电动作电流 I_n/mA	额定漏电不动作电流 /mA	动作时间/s		
					I_n	$2I_n$	0.25 A
220	20	10、15、20	10、15、30	6、7.5、15	≤0.2	≤0.1	≤0.04

🖉 2. 漏电断路器

漏电断路器又称漏电保护器。按工作原理分为电压动作型和电流动作型两种。目前常用的为电流动作型，电流动作型漏电保护器主要由零序电流互感器、放大器和低压断路器（内含脱扣器）等部分组成。

从漏电故障发生到主开关切断电源，全程约需 100 ms 的时间，可有效起到防止触电、保护人身的安全作用。

采用电流动作型漏电保护装置可以按不同对象分片、分级保护，故障跳闸只切断与故障有关的部分，正常线路不受影响。

当建筑施工现场采用 TN 系统做保护接零时，工作零线（N 线）必须通过总漏电保护器，保护零线（PE 线）必须由电源进线零线重复接地处或总漏电保护器电源侧零线处引出，形成局部TN-S 接零保护系统，如图 5-6 所示，通

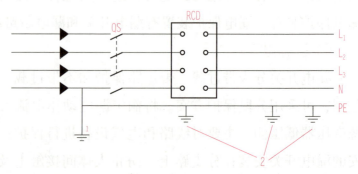

图 5-6　三相四线制供电时局部 TN-S 接零保护系统保护零线引出示意图

1—NPE 线重复接地；2—PE 线重复接地；L₁、L₂、L₃—相线；N—工作零线；PE—保护零线；QS—总电源隔离开关；RCD—总漏电保护器

过总漏电保护器的工作零线与保护零线之间不得再做电气接地。

知识链接二　等电位联结

等电位联结是将建筑物中各电气装置和其他装置外露的金属及可导电部分、人工或自然接地体用导体连接起来，使整个建筑物的正常非带电导体处于电气连通状态，以达到减少电位差称为等电位联结。

1. 等电位联结的作用

等电位的作用是使保护范围内的电位相同，从而避免产生电位差发生的事故。主要保护作用如下：

（1）雷击保护。IEC标准中指出，等电位联结是内部防雷措施的一部分。当雷击建筑物时，雷电传输有梯度，垂直相邻层金属构架节点上的电位差可能达到10 kV量级，危险极大。但等电位联结将本层柱内主筋、建筑物的金属构架、金属装置、电气装置、电信装置等连接起来，形成一个等电位联结网络，可防止直击雷、感应雷或其他形式的雷，避免雷击引发的火灾、爆炸、生命危险和设备损坏。

（2）静电防护。静电是指分布在电介质表面或体积内，以及在绝缘导体表面处于静止状态的电荷。传送或分离固体绝缘物料、输送或搅拌粉体物料、流动或冲刷绝缘液体、高速喷射蒸汽或气体，都会产生和积累静电。静电电量虽然不大，但电压很高，容易产生火花放电，引起火灾、爆炸或电击。等电位联结可以将静电电荷收集并传送到接地网，从而消除和防止静电危害。

（3）电磁干扰防护。在供电系统故障或直击雷放电过程中，强大的脉冲电流对周围的导线或金属物形成电磁感应，敏感电子设备处于其中，可能造成数据丢失、系统崩溃等。通常，屏蔽是减少电磁波破坏的基本措施，在机房系统分界面做的等电位连接，由于保证所有屏蔽和设备外壳之间实现良好的电气连接，最大限度减小了电位差，外部电流不能侵入系统，得以有效防护电磁干扰。

（4）触电保护。浴室等电位联结就是保护在洗澡的时候不会被电着。电热水器、坐浴盆、电热墙、浴霸及传统的电灯等都有漏电的危险，电气设备外壳虽然与PE线联结，但仍可能会出现足以引起伤害的电位，发生短路、绝缘老化、中性点偏移或外界雷电而导致浴室出现危险电位差时，人受到电击的可能性非常大，倘若人本身有心脑方面疾病，后果更严重。等电位联结使电气设备外壳与楼板墙壁电位相等，可以极大地避免电击的伤害，其原理类似于站在高压线上的小鸟，因身体部位间没有电位差而不会被电击。

（5）接地故障保护。若相线发生完全接地短路，PE线上会产生故障电压。有等电位联结后，与PE线连接的设备外壳及周围环境的电位都处于这个故障电压，因而不会产生电位差引起的电击危险。

2. 等电位联结的分类

等电位联结可分为总等电位联结（main equipotential bonding，MEB）、局部等电位联结

（local equipotential bonding，LEB）、辅助等电位联结（supplementary equipotential bonding，简称SEB）。

（1）总等电位联结。总等电位联结作用于全建筑物，它在一定程度上可降低建筑物内间接接触电击的间接接触电压和不同金属部件间的电位差，并消除自建筑物外经电气线路和各种金属管道引入的危险故障电压的危害。在建筑物每一电源进线处，一般有总等电位联结端子板，由等电位联结端子板放射连接或链接进出建筑物的金属管道、金属结构构件等。它应通过进线配电箱近旁的接地母排（总等电位联结端子板），将下列可导电部分互相连通：进线配电箱的PE（PEN）母排；公用设施的基础管道，如上下水、热力、燃气等管道；建筑物金属结构；如果设置有人工接地，也包括其接地极引线。接地母排应尽量在或靠近两防雷区界面处设置。各个总等电位联结的接地母排应互相联通。

总等电位联结示意图如图5-7所示。电源进线、信息进线等电位联结示意图如图5-8所示。

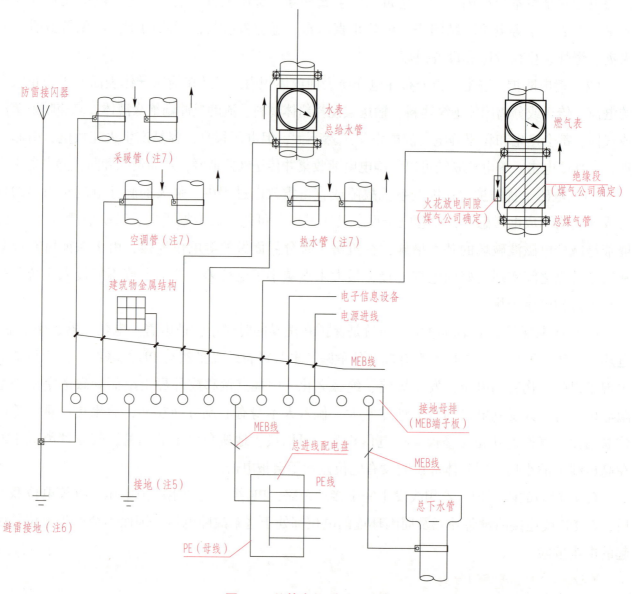

图5-7　总等电位联结示意图

（2）辅助等电位联结。辅助等电位联结是在导电部分之间，用导线直接连通，使其电位相等或接近。一般在电气装置的某部分接地故障保护不能满足切断回路的时间要求时，作辅助等电位联结，把两导电部分之间联结后能降低接触电压。

辅助等电位联结如图 5-9 所示。

（3）局部等电位联结。局部等电位联结是一局部场所范围内通过局部等电位联结端子板把各可导电部分连通。一般是在浴室、游泳池、医院手术室、农牧业等特别危险场所，发生电击事故的危险性较大，要求更低的接触电压，或为满足信息系统抗干扰

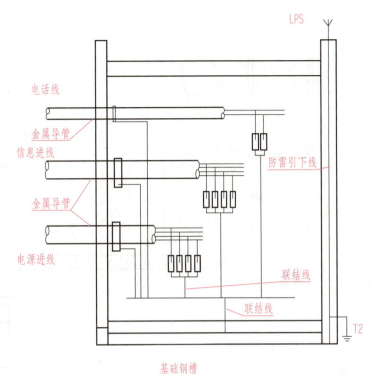

图 5-8　电源进线、信息进线等电位联结示意图

的要求时使用。局部等电位联结也都有一个端子板。它可通过局部等电位联结端子将下列部分互相联通：PE 母线或 PE 干线；公用设施的金属管道；建筑物金属结构。

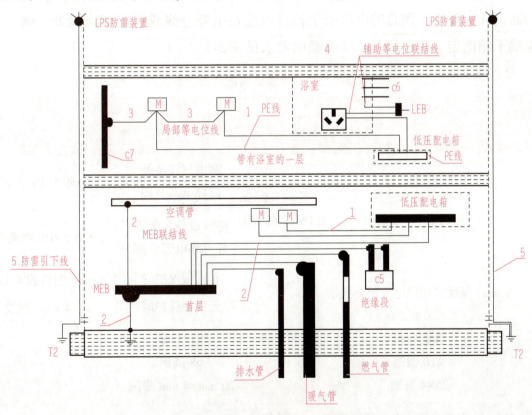

图 5-9　辅助等电位联结

卫生间局部等电位联结如图 5-10 所示。

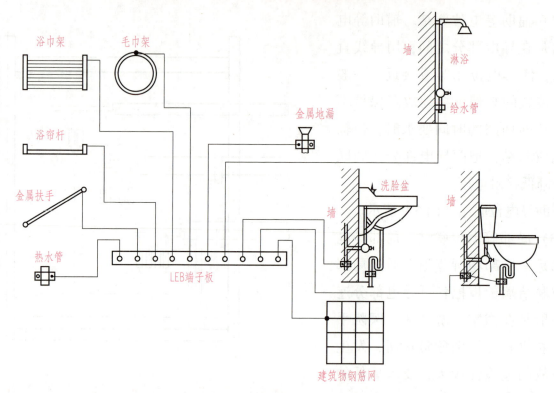

浴巾架　　毛巾架　　　　　　　　　　　　　　　　　　墙　　淋浴
　　　　　　　　　　　　　　　　　　　　　　　　　　　　　给水管
浴帘杆　　　　　　　　　　　　金属地漏
金属扶手　　　　　　　　　　　　　　　　　　洗脸盆
　　　　　　　　　　　　　　　　　　　　　墙　　　　墙
热水管
　　　　　　LEB端子板
　　　　　　建筑物钢筋网

图5-10　卫生间局部等电位联结

🔧 3. 等电位联结安装施工

（1）总等电位端子箱、局部等电位端子箱施工。根据设计图纸要求，确定各等电位端子箱位置，如设计无要求，则总等电位端子箱宜设置在电源进线或进线配电盘处。确定位置后，将等电位端子箱固定。等电位联结线的截面要求见表5-2。

表5-2　等电位联结线的截面要求

类别\取值	总等电位联结线	局部等电位联结线	辅助等电位联结线	
一般值	不小于0.5×进线PE（PEN）线截面	不小于0.5×PE线截面①	两电气设备外露导电部分间	1×较小PE线截面
			电气设备与装置外可导电部分间	0.5×PE线截面
最小值	6 mm² 铜线或相同电导值导线②	同右	有机械保护时	2.5 mm² 铜线或4 mm² 铝线
			无机械保护时	4 mm² 铜线
	热镀锌钢 φ10 圆钢 25×4 扁钢		热镀锌钢 φ8 圆钢 20 mm×4 mm 扁网	—
最大值	25 mm² 铜线或相同电导值导线②	同左		—

注：①局部场所内最大PE线截面；②不允许采用无机械保护的铝线。

等电位联结端子板的截面不得小于所接等电位联结线截面。等电位联结线可采用 BV-1×4 mm² 塑料绝缘导线穿塑料管暗敷设，也可采用 20 mm×4 mm 镀锌扁钢或 φ8 镀锌圆钢暗敷设。

等电位联结线施工如图 5-11 所示。

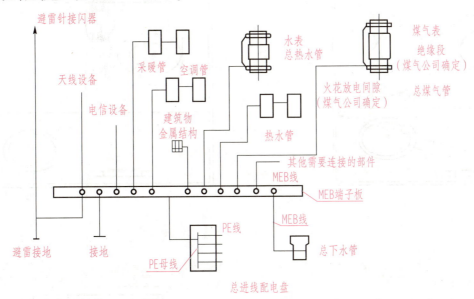

图 5-11　等电位联结线施工图

（2）厨房、卫生间等电位施工。在厨房、卫生间内便于检测位置设置局部等电位端子板，端子板与等电位联结干线连接。地面内钢筋网宜与等电位联结线连通，当墙为混凝土墙时，墙内钢筋网也宜与等电位联结线连通。厨房、卫生间内金属地漏、下水管等设备通过等电位联结线与局部等电位端子板连接。连接时抱箍与管道接触处的表面须刮拭干净，安装完毕后刷防护漆。抱箍内径等于管道外径，抱箍大小依管道大小而定。等电位联结线采用 BV-1×4 mm² 铜导线穿塑料管于地面或墙内暗敷设。其具体做法如图 5-12（a）所示。

于厨房、卫生间地面或墙内暗敷不小于 25 mm×4 mm 镀锌扁钢构成环状。地面内钢筋网宜与等电位联结线连通，当墙为混凝土墙时，墙内钢筋网也宜与等电位联结线连通。厨房、卫生间内金属地漏、下水管等设备通过等电位联结线与扁钢环连通。连接时抱箍与管道接触处的表面须刮拭干净，安装完毕后刷防护漆。抱箍内径等于管道外径，抱箍大小依管道大小而定。等电位联结线采用截面不小于 25 mm×4 mm 的镀锌扁钢。其具体做法如图 5-12（b）所示。

（3）游泳池等电位施工。游泳池内便于检测处设置局部等电位端子板，金属地漏、金属管等设备通过等电位联结线与等电位端子板连通。室内原无 PE 线，则不应引入 PE 线，将装置外可导电部分相互连接即可。为此，室内也不应采用金属穿线管或金属护套电缆。在游泳池边地面下无钢筋时，应敷设电位均衡导线，间距约为 0.6 m，最少在两处做横向连接。如在地面下敷设采暖管线，电位均衡导线应位于采暖管线上方。电位均衡导线也可敷设网格为 150 mm×150 mm、φ3 的镀锌钢丝网，相邻镀锌钢丝网之间应相互焊接。一般做法如图 5-13 所示。

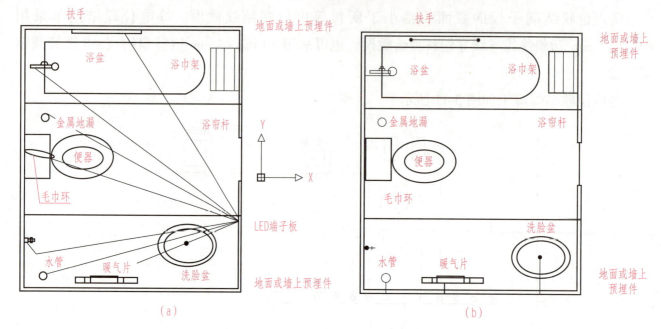

图 5-12　厨房、卫生间等电位施工图

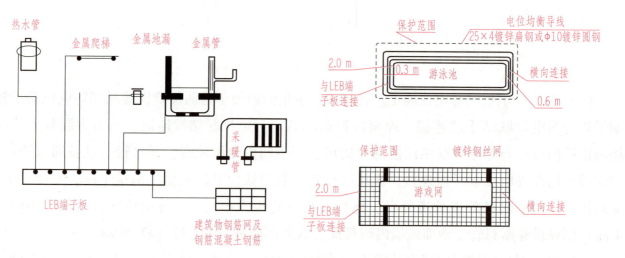

图 5-13　游泳池等电位施工图

（4）金属门窗等电位施工。根据设计图纸位置于柱内或圈梁内预留预埋件，预埋件设计无要求时应采用面积大于 100 mm×100 mm 的钢板，预埋件应预留于柱角或圈梁角，与柱内或圈梁内主钢筋焊接。使用 φ10 镀锌圆钢或 25 mm×4 mm 镀锌扁钢做等电位联结线连接预埋件与钢窗框、固定铝合金窗框的铁板或固定金属门框的铁板，连接方式采用双面焊接。采用圆钢焊接时，搭接长度不小于 100 mm。如金属门窗框不能直接焊接时，则制作 100 mm×30 mm×30 mm 的连接件，一端采用不少于 2 套 M6 螺栓与金属门窗框连接，一端采用螺栓连接或直接焊接与等电位联结线连通。所有连接导体宜暗敷，并应在门窗框定位后，墙面装饰层或抹灰层施工之前进行。当柱体采用钢柱，则将连接导体的一端直接焊于钢柱上。

4. 等电位联结测试

局部等电位联结安装完毕后，应进行导通性测试，测试用电源可采用空载电压 4~24 V 直流或交流电源。测试电流不小于 0.2 A，可认为等电位联结是有效的；如发现导通不良的管道连接处，应做跨接线。

任务三　建筑施工现场安全用电

 学习目标

1. 了解电流对人体的危害
2. 了解人体触电的方式
3. 掌握触电的防护与急救
4. 掌握建筑施工现场安全用电

施工现场离不开用电，工程设备、施工机具、现场照明、电气安装等，都需要电能的支持。随着建设工程项目的科技含量和智能化的加强，施工机械化和自动化程度的不断提高，用电场所更加广泛。可以说，没有电力就没有现代化的施工，没有电力就没有施工水平的进步。但是，任何事物都具有两面性一样，电能在给人类带来方便的同时，也有很强的破坏力。施工现场由于用电设备种类多、电容量大、工作环境不固定、露天作业、临时使用的特点，在电气线路的敷设、电器元件、电缆的选配及电路的设置等方面容易存在短期行为，容易引发触电伤亡事故，被住房和城乡建设部列为建筑施工企业四大伤害之一。因此，加强临时用电管理，按照规范用电，是保证施工安全的一个重要方面。

知识链接一　电对人体的危害

✎ 1. 触电的危险

人体触电是施工现场易发生的一种电气事故，它会造成人员死亡或电伤，而且电伤的部位很难愈合。电流通过头部会使人立即昏迷、甚至醒不过来，通过人体脊髓会使人肢体瘫痪，通过中枢神经或有关部位会导致中枢神经系统失调而死亡，通过心脏会引起心室颤动致心脏停止跳动而死亡，电流通过人体对人体的伤害程度与通过的电流大小、持续时间、电压高低、频率以及通过人体的途径、人体电阻状况和人的身体健康状况等有密切关系。当人体触及带电体，或者带电体与人体之间闪击放电，或者电弧触及人体时，电流通过人体进入大地或其他导体，形成导电回路，这种情况叫作触电，触电时人体会受到某种程度的伤害，按伤害的形式可分为电击和电伤。

（1）电击。电击是指电流通过人体时，破坏人的心脏、神经系统、肺部等的正常工作而造成的伤害。它可以使肌肉抽搐，内部组织损伤，造成发热发麻、神经麻痹等，甚至引起昏迷、窒息、心脏停止跳动而死亡。触电死亡大部分事例是由电击造成的。人体触及带电的导线、漏电设备的外壳或其他带电体，以及由于雷击或电容放电，都可能导致电击。

（2）电伤。电伤是指电流的热效应、化学效应、机械效应对人体造成的局部伤害，它可以是电流通过人体直接引起，也可以是电弧或电火花引起。电伤包括电弧烧伤、烫伤、电烙印、皮肤金属化、电气机械性伤害、电光眼等不同形式的伤害（电工高空作业不小心跌下造成的骨折或跌伤也算作电伤），其临床表现为头晕、心跳加剧、出冷汗或恶心、呕吐，此外皮肤烧伤处疼痛。

2. 决定触电者伤害程度的因素

（1）电流大小。通过人体的电流越大，对人体的伤害越大。电流大小与人体的伤害程度的关系如下：

1）感知电流。通过人体引起的任何感觉的最小电流，对工频交流电，成年男子感知的电流约为 1.1 mA，成年女子感知的电流约为 0.7 mA。（若为直流，则为上述数值的 4~5 倍，下同）感知电流的阈值约为 0.5 mA，且与持续时间无关。

2）摆脱电流。人触电后能自主摆脱电源的最大电流，对工频交流电，成年男子摆脱电流约为 16 mA，成年女子约为 10.5 mA。不引起强烈痉挛的工频交流电约为 5 mA。

3）致命电流。在短时间内危及生命的电流，对工频交流电，成年人致命电流为 30~50 mA。

（2）电流途径。电流流经身体的途径，以从左手到脚最为危险，其次是从右手到脚、手到手，危险性较小的是脚到脚。

（3）触电持续时间。电流能量是触电电流与持续时间的乘积，一般超过 50 mA·s 就有生命危险，因此，电流越大允许的持续时间越短。

（4）电流频率。电流频率不同，对人体的伤害程度也不同，以工频交流电对人体的伤害程度最为严重。

（5）人体电阻。人体电阻受多种因素影响，从几百欧姆到一万欧姆变化，外界条件越差，人体电阻就越小。人体电阻越小，通过人体电流就越大，对人体危害也就越大。

（6）电压高低。电压越高，人体电阻越会急剧下降，通过人体的电流越会急剧上升，对人体的危害也就越大。

3. 触及带电体的方式

（1）单相触电。单相触电在触电事故中占比例最多。单相触电是指人体在地面或其他接地导体上，人体某一部位触及一相带电体的触电事故，如图 5-14 所示。单相触电的危害程度与电网运行方式有关。一般情况下，中性点接地电网的单相触电比中性点不接地电网的危险性大得多。

（2）两相触电。人体不同部位同时接触两相电源带电体而引起的触电叫作两相触电，如图 5-15 所示。

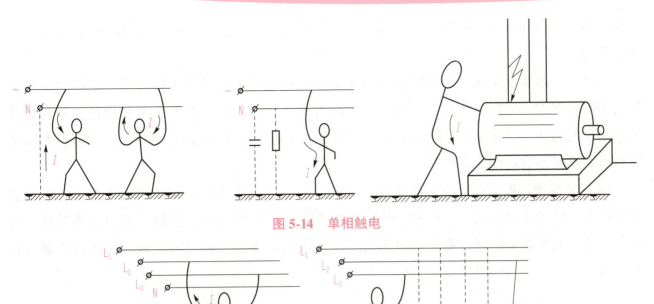

图 5-14　单相触电

图 5-15　两相触电

（3）接触电压、跨步电压触电（见图 5-16）。当外壳接地的电气设备绝缘损坏而使外壳带电，或导线断落发生单相接地故障时，电流由设备外壳经接地线、接地体（或由断落导线经接地点）流入大地，向四周扩散，在导线接地点及周围形成强电场。

接触电压：人站在地上触及设备外壳所承受的电压。

跨步电压：电气设备发生接地故障时，在接地电流入地点周围电位分布区行走的人，其两脚之间产生的电压。

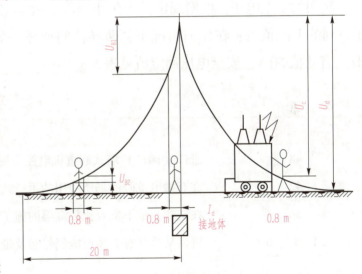

图 5-16　接触电压和跨步电压触电

当一根带电导线断落在地上时，落地点与带电导线的电压相同，电流就会从导线的落地点向大地流散，于是在地面上以导线落地点为中心，形成了一个电压分布区域，离落地点越远，电流越分散，地面电压也就越低。如果人站在距离电线落地点 10 m 以内，就有可能发生触电跨步电压事故，这种触电叫作跨步电压触电。当人受到跨步电压时，电流虽然是沿着人的下身，从脚经腿、胯部又到脚与大地形成通路，没有经过人体的重要器官，好像比较安全。但是实际并非如此，因为人受到较高的跨步电压作用时，双脚会抽筋，使身体倒在地上。这不仅使作用于身体上的电流增加，而且使电流经过人体的路径改变，完全可能流经人体重要器官，如从头到手或脚。经试验证明，人倒地后电流在体内持续作用 2 s，这种触电就会致命。

一旦误入跨步电压区，跨迈的步子越大跨步电压也越大，危险也巨大，正确的做法应该是迈小步，双脚不要同时落地，最好一只脚跳着走，双脚间就不会产生跨步电压，坚持朝接地点相反的地区走，逐步离开跨步电压区。因为这种跨步电压的衰减非常厉害，超过 15 m 的距离后基本就不会有什么危险了。

（4）导线泄漏电流引起的人体触电。建筑工地由于露天作业、移动用电设备多、环境恶劣等原因，导线绝缘层老化、破损，致使线芯外露，从而使相邻的金属、潮湿物体等导电体带电。施工人员如果碰到外露的带电芯线，泄漏电流就通过人体流入大地，从而造成触电伤人事故。

知识链接二　防触电的措施与现场急救

1. 防止触电的技术措施

防止触电的技术措施包括保护接地、保护接零、工作接地和漏电保护器及安全防护用品和工具等，前面已经介绍，在此不再重复。此处仅介绍安全电压防护。

我国的安全电压，根据规定，为防止触电事故而采用的特定电源供电的电压系列，这个电压系列的上限值为：在任何情况下，两导体间或任一导体与地之间均不得超过交流（50～500 Hz）有效值 50 V。安全电压额定值见表5-3。

表5-3　安全电压额定值

安全电压额定值/V	选用举例
48	进口（国产）塔式起重机电控交流接触器、继电器线圈电压等
42	在有触电危险的场所使用的手持式电动工具等
36	在矿井、地下室及比较潮湿的施工场所等
24、12、6	可供某些具有人体可能偶然触及带电体的设备

世界各国对安全电压的规定多不相同，有 50 V，有 40 V，也有 36 V 或 24 V 等。国际电工委员会（IEC）的下设备处技术委员会所订的安全值也不一致，但规定接触电压的限定值（相当于安全电压）为 50 V，规定 25 V 以下者不需考虑防止电击的安全措施。

2. 触电的现场急救

触电是施工单位常见的生产安全事故，如果不能及时抢救会造成触电人员死亡或财产损失。从触电者的最终受伤害程度来看，如果触电者抢救及时、抢救方法正确，触电者是极有可能获救的。因此，发生触电事故后应注意以下几个方面：

（1）脱离电源。低压设备触电，救护人员应设法迅速切断电源，如拉开电源开关、拔除电源插头等，使用绝缘工具、干燥的木棒、木板等绝缘材料使触电者脱离电源，切记要避免碰到金属物体和触电者的裸露身体；也可用绝缘手套或用干燥衣物等包起绝缘后解脱触电者；救护人员也可站在绝缘物体上或干木板上，自身绝缘后进行救护。

（2）现场急救。

1）触电伤员如神志清醒，应使其就地仰面平躺，严密观察，暂时不要使其站立或走动。

2）触电伤员如神志不清醒，应就地仰面平躺且确保气道畅通，并用5 s时间，呼叫伤员或轻拍其肩部，以判断伤员是否意识丧失，禁止摇动伤员头部呼叫伤员。

3）触电后又摔伤的伤员，应就地仰面平躺，保持脊柱在伸直状态，不得弯曲；如需搬运，应用硬木板使其仰面平躺，使伤员身体处于平直状态，避免其脊椎受伤。

4）心肺复苏法。触电伤员的呼吸和心跳均已停止时，应立即按心肺复苏法中支持生命的三项基本措施进行抢救，即：

一是通畅气道：触电伤员呼吸停止，重要的是应始终确保气道通畅。如发现伤员口内有异物，可将其身体及头部同时侧转，并迅速用一根手指或两根手指交叉从口角处插入，取出异物。操作中要注意防止将异物推到咽喉深部。通畅气道可采用仰头抬颌法。一只手放在触电者前额，另一只放在其脖子下面向上托，将其下颌骨向上抬起，两手协同将其头部向后仰，舌根随之抬起，气道即可通畅，严禁用枕头或其他物品垫在伤员的头下。头部抬高，会加重气道的阻塞，且使胸外按压时心脏流向脑部的血流减少，甚至消失。

二是口对口（鼻）人工呼吸：在保持伤员气道通畅的同时，救护人员用放在伤员额头上的手指，捏住伤员的鼻翼，在救护人员深吸气后，与伤员口对口紧合，在不漏气的情况下，先连续大口吹气两次，每次1~5 s。如两次吹气后试测颈动脉仍无搏动，可判断心跳已经停止，要立即同时进行胸外按压。

三是胸外按压法：胸外按压要以均匀速度进行，80次/min左右，每次按压和放松的时间相等。胸外按压与口对口人工呼吸同时进行，其节奏为：单人抢救时，每按压15次后吹气2次，反复进行。心肺复苏应在现场就地坚持进行，不要为方便而随意移动伤员，如确实需要移动时，抢救中断时间不应超过30 s。如伤员的心跳和呼吸经抢救后均已恢复，可暂停心肺复苏法操作，但心跳呼吸恢复的早期有可能再次骤停，应严密监护，不能麻痹，要随时准备再次抢救。

总之，人工给氧是触电事故急救行之有效的科学方法，但正确实施才能达到急救效果，否则将会延误最佳抢救时机。日常工作中应加强现场人员应急培训，掌握正确的人工呼吸和心脏按压的方法，才能在发生触电事故后及时施救，为伤者赢得生还的机会。

知识链接三　建筑施工现场安全用电

建筑施工工地从事电气工作的人员为特种作业人员，必须经过专门的安全技术培训和考核，经考试合格取得安全生产综合管理部门核发的《特种作业操作证》后才能独立作业。电工作业人员要遵守电工作业安全操作规程，坚持维护检修制度，特别是高压检修工作人员，必须坚持工作票、工作监护等工作制度。建筑施工现场凡直接从事带电作业的劳动者，必须穿绝缘鞋、戴绝缘手套，以防发生触电事故。

🔍 1. 施工现场配电箱与开关箱

施工现场每台用电设备都应该有自己专用的开关箱，箱内开关及漏电保护器只能控制一台设备，不能同时控制两台或两台以上的设备，否则容易发生误操作事故。如图 5-17 所示。

图 5-17　施工现场一机、一箱、一闸、一漏

开关箱应防雨、防尘、加锁，一般安装高度为 1.5 m，开关箱内不准存放任何物品，防止误操作造成事故。开关箱周围不准堆放任何杂物，并应有足够两人同时操作的空间和通道。施工现场的开关箱如图 5-18 所示。

开关箱内的电器安装与接线必须由电工操作。施工现场所有的电器设备必须安装漏电保护器。漏电保护器应安装在电器设备负载线首端，不得用漏电保护器直接代替电闸开关使用。当漏电开关执行保护动作时，应立即找电工查明原因，严禁带故障强行送电。不得用铜丝等代替保险丝，并保持闸刀开关、磁力开关等盖面完整，以防短路时发生电弧或保险丝熔断飞溅伤人。

动力电源与照明电源应分别设置，如合置在同一配电箱内，动力和照明线路应分路设置（严禁一个器件的负荷侧同时控制动力和照明线路）。如图 5-19 所示。

图 5-18　施工现场的开关箱　　　　图 5-19　建筑工地动力和照明分开设置

分配电箱与开关箱的距离原则上不得超过 30 m。开关箱与其控制的固定式用电设备的水平距离不宜超过 3 m，与手持电动工具的距离不宜超过 5 m。如图 5-20 所示。

配电箱、开关箱应采用铁板或优质材料制成，铁板的厚度应大于 1.5 mm。不得使用木质的配电箱。箱体外观应完整、坚固、防雨、防尘。箱门不得采用上、下开启式，并防止碰触箱内电器。如图 5-21 所示。

　　配电箱内的电器应首先安装在金属或非木质的绝缘电器安装板上，然后整体固定在配电箱体内。金属板应做保护接零。不能把器件安装在轨道上。配电箱、开关箱内的电器（漏电开关、瓷插保险、交流接触器）和导线严禁有任何带电明露部位。如图 5-22 所示。

　　配电箱、开关箱内的电器严禁一闸多用、"大马拉小车"、"小马拉大车"、"倒拉牛"。如图 5-23 所示。

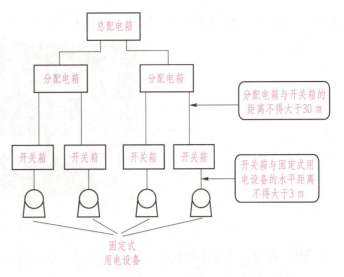

图 5-20　配电箱、开关箱之间的距离

图 5-21　箱内盘面完整、器件坚固、无带电体明露

图 5-22　箱内器件安装在铁板或金属板上，然后整体安装在箱内

图 5-23　严禁一闸多用

　　配电箱、开关箱内的工作零线和保护零线端子板应分开设置。工作零线、保护零线应通过端子板连接。相线不得使用端子板进行连接。如图 5-24 所示。

图 5-24　配电箱中工作零线、保护零线的设置

配电箱内三个回路以上（包括三个）必须有总闸控制，漏电开关不能当总闸使用。电源线和负荷线只能走配电箱的箱体下面，下线排列整齐。

配电箱、开关箱内保护零线接头是否松动，有无线鼻子。严禁接成鸡爪子线。

配电箱、开关箱箱体应按施工用电方案统一编号，要有操作平台（绝缘垫）。停止使用的配电箱、开关箱应切断电源，箱门上锁。

施工现场不能使用配电柜。

金属箱门与金属箱体必须通过采用编织软铜线做电气连接。

运行时产生振动的设备的金属基座、外壳与 PE 线的连接点不少于 2 处。

2. 施工现场线缆

建筑施工现场电缆直接埋地的深度不小于 0.6 m，并在电缆上、下各均匀铺设不小于 50 mm 厚的细砂，然后覆盖砖等硬质保护层。电缆接头应设置在地上专用接线盒内。

胶皮线和橡皮电缆架空敷设时，应沿墙壁或电杆设置。不得沿地面明敷设，严禁用金属裸线作绑线。沿墙壁敷设还应有防护罩并刷黑、黄漆。架空电缆严禁沿脚手架敷设。施工现场电缆的敷设如图 5-25 所示。

（a）　　　　　　　　　　　　　（b）

图 5-25　施工现场电缆的敷设

（a）电缆地下敷设；（b）电缆架空敷设

电缆垂直敷设的，其固定点每层楼（塔式起重机标准节）不得少于一处，电缆水平敷设必须有卸荷措施，最大弧垂距地不得小于 2.5 m。电缆架空线路的挡距不大于 15 m。电缆进、

出地面必须加防护套管，穿墙应加套管保护，穿越楼板应加铁管或塑料管保护。

施工现场的电源线（电缆、胶皮线），不能使用四芯加一芯当电源线使用。电缆中必须包含全部工作芯线和用作保护零线或保护线的芯线。需要三相四线制配电的电缆线路必须采用五芯电缆。

3. 建筑施工现场照明

施工现场照明应有防雨措施（塔身镝灯）。室外灯具距地不得低于 3 m。室外内灯具距地不得低于 2.5 m。施工现场使用移动式碘钨灯照明，必须采用密闭式防雨灯具。碘钨灯的金属灯具和金属支架应做良好接零保护，金属架杆手持部位采取绝缘措施。电源线使用护套电缆线，电源侧装设漏电保护器。施工现场照明如图 5-26所示。

施工现场临时设施、办公室、宿舍、材料堆放场、通道和道路的照明必须接漏

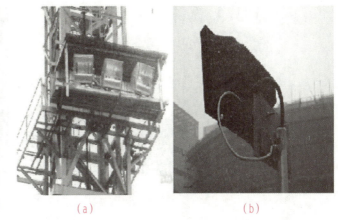

(a)　　　　　　　　　(b)

图 5-26　施工现场照明

（a）施工现场临时照明；（b）施工现场碘钨灯

电开关控制。宿舍照明的拨动开关和插座应分开装设。在床上方严禁装设插座、开关。为了防止火灾，白炽灯应远离易燃物，150 W 以上的灯泡应采用瓷灯头。在灯头上不宜带有开关和插座，以免发生触电事故。照明电源的电压一般不大于 250 V。当灯具离地面低于 2.5 m 或在高温、高湿等危险环境，照明电源的电压应采用 36 V 及以下的安全电压。现场凡有人员经过和活动的场所，必须提供足够的照明。每个单相照明回路连接的灯器具不应超过 25 个。回路中应设漏电保护和过电流保护。漏电电流不大于 30 mA，熔断电流不大于15 A。安装的露天工作场所的照明灯具应选用防水型灯头和开关。使用行灯和低压照明灯具，其电源电压不应超过 36 V。行灯灯体与手柄应坚固、绝缘良好，电源线应使用橡套电缆线，不得使用塑料绞线和花线（小百线）。行灯和低压灯的变压器应装设在专用的电箱内，应有防雨、防潮、通风措施。变压器必须使用双绕组型，严禁使用自耦变压器。二次侧应装设熔断器。并符合户外电气安装要求。低压线路布置合理、整齐、安装牢固，相对固定。穿过墙壁时应套绝缘管。尽量减少接头，以减少故障点，应便于检查、维修。照明灯具与易燃物之间应保持一定的安全距离，普通灯具不宜小于 300 mm，聚光灯、碘钨灯等高热灯具不宜小于 500 mm，且不得直接照射易燃物。低压线上不能晾杂物。

4. 建筑施工现场电焊机

电焊机应单独设置开关，电焊机外壳应做可靠的接零或接地保护，不得多台电焊机串连接零或接地。电焊机一次侧的电源线必须绝缘良好，不得随地拖地，其长度不宜大于5 m。二次侧引出线宜采用橡皮绝缘铜芯软电缆，其长度不宜大于 30 m。电焊机两侧接线应压接牢固，

并安装可靠防护罩。电焊机专用箱如图5-27所示。

电焊把线应双线到位，不得借用金属管道、金属脚手架、轨道、钢丝绳及结构钢筋做回路地线。电焊把线应使用专用橡套多股软铜电缆线，线路应绝缘良好，无破损、裸露。接线应使用铜接头或铜线鼻子。电焊机装设应采取通风、防埋、防潮、防雨、防晒、防砸措施。群机（三台以上）作业必须有围栏，如图5-28所示。交流电焊机要装设专用防触电保护装置。

图5-27　电焊机专用箱

图5-28　群集机作业

任务四　建筑物防雷

学习目标

1. 了解雷电的起因与危害
2. 熟悉建筑物防雷等级分类
3. 掌握建筑物防雷措施

知识链接一　雷电起因与危害

1. 雷电起因

雷电是指带电荷的云层相互之间或者与大地之间迅猛的放电现象，这种带电荷的云层称为雷云。

地面的湿热空气上升到高空时形成水滴、冰晶，在地球静电场的作用下开始极化分离，在与其他上升气流的摩擦作用下，这种分离更加明显，最后形成一部分带正电，一部分带负电荷的雷云。由于异种电荷不断的积累，电场强度不断增大，当雷云的电场强度超过空气的绝缘强度时，就在雷云之间或者雷云与大地之间进行放电，放电过程中不同极性的电荷通过一定的通道互相中和，产生强烈的光和热。放电通道发出的强光，人们通常称为"闪电"。而通道所发出的热量，使附近的空气突然膨胀，发出巨大的轰隆声音，人们称之为"打雷"。

雷电有线状、片状和球形等几种形式，打到地面上的闪电称为"落地雷"。它可能造成建筑物、树木的破坏或人、畜的伤亡，产生雷击事故。

雷云放电一般分成3~4次放电，一次雷电放电时间通常为十分之几秒。其中，第一次放电的电流强度最大。雷电流的最大峰值可达几十千安到几百千安，所以破坏性很强。

在雷电频繁的雷雨天气，偶尔会发现紫色、殷红色、蓝色的"火球"。这些"火球"有时从天而降，然后又在空中或沿地面水平方向移动，有时平移，有时滚动。这些"火球"一般直径为十到几十厘米，存在时间一般为几秒到十几秒居多，这就是球形雷。球形雷能通过烟囱、开着的门窗和其他缝隙进入室内，或者无声消失，或者发出"咝咝"的声音，或者发生强烈的爆炸，碰到人、畜会造成严重的烧伤和伤亡事故。

球形雷的预防方法：最好在雷雨天不要打开门窗；在烟囱和通风管道等处，装上网眼小于或等于4 cm²、导线直径约2~2.5 mm的接地金属丝保护网，并做良好接地，这样就可以减少球形雷的危害。

电缆的敷设

🔍 2. 雷击的种类和危害

雷击可分为：直击雷和雷击电磁脉冲（雷电感应、电磁脉冲辐射、雷电过电压侵入和反击）。不同的雷击会产生不同的危害。

（1）直击雷。在雷暴活动区域内，雷云直接通过人体、建筑物或设备等对地放电所产生的电击现象。此时，雷电的主要破坏力在于电流特性而不在于放电产生的高电位，主要有热效应、机械力等的破坏作用。

（2）雷电感应。雷电放电过程中，在其活动区出现的静电感应、电磁感应对电气设备、人身安全等产生的危害。

（3）电磁脉冲辐射。雷电放电过程中，在其活动区出现的电磁脉冲对现代电子设备（如计算机、通信设备等）造成的危害。

（4）雷电过电压侵入。当发生直击雷或感应雷时，可使导线或金属管道产生过电压，这种过电压沿着导线或金属管道从远处或防雷保护区域外传来，侵入建筑物内部或设备内部，使建筑物结构、设备部件损坏或人员伤亡。

（5）反击。当雷电闪击到建筑物的接闪装置上时，由于雷电流幅值大，波头陡度高，会使接地引下线和接地装置的电位骤升到上百千伏，则可能会造成建筑物接地引下线与邻近建筑接地引下线及各种金属导线，管道或用电设备的工作地线之间放电，从而使这些金属导线，管道或用电设备的工作地线上引入反击电流，造成人身和设备雷击事故。

雷云与大地之间的放电会产生很大的破坏作用，主要表现在：

（1）直击雷的破坏作用。雷云直接对地面物体的放电，其破坏作用最大。强大的电流流经地面物体时，产生极大的热效应，雷电通道的温度可达几千摄氏度以上，使金属熔化，房屋、树木等易燃物质发生火灾。

（2）雷电冲击波的破坏作用。雷电通道温度极高，周围空气受热急剧膨胀，并以超声速度向四周扩散，其外围空气被强烈压缩，形成冲击波，使附近的建筑物、人、畜受到破坏和伤亡。这种冲击波的破坏作用就像炸弹爆炸时附近的物体和人、畜受损害一样。

（3）雷电的静电感应和电磁感应的破坏作用。静电感应是由于雷云在建筑物上空形成很强的电场，在建筑物顶部感应出相反极性的电荷，在雷云向地面放电以后，放电通路电荷中和，云与大地之间电场迅速消失，但是建筑顶部的电荷却不能很快流入大地，因而形成对地很高的电位。静电感应往往造成屋内电线、金属管道等设备放电，击穿电气绝缘层产生火花，引起火灾。电磁感应是由于强大的雷电流通过金属体入地时，在周围空间产生强大的变化电磁场，在这附近的金属体内感应出电动势。如果金属体回路开口，可能产生火花放电。如果金属体构成闭合回路就可能产生感应电流，在有些接触不良的地方，产生局部发热引起火灾。

3. 雷击的选择性

大量雷击事故的统计资料和试验研究证明，雷击的地点和建筑物遭受雷击的部分是有一定规律的，这些规律称为雷击的选择性。

雷击通常受下列因素影响：

（1）地质构造。雷击与土壤电阻率有关，土壤电阻率小的地方易受雷击，在不同电阻率土壤交界地段易受雷击。雷击经常发生在有金属矿床的地区、河岸、地下水出口处、山坡与稻田接壤的地段。

（2）地面上的设施情况。凡是有利于雷云与大地建立良好的放电通道者易受雷击，这是雷击选择性的重要因素。此外，建筑物的结构、内部情况与雷电的发展也有关系。金属结构的建筑物或内部有大型金属设备的厂房，或内部经常潮湿的厂房，由于这些地方具有良好的导电性能，因此，比较容易受到雷击。

（3）地形。从地形上来看，凡是有利于雷云的形成和相遇条件的易遭受雷击。我国大部分地区山的东坡、南坡较西坡、北坡易受雷击，山中平地较峡谷易受雷击。

建筑物的雷击部位如下：

1）不同屋顶坡度（0°、15°、30°、45°）建筑物的雷击部位如图5-29所示。

2）屋角与檐角的雷击率最高。

3）屋顶的坡度越大，屋脊的雷击率越高；当坡度大于40°时，屋檐一般不会再受到雷击。

4）当屋面坡度小于27°、长度小于30 m时，雷击多发生在山墙，而屋脊和屋檐一般不再受雷击。

5）雷击屋面的概率很小。

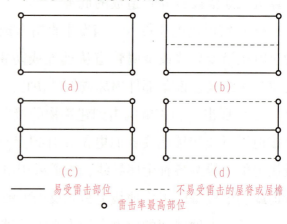

图 5-29　建筑物易受雷击部位

知识链接二　建筑物的防雷

1. 民用建筑物的防雷分类

根据建筑物的重要程度、使用性质、发生雷电事故的可能性和后果，建筑物的防雷分级，按《民用建筑电气设计标准》（GB 51348—2019）规定，可划分为如下三类：

（1）第一类民用建筑物。凡是具有特别重要用途的属于国家级的大型建筑物，如国家级的大会堂、办公楼、大型展览馆、大型火车站、国际机场、通信枢纽、超高层建筑和国家重点文物保护建筑物等。

（2）第二类民用建筑物。是重要的或人员密集的大型建筑物，如部、省级办公楼，省级大型的集会、展览、体育、交通、通信、广播、商业建筑和影剧院等；省级重点文物保护的建筑物；19 层及以上的住宅建筑和高度超过 50 m 的其他民用建筑物。

（3）第三类民用建筑物。高度在 20 m 以上的建筑物，高度超过 15 m 的烟囱、水塔等孤立建筑物和历史上雷害事故多发的建筑物。

2. 工业建筑物的防雷分类

建筑物根据其生产性质、发生事故的可能性和后果，按对防雷的要求分为三类：

（1）第一类工业建筑物。凡建筑物中制造、使用或储存大量爆炸物质，如炸药、火药起爆药等，因火花而引起爆炸，会造成巨大破坏和人身伤亡者，以及某些爆炸危险场所。

（2）第二类工业建筑物。凡建筑物中制造、使用或储存爆炸物质，但电火花不易引起爆炸或不致造成巨大破坏和人身伤亡者，以及某些爆炸危险场所。

（3）第三类工业建筑物。根据雷击对工业生产的影响，并结合当地气象、地形、地质及周围环境等因素，确定的需要防雷的爆炸危险场所或火灾危险场所，以及历史上雷害较多地区的重要建筑物等。

3. 建筑物的防雷措施

根据雷电三方面的破坏作用及建筑物防雷等级分类，我们可以采用相应的防雷措施。

（1）防直击雷的措施。

1）安装独立避雷针（一级防雷建筑物）；

2）建筑物上安装避雷针（一、二级防雷建筑物）；

3）建筑物上安装避雷带（三级防雷建筑）。

避雷针、避雷带通称接闪器，安装在建筑物的顶端，以引导雷云与大地之间放电，使强大的雷电电流通过引下线进入大地，从而保护建筑物免遭雷击。

（2）防感应雷的措施。

1）将金属屋面或钢筋混凝土屋面的钢筋用引下线与接地装置连接（一、二级防雷建筑物）。

2）将建筑物内的金属管道、钢窗等与接地装置连接（一、二级防雷建筑物）。这样做可以使残留在建筑物上的电荷顺利引入大地，消除建筑物内部出现的高电位。

（3）防雷电侵入波的措施。

1）在进户架空电力线路上或进户电缆首端安装阀型避雷器（一、二级防雷建筑）。

2）在进户线上安装最简单的避雷器，如羊角保护间隙。避雷器的作用是将雷电流引入大地，保护建筑物。

4. 防雷基本原理

建筑物的防雷装置一般由接闪器、引下线和接地装置三个基本部分组成。

（1）接闪器。接闪器是专门用来引导雷击的金属导体。可分为避雷针、避雷带（线）、避雷网以及兼作接闪的金属屋面和金属构件（如金属烟囱、风管）等。所有接闪器都必须经过接地引下线与接地装置相连接。

1）避雷针。避雷针是安装在建筑物凸出部位或独立装设的针形导体，是"引雷针"。

避雷针一般用直径为 25~40 mm 的镀锌钢管或直径为 16~20 mm 的镀锌圆钢制成，长约为 2 m，顶端剔尖。高度为 20 m 以内的独立避雷针则采用钢结构架杆支撑。

针长为 1 m 以下时：镀锌圆钢直径不小于 12 mm，镀锌钢管直径不小于 20 mm；针长为 1~2 m 时：镀锌圆钢直径不小于 16 mm，镀锌钢管直径不小于 25 mm；烟囱顶上的避雷针：镀锌圆钢直径不小于 20 mm，镀锌钢管直径不小于 40 mm。

避雷针可以安装在电杆（支柱）、构架或建筑上，下端经引下线与接地装置焊接，如图 5-30 所示。

避雷针的保护范围，以它对直击雷所保护的空间来表示，可利用"滚球法"进行确定。单支避雷针保护范围的三维立体空间，可以近似地看成是一个尖顶帐篷所包围的空间。

图 5-30　避雷针安装

2）避雷带。避雷带用小截面圆钢或扁钢装于建筑物易遭雷击的部位，如屋脊、屋檐、屋角、女儿墙和山墙等的条形长带。

避雷带可以采用镀锌圆钢或镀锌扁钢。镀锌圆钢直径不应小于8 mm；镀锌扁钢截面面积不应小于 48 mm²，其厚度不得小于 4 mm。装设在烟囱顶端的避雷环也可采用镀锌圆钢或镀锌扁钢。镀锌圆钢直径不应小于 12 mm；镀锌扁钢截面面积不得小于 100 mm²，其厚度不得小于 4 mm。

3）避雷网。避雷网是纵、横交错的避雷带叠加在一起，形成多个网孔，它既是接闪器，又是防感应雷的装置，因此，避雷网是接近全部保护的方法，一般用于重要的建筑物。

避雷网也可做成笼式避雷网，简称为避雷笼。避雷笼是用来笼罩整个建筑物的金属笼。根据电学中的法拉第（Faraday）笼的原理，对于雷电它起到均压和屏蔽的作用，任凭接闪时笼网上出现多高的电压，笼内空间的电场强度为零，笼内各处电位相等，形成一个等电位体，因此，笼内人身和设备都是安全的。高层建筑防雷设计多采用避雷笼。避雷笼的特点是把整个建筑物梁、柱、板、基础等主要结构钢筋连成一体，因此，避雷笼是最安全、可靠的防雷措施。

避雷带和避雷网的安装可分为明装和暗装两种方式。

①明装适于安装在建筑物的屋脊、屋檐（坡屋顶）或屋顶边缘及女儿墙（平屋顶）等处，对建筑物易受雷击部位进行重点保护。

②暗装避雷网是利用建筑物内的钢筋做避雷网，它较明装避雷网美观，在工业厂房和高层建筑中应用较多。

a. 用建筑物 V 形折板内钢筋做避雷网。建筑物有防雷要求时，可利用 V 形折板内钢筋做避雷网。

b. 用女儿墙压顶钢筋做暗装避雷带。女儿墙上压顶为现浇混凝土时，可利用压顶板内的通长钢筋做建筑物的暗装避雷带；当女儿墙上压顶为预制混凝土板时，就在顶板上预埋支架设避雷带。

c. 高层建筑暗装避雷网的安装。暗装避雷网是利用建筑物屋面板内钢筋做接闪装置。

建筑物全部为钢筋混凝土结构时，可将结构圈梁钢筋与柱内充当引下线的钢筋进行连接（焊接）作为均压环。当建筑物为砖混结构但有钢筋混凝土组合柱和圈梁时，均压环做法同钢筋混凝土结构。没有组合柱和圈梁的建筑物，应每 3 层在建筑物外墙内敷设一圈 12 mm 镀锌圆钢作为均压环，并与防雷装置的所有引下线连接。

（2）引下线。引下线是连接接闪器和接地装置的金属导体。引下线的材料应满足：采用镀锌圆钢时，直径不应小于 8 mm；采用镀锌扁钢时，其截面不应小于 48 mm^2，厚度不应小于 4 mm。烟囱上安装的引下线应满足：镀锌圆钢直径不应小于 12 mm；镀锌扁钢截面不应小于 100 mm^2，厚度不应小于 4 mm。

引下线应沿建筑物外墙明敷，并经最短路径接地；建筑艺术要求较高者可暗敷，但其镀锌圆钢直径不应小于 10 mm，镀锌扁钢截面不应小于 80 mm^2。明敷的引下线应镀锌，焊接处应涂防腐漆。引下线还可利用混凝土内钢筋、钢柱等做自然引下线。

断接卡。设置断接卡的目的是便于运行、维护和检测接地电阻。采用多根专设引下线时，为了便于测量接地电阻以及检查引下线、接地线连接状况，宜在各引下线上于距地面 0.3~1.8 m 设置断接卡，如图 5-31 所示。断接卡应有保护措施。当利用混凝土内钢筋、钢柱等做自然引下线并同时采用基础接地体时，可不设断接卡。

图 5-31 明敷引下线与断接卡

利用钢筋做引下线时应在室内外适当地点设若干连接板，该连接板可供测量、接人工接地体和做等电位连接用。当仅利用钢筋做引下线并采用埋于土壤中的人工接地体时，应在每根引下线上距地面不低于 0.3 m 处设接地体连接板。采用埋于土壤中的人工接地体时应设断接卡，其上端应与连接板焊接。连接板处宜有明显标志。

（3）接地装置。接地装置是接地体（或称接地极）和接地线的合称，它的作用是把引下线引下的雷电流迅速流散到大地土壤中去。

1）接地体。接地体是指埋入土壤中或混凝土基础中作散流用的金属导体。接地体分自然接地体和人工接地体两种。

①自然接地体即兼作接地用的直接与大地接触的各种金属构件，如建筑物的钢结构、行车钢轨、埋地的金属管道（可燃液体和可燃气体管道除外）等。

②人工接地体即直接打入地下专作接地用的经加工的各种型钢或钢管等。按其敷设方式，可分为垂直接地体和水平接地体。

a. 埋入土壤中的人工垂直接地体宜采用角钢、钢管或圆钢。角钢厚度不应小于 4 mm，钢管壁厚不应小于 3.5 mm，圆钢直径不应小于 10 mm。

b. 人工垂直接地体的长度宜为 2.5 m。人工垂直接地体间的距离及人工水平接地体间的距离宜为 5 m，当受地方限制可适当减小。人工接地体在土壤中的埋设深度不应小于 0.5 m。

2）接地线。接地线是从引下线断接卡或换线处至接地体的连接导体，是接地体与接地体之间的连接导体。接地线应与水平接地体的截面相同。

3）基础接地体。高层建筑中，常常利用柱子和基础内的钢筋做引下线和接地体。设在建筑物钢筋混凝土桩基和基础内的钢筋作为接地体时，称为基础接地体。利用基础接地体的接地方式称为基础接地。基础接地体可分为以下两类：

①自然基础接地体：利用钢筋混凝土基础中的钢筋或混凝土基础中的金属结构做接地体时，称为自然基础接地体。

②人工基础接地体：把人工接地体敷设在没有钢筋的混凝土基础内，这种接地体称为人工基础接地体。

有时候，在混凝土基础内虽有钢筋但由于不能满足利用钢筋作为自然基础接地体的要求，可在这种钢筋混凝土基础内加设人工接地体，加设的人工接地体也称为人工基础接地体。

必须说明的是，不仅仅是防雷装置的接闪器需要接地，电气工程中的很多电气设备为了正常工作和安全运行，其中性点或金属构架、外壳都必须接地，即必须配备相应的接地装置，这种接地装置与防雷装置的组成是一样的。

任务五　建筑施工工地防雷

学习目标

1. 了解建筑工地防雷的重要性
2. 能对建筑施工工地进行防雷处理

15 m 以下的建筑物，由于高度较低，雷击可能性不大。而高大建筑物的施工工地的防雷问题是很重要的，应采取相应的防雷措施。

知识链接一　建筑施工工地脚手架防雷

脚手架安装防雷装置，防雷装置的冲击接地电阻值控制在 4 Ω 内；脚手架立杆顶端做避雷针，可用直径为 25～32 mm、壁厚不小于 3 mm 的镀锌钢管或直径为 12 mm 的镀锌钢筋制作，与脚手架立杆顶端焊接，高度不小于 1 m；将脚手架所有最上层的大横杆全部接通，形成避雷网络。

避雷网的安装

接地板用直径不小于 20 mm 的镀锌圆钢，水平接地板可用厚度不小于 4 mm、宽为 25～40 mm 的角钢制作。接地板的设置，可按脚手架长度每 25 m（或小于 50 m）设置一个，接地板埋入地下的最高点应深入地下不小于 500 mm。脚手架接地平面图如图 5-32 所示。

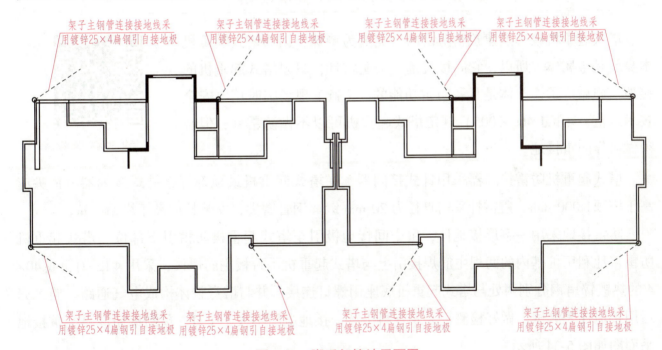

图 5-32　脚手架接地平面图

接地线可采用直径不小于 8 mm 的镀锌圆钢或厚度不小于 4 mm 的镀锌扁钢，接地线的连接应保证接触可靠。在脚手架的下部连接时，应用两道螺栓卡箍并加设弹簧垫圈，以防松动。保证接触面不小于 10 cm²，连接时将接触面的油漆及氧化层清除，使其露出金属光泽，并涂以中性凡士林。接地线与接地板的连接应用焊接，焊缝长度应大于接地线直径的 6 倍或镀锌扁钢宽度的 2 倍。

接地装置完成后，要用电阻表测定电阻是否符合要求。接地板的位置，应选择人们不易走到的地方，以避免和减少跨步电压的危害和防止接地线遭机械损伤，同时应注意与其他金属物或电缆之间保持一定距离（一般不小于 3 m），以免发生击穿危害。在施工期间遇有暴雨时，脚手架上的操作人员应立即撤离到安全地方。接地极安装平面图如图 5-33 所示。

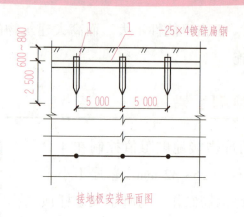

接地极安装平面图

注：
1. 钢管接地极尖端的做法：在距管口120 mm长的一段，锯成四块锯齿形，尖端向内打台焊接而成。接地极采用热镀DN40钢管长为l=2 500；
2. 接地线采用热镀-25×4扁钢与钢柱主体连接。

图5-33　接地极安装平面图

防雷接地引下线的
安装

知识链接二　建筑施工工地塔式起重机防雷

塔式起重机较一般建筑物防雷的情况更为特殊，因为塔式起重机本身就是金属体，所以，它间接就是一个避雷针，只要塔式起重机的接地措施做好了，整体是具备防雷功能的。《施工现场临时用电安全技术规范》（JGJ 46—2005）规定塔式起重机可以不做防雷针，但必须做可靠防雷接地。

接地装置的安装

塔式起重机防雷接闪器采用针式接闪器，在塔式起重机最顶部焊接针式接闪器，针尖应高于塔顶1 000 mm。避雷针采用直径为20 mm镀锌钢管磨尖，安装长度高于塔帽1 m。

防雷接地采用一字形接地体，由中间接地极引至塔式起重机防雷引下部位。塔式起重机防雷接地利用桩基内的两根主筋焊接引上与塔式起重机承台板主筋焊接，采用φ12钢筋或40×4的热镀锌扁钢分别两处与塔式起重机底座用螺钉连接，并与塔身整体构成电气通路。施工完后用接地摇表测试，做好检测记录及资料手续，接地电阻不大于1 Ω。预制钢筋混凝土桩接地平面图如图5-34所示。

镀锌扁钢接地线搭接长度为镀锌扁钢宽度的2倍（当宽度不同时，搭接长度以宽的为准），三面焊接。镀锌圆钢接地线搭接长度为镀锌圆钢直径的6倍（当直径不同时，搭接长度以直径大的为准），且应两面焊接。镀锌扁钢与镀锌钢管、镀锌扁钢与镀锌角钢焊接时，应紧贴3/4镀锌钢管表面，或紧贴角钢外侧两面，上、下两侧焊接。焊接焊缝应饱满、牢固，不应有夹渣、虚焊、咬肉、气孔及未焊透现象，除埋设在混凝土中的焊接接头外，应有防腐措施。

塔式起重机电气重复接地应单独打一根∟50×50×2 500的镀锌角钢，引至塔式起重机专用的接地装置，采用铜制编织软线连接，接地电阻不大于6 Ω。

保护接地与塔式起重机连接：在塔基底座上焊一只M12的螺栓，保护接地线一端固定在螺栓上，一端固定在开关箱内保护接地端子板上。该线直径与塔式起重机进线相同。

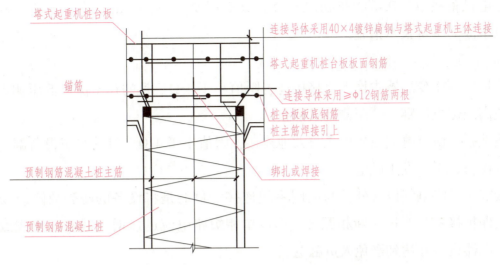

塔式起重机桩台板

连接导体采用40×4镀锌扁钢与塔式起重机主体连接

塔式起重机桩台板板面钢筋

锚筋

连接导体采用≥φ12钢筋两根

桩台板板底钢筋
桩主筋焊接引上

预制钢筋混凝土桩主筋

绑扎或焊接

预制钢筋混凝土桩

图 5-34　预制钢筋混凝土桩接地平面图

知识链接三　建筑施工工地电梯防雷

根据建筑工程施工统计，在每一年中，电梯遭受雷击而发生多次故障停梯的情况经常发生，其中不乏伴随出现烧毁电子板的情况，且通常烧毁的大部分是主微机板或信号处理板。出现此类故障会造成电梯的紧急制动停止，并有可能造成电梯乘客恐慌甚至受伤。

电梯是分散在各地区普遍使用的公用设备。充分了解各地区的差异，针对差异对电梯进行适当配置，将有利于电梯在该地区的使用和维护。电梯安装在建筑物内，受建筑物避雷针或避雷网保护，被直击雷击中的可能性很小，因此，可将注意力集中到防范感应雷方面。

具体实施措施：

等电位联结是电梯系统内部防雷装置中一部分，其目的在于减少雷电流所引起的电位差。

等电位是用联结导线或浪涌保护器将处在需要防护的空间内的防雷装置，建筑物的金属构架、金属装置、外来导线、电气装置、电信装置等连接，形成等电位连接网络，以实现均压等电位，防止需要防护空间的火灾、爆炸、人民生命危险和设备损坏。

高层电梯机房金属门窗、金属构架接地，等电位处理。在电梯机房内使用40×4×300铜排设置等电位接地端子板，室内所有的机架（壳）、配线线槽、设备保护接地、安全保护接地、浪涌保护器接地端均应就近接至等电位接地端子板。区域报警控制器的金属机架（壳）、金属线槽（或钢管）、电气竖井内的接地干线、接线箱的保护接地端等，应就近接至等电位端子板。

知识链接四　建筑施工现场钢筋棚及各类电气设备接地与接零

建筑施工工地用电检查主要有外电防护、接地与接零保护系统、配电箱、开关箱、现场照明、配电线路、电气装置、变配电装置和用电档案几个环节。每个环节都不能忽视。在施工现场每个安全问题都是相对的，而非绝对的。因此，对任何问题都不能抱有侥幸心理。特别在施工用电设备接地与接零保护初次检查验收一定要仔细，这是防止施工电气设备意外带电造成触电事故的基本技术措施。

1. 保护接地与保护接零

工作接地——将变压器中性点直接接地，阻值小于 4 Ω。目的在于保护低压侧系统电气设备不至于被高压侧电流蹿入低压侧造成摧毁。

保护接地——所有电气设备外壳与大地连接，阻值小于 4 Ω。目的在于设备漏电时，人员触碰到电气设备不至于发生触电。

保护接零——将电气设备外壳与电网零线连接。目的是将设备的碰壳故障改变为单相短路故障，由保护接零与保护切断相配合，形成单相短路电流迅速增大截断保险或致自动开关跳闸，保护电器设备并达到避免人员触电。

重复接地——在设备集中处和重要设备处（搅拌机棚、钢筋加工区、塔式起重机、外用电梯、物料提升机），中性点直接接地系统中，将零干线一处或多处用金属导线直接连接接地装置，阻值小于 10 Ω。目的是在保护零线断线后能起到补充保护作用，同时也能降低漏电设备对地电压和缩短故障持续时间。施工现场重复接地不能少于三处（始端、中间和末端）。

2. 工作零线与保护零线

总配电箱进线四根出线五根，使用五芯电缆。工作零线与保护零线必须分设，不能接错，否则将造成设备带电。

（1）保护零线由工作接地处或配电室（总配电箱）电源侧零线处引出。

（2）总配电箱设两块端子板：一块为工作零线 N 端子板，与配电箱绝缘；一块为保护零线 PE 端子板，与配电箱电气连接。

工作零线必须穿过漏电保护器，保护零线禁止穿过漏电保护器。

工作零线严禁做重复接地，保护零线必须做重复接地。

五芯电缆中绿/黄双色线为保护零线专用。不得使用四芯电缆外加一根做保护零线。

3. 开关箱

三级配电就是总配电箱→分配电箱→开关箱。两级保护就为分配电箱至开关箱加装漏电保护器。分配电箱为第一级保护，开关箱为第二级保护。

设漏电保护器的目的是防止作业人员触电，能在瞬间切断电源。

隔离开关一定要有"明显可见分断点"，通常选用刀开关或刀型转换开关，空气开关不能用作隔离开关；动力开关箱与照明开关箱分设，做到一机、一闸、一漏、一箱，所有配电箱设备必须重复接地。如图 5-35 所示为钢筋棚及设备接地平面图。

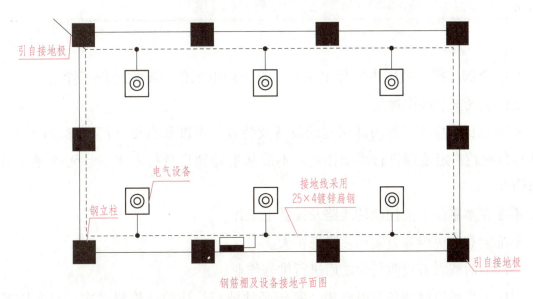

引自接地极

电气设备

钢立柱

接地线采用
25×4镀锌扁钢

引自接地极

钢筋棚及设备接地平面图

图 5-35 钢筋棚及设备接地平面图

知识链接五 建筑施工现场办公生活区的防雷

办公、宿舍板房金属屋面可防雷接闪，无须另设接闪器；宜于非行人道处设置两处防雷接地；可采用 1 500×∟50×50×5 镀锌角钢做垂直接地极，连接线可用截面面积不小于 16 mm^2 的软质铜、铝线或 40×4 镀锌扁钢。

生活区电视天线易遭雷击引起人员伤亡，电视天线不应高于已接地的板房，如高出板房，应采取保护措施，以免发生防雷安全事故。

办公设备防雷措施有：办公计算机等设备加强电源和通信接口防雷措施，使用防雷插座（带有电话线、网络线防雷功能）；使用无线网络。

建筑施工现场用电安全管理制度

任务一　现场临时用电安全管理制度与措施

知识连接一　现场临时用电安全管理制度

1. 电气维修制度

（1）只准全部（操作范围内）停电工作、部分停电工作，不准进行不停电工作。维修工作要严格执行电气安全操作规范。

（2）不准私自维修不了解内部原理的设备及装置。不准私自维修厂家禁修的安全保护装置，不准私自超越指定范围进行维修作业。不准从事超越自身技术水平且无指导人员在场的电气维修作业。

（3）不准在本单位不能控制的线路及设备上工作。

（4）不准随意变更维修方案而使隐患扩大。

（5）不准酒后或者有过激行为之后进行维修作业。

（6）对施工现场所属的各类电动机，每年必须清扫、注油或检修一次；对变压器、电焊机，每年必须进行清扫或检修一次；对一般低压电器、开关等，每年检修一次。

2. 工作监护制度

（1）在带电设备附近工作时必须设人监护。

（2）在狭窄及潮湿场所从事用电作业时必须设人监护。

（3）登高用电作业时必须设人监护。

（4）监护人员必须时刻注意工作人员的活动范围，督促其正确使用工具，并与带电设备保持安全距离，发现违反电气安全规程的做法应及时纠正。

（5）监护人员的安全知识及操作技术水平不得低于操作人。

（6）监护人员在执行监护工作时，应根据被监护工作情况携带或使用基本安全用具或辅助安全用具，不得兼做其他工作。

3. 安全技术交底制度

（1）进行临时用电工程的安全技术交底，必须分部分项目进行交底。不准一次性完成全部交底工作。

（2）设有监护人的场所，必须在作业前对全体人员进行技术交底。

（3）对电气设备的试验、检测、调试前、检修前及检修后的通电试验前，必须进行技术交底。

（4）对电气设备的定期检修前、检查后的整改前，必须进行技术交底。

（5）交底项目必须齐全，包括使用的劳动保护用品及工具，有关法规内容，有关安全操作规程内容和保证工程质量的要求，以及作业人员活动范围和注意事项等。

（6）填写交底记录要层次清晰，交底人、被交底人及交底负责人必须分别签字，并准确注明交底时间。

4. 安全检测制度

（1）测试工作接地和防雷接地电阻值，必须每年在雨季前进行。

（2）测试重复接地电阻值必须每季度至少进行一次。

（3）更换和大修设备或每移动一次设备，应测试一次电阻值。测试接地电阻值工作前必须切断电源，断开设备接地端。操作时不得少于两人，禁止在雷雨时及降雨后测试。

（4）每年必须对漏电保护器进行一次主要参数的检测，不符合铭牌值范围时应立即更换或维修。

（5）对电气设备及线路、施工机械电动机的绝缘电阻值，每年至少检测两次。摇测绝缘电阻值，必须使用与被测设备、设施绝缘等相适应的（按安全规程执行）绝缘摇表。

（6）检测绝缘电阻前必须切断电源，至少两人操作。禁止在雷雨时遥测大型设备和线路的绝缘电阻值。检测大型感性和容性设备前后，必须按规定方法放电。

5. 电工及用电人员操作制度

（1）禁止使用或安装木质配电箱、开关箱、移动箱。电动施工机械必须实行"一闸一机一漏一箱一锁"。并且，开关箱与所控固定机械之间的距离不得大于 5 m。

（2）严禁以取下（给上）熔断器方式对线路停（送）电。严禁维修时送电，严禁以三相电源插头代替负荷开关启动（停止）电动机运行。严禁使用 200 V 电压行灯。

（3）严禁频繁按动漏电保护器和私拆漏电保护器。

（4）严禁长时间超铭牌额定值运行电气设备。

（5）严禁在同一配电系统中一部分设备作保护接零，另一部分作保护接地。

（6）严禁直接使用刀闸启动（停止）4 kW 以上电动设备。严禁直接在刀闸上或熔断器上挂接负荷线。

6. 安全检查评估制度

（1）项目经理部安全检查每月应不少于三次，电工班组安全检查每天进行一次。

（2）各级电气安全检查人员，必须在检查后对施工现场用电管理情况进行全面评估，找出不足并做好记录，每半月必须归档一次。

（3）各级检查人员要以国家的行业标准及法规为依据，以有关法规为准绳，不得与法规、标准或上级要求发生冲突，不得凭空杜撰或以个人好恶为尺度进行检查评估，必须按规定要求评分。

（4）检查的重点是：电气设备的绝缘有无损坏；线路的敷设是否符合规范要求；绝缘电阻是否合格；设备裸露带电部分是否有防护；保护接零或接地是否可靠；接地电阻值是否在规定范围内；电气设备的安装是否正确、合格；配电系统设计布局是否合理，安全距离是否合规定；各类保护装置是否灵敏可靠、齐全有效；各种组织措施、技术措施是否健全；电工及各种用电人员的操作行为是否齐全；有无违章指挥等情况。

（5）电工的日常巡视检查必须按《电气设备运行管理准则》等要求认真执行。

（6）对各级检查人员提出的问题，必须立即制定整改方案进行整改，不得留有事故隐患。

7. 安全制度和培训制度

（1）安全教育必须包含用电知识的内容。

（2）没有经过专业培训、教育或经教育、培训不合格及未领到操作证的电工及各类主要用电人员不准上岗作业。

（3）专业电工必须两年进行一次安全技术复试。不懂安全操作规程的用电人员不准使用电动器具。用电人员变更作业项目必须进行换岗用电安全教育。

（4）各施工现场必须定期组织电工及用电人员进行工艺技能或操作技能的训练，坚持"干什么，学什么，练什么"。采用新技术或使用新设备之前，必须对有关人员进行知识、技能及注意事项的教育。

（5）施工现场至少每年进行一次吸取电气事故教训的教育。必须坚持每日上班前和下班后进行一次口头教育，即班前交底、班后总结。

（6）施工现场必须根据不同岗位，每年对电工及各类用电人员进行一次安全操作规程的闭卷考试，并将试卷或成绩名册归档。不合格者应停止上岗作业。

（7）每年对电工及各类用电人员的教育与培训，累计时间不得少于7天。

8. 料具使用制度

（1）对于施工现场的高、低压基本安全用具，必须按国家颁布的安全规程使用与保管。禁止使用安全基本用具或辅助安全用具从事非电工工作。

（2）现场使用的手持电动工具和移动式碘钨灯必须由电工负责保管、检修。用电人员每班用毕交回。

（3）现场备用的低压电器及保护装置必须装箱入柜。不得到处存放、着尘受潮。

（4）不准使用未经上级鉴定的各种漏电保护装置。使用上级（劳动部门）推荐的产品时，必须到厂家或厂家销售部联系购买。不准使用假冒或劣质的漏电保护装置。

（5）购买与使用的低压电器及各类导线必须有产品检验合格证，且应为经过技术监督局认证的产品。并将类型、规格、数量统计造册，归档备查。

（6）专用焊接电缆由电焊工使用与保管。不准沿路面明敷使用，不准被任何东西压砸，使用时不准盘绕在任何金属物上，存放时必须避开油污及腐蚀性介质。

🔧 9. 宿舍用电管理制度

现阶段建筑施工队伍中的农民工素质差，难于管理，并且每天吃住在工地上，宿舍内电线乱拉乱接，并把衣服、手巾晾在电线上，冬天使用电炉取暖，夏天将小风扇接进蚊帐，常因为用电量太大或漏电，而将熔断器用铜丝连接或将漏电保护器短接。这些不规范的现象极易引起火灾、触电事故等，所以必须对宿舍用电加以规定，用制度约束管理他们。

宿舍安全用电管理制度应规定宿舍内可以用什么电器，不可以用什么电器，严禁私拉乱接，宿舍内接线必须由电工完成，严禁私自更换熔丝，严禁将漏电保护器短接，同时还应规定处罚措施。

🔧 10. 工程拆除制度

（1）拆除临时用电工程必须定人员、定时间、定监护人、定方案。拆除前必须向作业人员交底。

（2）拉闸断电操作程序必须符合安全规范要求，即先拉负荷侧、后拉电源侧，先拉断路器、后拉刀闸等停电作业要求。

（3）使用安全基本用具、辅助安全用具、登高工具等作业，必须执行安全规程。操作时必须设监护人。

（4）拆除的顺序是：先拆负荷侧，后拆电源侧，先拆精密贵重电器，后拆一般电器。不准留下经合闸（或接通电源）就带电的导线端头。

（5）必须根据所拆设备情况，佩戴相应的劳动保护用品，采取相应的技术措施。

（6）必须设专人做好点件工作，并将拆除情况资料整理归档。

🔧 11. 其他有关规定

（1）施工现场使用的动力源为高压时，必须执行交接班制度、操作票制度、巡检制度、工作票制度、工作间断及转移制度、工作终结及送电制度等。

（2）施工现场应根据国家规定的安全操作规程，结合现场的具体情况编制各类安全操作规程，并书写清晰后悬挂在醒目位置。

（3）对于使用自制或改装以及新型的电气设备、机具，制定操作规程后，必须经公安安全、技术部门审批后实施。

⬤ 知识链接二 施工现场用电安全技术措施

🔧 1. 工作票制度

工作票制度一般有两种，即变电所和变电室。

变电所第一种工作票使用场合如下：

（1）在高压设备上工作需要全部停电或部分停电时。

（2）在高压室内的二次回路和照明回路上工作，需要将高压设备停电或采取安全措施时。

变电室第二种工作票使用的场合如下：

（1）在带电作业和带电设备外壳上的工作。

（2）在控制盘和低压配电盘、配电箱、电源干线上工作。

（3）在高压设备无须停电的二次接线回路上工作等。

根据不同的检修任务、不同的设备条件，以及不同的管理机构，可选用或制定适当格式的工作票，但是无论哪种工作票，都必须以保证检修工作的绝对安全为前提。

2. 停电制度

（1）在进行作业中与作业人员正常作业活动最大范围的距离，小于表6-1规定的带电设备。

（2）当带电设备的安全距离大于表6-1所规定的数值，可不予停电，但带电体在作业人员的后侧或左右侧时，即使距离略大于表中的规定，也将该带电体部分停电。

（3）停电时，应注意对所有能够检修部分与送电线路要全部切断，而且每处至少要有一个明显的断开点，并应采取防止误合闸的措施。

（4）停电操作时，应执行操作票制度；必须先拉断路器，再拉隔离开关；严禁带负荷拉隔离开关；计划停电时，应先将负荷回路拉闸，再拉断路器，最后拉隔离开关。正常操作时，工作人员与带电设备之间的安全距离见表6-1。

表6-1　工作人员与带电设备之间的安全距离

设备额定电压/kV	10 及以下	20~35	44	60
设备不停电时的安全距离/m	0.7	1	1.2	1.5
工作人员工作时正常活动范围与带电设备的安全距离/m	0.35	0.6	0.9	1.5
带电作业时人体与带电体之间的安全距离/m	0.4	0.6	0.6	0.7

（5）对于多回路的线路，还要注意防止其他方面的突然来电，特别要注意防止低压方面的反馈电。

（6）停电后断开的隔离开关操作手柄必须锁住且挂标志牌。

3. 验电制度

（1）对已停电的线路或设备，不能光看指示灯信号和仪表（电压表）上反映出无电，均应进行必要的验电步骤。

（2）验电时所用验电器的额定电压，必须与电气设备（线路）电压等级相适应，且事先在有电设备上进行试验，证明是良好的验电器。

（3）电气设备的验电，必须在进线和出线两侧逐相验电，防止某种不正常原因导致出现某一侧或某一相带电而未被发现。

（4）线路（包括电缆）的验电，应逐相进行。

（5）验电时应戴绝缘手套，按电压等级选择相应的验电器。

（6）如果停电后，信号及仪表仍有残压指示，在未查明原因前，禁止在该设备上作业。

切记绝不能凭经验办事，当验电器指示有电时，想当然认为系剩余电荷所致，就盲目进行接地操作，这是十分危险的。

4. 放电制度

应放电的设备及线路主要有：电力变压器、油断路器、高压架空线路、电力电缆、电力电容器、大容量电动机及发电机等。放电的目的是消除检修设备上残存的静电。

（1）放电时应使用专用的导向，用绝缘棒或开关操作，人手不得与放电导体相接触。

（2）线与线之间、线与地之间，均应放电。电容器和电缆线残余电荷较多，最好有专门的放电设备。

（3）放电操作时，人体不得与放电导体接触或靠近；与设备端子接触时不得用力过猛，以免撞击端子导致损坏。

（4）放电的导线必须良好可靠，一般应使用专用的接地线。

（5）接地网的端子必须是已做好的接地网，并在运行中证明是接地良好的接地网；与设备端子的接触，与线路相的接触，应和验电的顺序相同。

（6）放电操作时，应穿绝缘靴、戴绝缘手套。

5. 装设接地线制度

装设接地线，是防止停电后的电气设备及线路突然有电而造成检修作业人员意外伤害的技术措施；其方法是将停电后的设备的接线端子及线路的相线直接接地短路。

（1）验电之前，应先准备好接地线，并将其接地端先接到接地网（极）的接线端子上；当验明设备或线路确已无电压且经放电后，应立即将检修设备或线路接地并三相短路。

（2）所装设的接地线与带电部分不得小于规定的允许的距离。否则，会威胁带电设备的安全运行，并将可能使停电设备引入高电位而危及工作人员的安全。

（3）在装接地线时，必须先接接地端；而在拆接地线时，顺序应与以上顺序相反。装拆接地线均应使用绝缘棒或戴绝缘手套。

（4）接地线应采用多股软铜导线，其截面应符合短路电流热稳定的要求，最小截面面积不应小于 25 mm²。其线端必须使用专用的线夹固定在导体上，禁止使用缠绕的方法进行接地或短路。

（5）变配电所内，每组接地线均应按其截面面积编号，并悬挂存放在固定地点。存放地点的编号应与接地线的编号相同。

（6）变配电所（室）内装拆接地线，必须做好记录，交接班时要交代清楚。

6. 装设遮拦制度

（1）在变配电所内的停电作业，一经合闸即可送电到作业地点的开关或隔离开关的操作手柄上，均应悬挂"禁止合闸，有人工作！"的标志牌，具体样式见表6-2。

表 6-2　标志牌式样

序号	名称	悬挂处所	式样		
			尺寸/mm	颜色	字样
1	禁止合闸，有人工作！	一经合闸即可送电到施工设备的开关和刀闸操作手柄上	200×100和80×50	白底	红字
2	禁止合闸，线路有人工作！	线路开关和刀闸手柄上	200×100和80×50	红底	白字
3	在此工作！	室外和室内工作地点或施工设备上	250×250	绿底，中有直径210 mm白圆圈	黑字，写于白圆圈中
4	止步，高压危险！	施工地点临近带电设备的遮拦上；室外工作地点的围栏上；禁止通行的过道上；高压试验地点；室外构架上；工作地点临近带电设备的横梁上	250×200	白底红边	黑字，有红色箭头
5	从此上下！	工作人员上下的铁架、梯子上	250×250	绿底，中有直径210 mm白圆圈	黑字，写于白圆圈中
6	禁止攀登，高压危险！	工作人员上、下的铁架，临近可能上、下的另外铁架上，运行中变压器的梯子上	250×200	白底红边	黑字

（2）在开关柜内悬挂接地线以后，应在该柜的门上悬挂"已接地"的标志牌。

（3）在变配电所外线路上作业，其电源控制设备在交配电所室内的，则应在控制线路的开关或隔离开关的操作手柄上悬挂"禁止合闸，线路上有人工作！"的标志牌，见表6-2。

（4）在作业人员上、下用的铁架或铁梯上，应悬挂"由此上下！"的标志牌。在临近其他可能误登的构架上，应悬挂"禁止攀登，高压危险！"的标志牌。

（5）在作业地点装妥接地线后，应悬挂"在此工作！"的标志牌。

（6）标志牌和临时遮拦的设置及拆除，应按调度员的命令或作业票的规定执行，严格禁止作业人员在作业中移动、变更或拆除临时遮拦及标志牌。

（7）临时遮拦、标志牌、围栏是保证作业人员人身安全的安全技术措施。因作业需要必须变动时，因由作业许可人批准，但更动后必须符合安全技术要求，完成该项作业后，应立即恢复原来状态并报告作业许可人。

（8）变配电室内的标志牌及临时遮拦由值班员监护，室外或线路上的标志牌及临时遮拦由作业负责人或安全员监护，不准其他人员触动。

7. 不停电检修制度

（1）不停电检修工作必须严格执行监护制度，保证有足够的安全距离。

（2）不停电检修工作时间不宜太长，对不停电检修所使用的工具应经过检查与试验。

（3）检修人员应经过严格培训，要能熟练掌握不停电检修技术与安全操作知识。

（4）低压系统的检修工作，一般应停电进行，如必须带电检修时，应制定出相应的安全操作技术措施和相应的操作规程。

任务二　施工现场电工的基本要求与职责

知识链接一　用电人员的基本要求

由于施工现场环境的多变及恶劣性，施工现场人员的复杂性，故必须对施工现场所有用电人员提出具体要求。

1. 电气专业技术人员的基本要求

（1）接受过系统的电气专业培训，掌握安全用电的基本知识和各种机械设备、电气设备的性能，熟知《施工现场临时用电安全技术规范》（JGJ 46—2005）及其他用电规范。

（2）能独立编制临时用电施工组织设计。

（3）熟知电气事故的种类、危害，掌握事故的规律性和处理事故的方法，熟知事故报告规程。

（4）掌握触电急救方法。

（5）掌握调度管理要求和用电管理规定。

（6）熟知用电安全操作规程及技术、组织措施等。

2. 电工的基本要求

（1）年满18周岁，工作认真负责，身体健康，无妨碍从事本职工作的病症和生理缺陷，具有初中以上文化程度和具有电工安全技术、电工基础理论和专业技术知识，并有一定的实践经验。

（2）维修、安装或拆除临时用电工程必须由电工完成，该电工必须持有特种作业操作证，且在有效期内。

（3）对从事电工作业的人员（包括工人、工程技术人员和管理人员），必须进行安全教育和安全技术培训。培训的时间和内容，根据国家（或部）颁发的电工作业《安全技术考核标准》和有关规定而定。

电工作业人员经安全技术培训后，必须进行考核。经考核合格取得操作证者，方准独立作业。考核的内容，由发证部门根据国家（或部）颁发的电工作业《安全技术考核标准》和有关规定。考核分为安全技术理论和实际操作两部分，理论考核和实际操作都必须达到合格要求。考核不合格者可进行补考，补考仍不合格者必须重新培训。

电工作业人员的考核发证工作，由地、市级以上的劳动部门负责；电业系统的电工作人员，由电业部门考核发证。对无证人员严禁进行电工作业。

对新从事电工作业的人员，必须在持证人员的现场指导下进行作业。见习或学徒期满后，方可准许考核取证。取得操作证的电工作业人员，必须定期（两年）进行复审。未经复审或复审不及格者，不得继续独立作业。

（4）电工等级应同临时用电工程的技术难易和复杂性相适应，应由高等级电工完成的不能指派低等级的电工去做。

（5）应了解电气事故的种类和危害、电气事故特点、重要性，能正确处理电气事故。

（6）熟悉触电伤害的种类、发生原因及触电方式，了解电流对人体的危害，了解触电事故发生的规律，并能对触电者采取急救措施。

（7）应知我国的安全电压等级、安全电压的选用和使用条件。

（8）应知绝缘、屏护、安全距离等防止直接电击的安全措施、绝缘损坏的原因、绝缘指标，能掌握防止绝缘损坏的技术要求及测试绝缘的方法。

（9）应知保护接地（TT系统）、保护接零（TN系统）中性点不接地或经过阻抗接地（TT系统）等防止间接电击的原理及措施，能针对在建工程的供电方式掌握接地、接零的方式、要求和安装测试的方法。

（10）应知漏电保护器的类型、原理和特性、技术参数，能根据用电设备合理选择漏电保护装置及正确的接线方式、使用、维修知识。

（11）应知雷电形成及对电气设备、设施和人身的危害，掌握防雷的要求及避雷措施。

（12）应知电气火灾的形成原因和预防措施，懂得电气火灾的补救程序和灭火器的选择、使用的方法和保管知识。

（13）了解电气安全保护用具的种类、性能及用途，掌握使用、保管方法和试验周期、试验标准。

（14）了解施工现场特点，了解潮湿、高温、易燃、易爆、导电性腐蚀性其他或蒸汽、强电磁场、导电性物体、金属容器、地沟、隧道、井下等环境条件对电气设备和安全操作的影响，能知道在相应的环境条件下设备造型、运行、维修的电气安全技术要求。

（15）了解施工现场周围环境对电气设备安全运行的影响，掌握相应的防范措施。

（16）了解电气设备的过载、短路、欠压、失压、断相等保护的原理，掌握本岗位中电气设备保护方式的选择和保护装置及二次回路的安装调试技术，掌握本岗位中电气设备的性能、主要参数及其安装、运行、检修、维护、测试等技术标准和安全技术要求。

（17）掌握照明装置、移动用具、手持式电动工具及临时供电线路安装、运行、维修的安全技术要求。

（18）掌握与电工作业有关的登高、机械、起重、搬运、挖掘、焊接、爆破等作业的安全技术要求。

（19）掌握静电感应的原理及在临近带电设备或有可能产生感应电压的设备上工作时的安全技术要求。

（20）了解带电作业的理论知识，掌握相应的带电操作技术和安全要求。

（21）了解本岗位内电气系统的线路走向、设备分布情况、编号、运行方式、操作步骤和事故处理程序。

（22）了解用电管理规定和调度要求。

（23）了解施工现场用电管理各项制度。

（24）了解电工作业安全的组织措施和技术措施。

3. 机电设备操作人员的基本要求

（1）掌握安全用电基本知识及所使用的设备的性能。

（2）了解使用设备须穿戴的劳动保护用品。

（3）了解本机的电气保护系统。

（4）掌握所使用的设备电气事故的紧急措施。

知识链接二　施工现场电气工作人员的主要职责

1. 项目经理的主要职责

（1）对本项目全体人员安全用电和保证临时用电工程符合国家标准负直接领导责任。

（2）负责配备一名电气技术负责人和保证满足施工需要量的合格电工。

（3）负责给电工、电焊工和用电人员提供必备的基本安全用具、辅助安全用具以及电气保护装置的检查工作。

（4）负责参与组织编制临时用电方案工作。

（5）负责组织对电工及用电人员的教育、培训工作。

（6）负责组织制定购买和使用合格电气产品的保证措施，并提倡使用性能可靠的科技型产品。

2. 临时用电负责人的主要职责

（1）认真贯彻执行国家建筑施工现场临时用电工程相关标准。对电工及用电人员的操作行为负直接管理责任。

（2）协助项目经理落实施工现场临时用电安全管理岗位责任制及有关用电管理制度。

（3）负责参与编制及修改《临时用电施工组织设计》，报技术部门审核，经上级主管部门批准后组织实施。

（4）负责施工现场临时用电工程各项设施的使用符合规范的指导和监督。

（5）协助工地负责人对现场施工人员进行安全用电知识教育。

（6）负责对电工作业中（安装、拆除、维修、调试与检测等）分项工作进行安全技术交底。

（7）协助技术负责人对临时用电工程进行检查验收。

（8）负责组织电工对电气设备进行试验、检测和调试，定期对现场用电情况进行检查评估，提出整改意见并按时进行复查。

（9）负责建立现场临时用电管理台账等有关安全用电技术档案。

（10）发现事故隐患有权停止作业，并根据有关规定对违章、违规用电人提出处理意见。

3. 电工的主要职责

（1）认真贯彻执行有关施工现场临时用电安全规范、标准、办法、规程及制度，保证临时用电工程处于良好状态。对安全用电负直接操作和监护责任。

（2）负责日常现场临时用电的安全检查、巡视与检测，发现异常情况及时采取有效措施，谨防发生事故。

（3）负责维护保养现场电气设备、设施。

（4）负责对现场用电人员进行安全用电操作安全技术交底，做好用电人员在特殊场所作业的监护工作。

（5）积极宣传电气安全知识，维护安全生产秩序，有权制止任何违章指挥或违章作业行为。

4. 用电人员的基本职责

（1）掌握安全用电基本知识和所用设备的性能，对施工中用电负有直接的安全操作责任。

（2）使用设备前必须按规定穿戴和配备好相应的劳动保护用品。

（3）负责检查电器装置和保护设施是否完好，确保设备不带"病"运转。

（4）负责完工后停用的设备的拉闸断电、锁好开关箱的工作。

（5）负责保护所用设备的负载线、保护零线和开关箱，发现问题及时报告解决。

（6）搬迁或移动用电设备，须经过电工切断电源并做妥善处理后进行。

知识链接三　施工现场电工安全操作

1. 施工现场电工操作的一般规定

（1）电工应经过专门培训，掌握安装与维修的安全技术，并经过考核合格后，方准独立操作。

（2）施工现场暂设线路，电气设备的安装与维修应执行《施工现场临时用电安全技术规范》（JGJ 46—2005）。

（3）新设、增设的电气设备，必须由主管部门或人员检查合格后，方可通电使用。

（4）各种电气设备或线路，不应超过安全负荷，并要牢靠、绝缘良好和安装合格的保险设备，严禁用铜丝、铁丝等代替保险丝。

（5）放置及使用易燃液体、气体的场所，应采用防爆型电气设备及照明灯具。

（6）定期检查电气设备的绝缘电阻是否符合不低于 1 kΩ/V（如对地 220 V 绝缘电阻应不低于 0.22 MΩ）的规定，发现隐患应及时排除。

（7）不可用纸、布或其他可燃性材料做无骨架的灯罩，灯泡距可燃物应保持一定距离。

（8）变（配）电室应保持清洁、干燥。变电室要有良好的通风。配电室内禁止吸烟，生火及保存于配电无关的物品（如食物等）。

（9）当电线穿过墙壁、苇篱或与其他物体接触时，应当在电线上套有瓷管等非燃性材料加以隔绝。

（10）电气设备和线路应经常检查，发现可能引起火花、短路、发热和绝缘损坏等情况时，必须立即处理。

（11）各种机械设备的电闸箱内必须保持清洁，不得存放其他物品，电闸箱应配锁。

（12）电气设备应安装在干燥处，各种电气设备应有妥善的防雨、防潮设施。

2. 施工现场暂设电工的基本要求

（1）电工作业必须经专业安全技术培训，考试合格、持有《特种作业操作证》方准上岗独立操作，非电工严禁进行电气作业。

（2）电工接受施工现场暂设电气安装任务后，必须认真领会落实用电安装施工组织设计（施工方案）和安全技术措施交底的内容，施工用电线路架设必须按施工图规定进行，凡临时用电使用超过六个月（含六个月）的，应按正式线路架设。改变安全施工组织设计规定，必须经原审批单位领导同意签字，未经同意不得改变。

（3）电工作业时，必须穿绝缘鞋、戴绝缘手套，酒后不准操作。

（4）所有绝缘、检测工具应妥善保管，严禁他用，并应定期检查、效验。保证正确可靠接地或接零。所有接地或接零处，必须保证可靠电气连接。保护线 PE 必须采用绿/黄双色线，严格与相线、工作零线相区别，不得混用。

（5）电气设备的设置、安装、防护、使用、维修必须符合《施工现场临时用电安全技术规范》（JGJ 46—2005）的要求。

（6）在施工现场专用的中性点直接接地的电力系统中，必须采用 TN-S 接零保护。

（7）电气设备不带电的金属外壳、框架、部件、管道、金属操作台和移动碘钨灯的金属柱等，均应做保护接零。

（8）定期和不定期对临时用电工程的接地、设备绝缘和漏电保护开关进行检测、维修，发现隐患及时消除，并建立检测维修记录。

（9）施工现场运电杆时，应由专人指挥、小车搬运，必须绑扎牢固，防止滚动。人抬时，前后要响应，协调一致，电杆不得离地过高，防止一侧受力扭伤。

（10）人工立电杆时，应由专人指挥。立杆前检查工具是否牢固、可靠（如叉木无伤痕，链子合适，溜绳、横绳、逮子绳、钢丝绳无伤痕）。地锚钎子要牢固、可靠，溜绳各方向吃力应均匀。操作时互相配合，听从指挥，用力均衡；机械立杆，吊车臂下不准站人，上空（吊车起重臂杆回转半径内）所有带电线路必须停电。

（11）电杆就位移动时，坑内不得有人。电杆立起后，必须先架好叉木，才能撤去吊钩。电杆坑填土夯实后，才允许撤掉叉木、溜绳或横绳。

（12）登杆作业应符合以下要求：

1）登杆组装横担时，活板子开口要合适，不得用力过猛。

2）登杆脚扣规格应与杆径相适应。使用脚踏板，钩子应向上。使用的机具、护具应完好无损。操作时系好安全带，并拴在安全、可靠处，扣环扣牢，严禁将安全带拴在瓷瓶或横担上。

3）杆上作业时，禁止上、下投掷料具。料具应放置在工具袋内，上、下传递料具的小绳应牢固、可靠，递完料具后，要离开电杆 3 m 以外。

4）杆上紧线应侧向操作，并将夹紧螺栓拧紧，紧有角度的导线时，操作人员应在外侧作业。紧线时装设的临时脚踏支架应牢固。如用大竹梯，必须用绳将梯子和电杆绑扎牢固。调整拉线时，杆上不得有人。

5）紧绳用的钢（铁）丝或钢丝绳，应能承受全部拉力，与电线连接必须牢固，紧线时导线下方不得有人，终端紧线时反方向应设置临时拉线。

6）遇大雨、大雪及六级以上强风天，停止登杆作业。

（13）架空线路和电缆线路敷设、使用、维修必须符合《施工现场临时用电安全技术规范》（JGJ 46—2005）的要求。

（14）建筑工程竣工后，临时用电工程拆除，应按顺序先断电，后拆除。不得留有隐患。

🔧 3. 施工现场安装电工的安全操作基本要求

设备安装电工的基本要求：

（1）安装高压油开关、自动空气开关等有返回弹簧的开关设备时，应将开关置于断开位置。

（2）搬运配电箱时，应有专人指挥，步调一致。多台配电盘（箱）并列安装时，手指不得放在两盘（箱）的结合部分，不得触摸连接螺孔及螺钉。

（3）露天使用的电气设备，应有良好的防雨性或有可靠的防雨设施。配电箱必须牢固、完整、严密。使用中的配电箱内禁止放置杂物。

（4）剔槽、打洞时，必须戴防护眼镜，锤子柄不得松动。錾子不得卷边、裂纹。打过墙、楼板透眼时，墙体后面、楼板下面不得有人靠近。

内线安装电工的基本要求：

（1）安装照明线路时，不得直接在板条顶棚或隔声板上行走或堆放材料；因作业需要行走时，必须在大楞上铺设脚手架；顶棚内照明应采用 36 V 低压电源。

（2）在脚手架上作业，脚手板必须满铺，不得有空隙和探头板。使用的料具，应放入工具袋随身携带，不得投掷。

（3）在平台、楼板上用人力弯管器煨管时，应背向楼心，操作时面部要避开。大管径管子灌砂煨管时，必须将砂子用火烘干后灌入。用机械敲打时，下面不得站人，人工敲打上、下要错开。管口加热时，管口前不得有人停留。

（4）管子穿带线时，不得对管子呼唤、吹气，防止带线弹出。两人穿线应配合协调，一呼一应。高处穿线，不得用力过猛。

（5）钢索吊管敷设，在断钢索及卡固时，应防止钢索头扎伤。绷紧钢索应用力适度，防止花篮螺栓折断。

（6）使用套管机、电砂轮、台钻、手电钻时，应保证绝缘良好，并有可靠的接零、接地。漏电保护装置灵敏有效。

外线安装电工的基本要求：

（1）作业前应检查工具（铣、镐、锤、钎等）牢固、可靠。挖坑时应根据土质和深度，按规定放坡。

（2）杆坑在交通要道或人员经常通过的地方，挖好后的坑应及时覆盖，夜间设红灯示警。底盘运输及下坑时，应防止碰手、砸脚。

（3）现场运杆、立杆、电杆就位和登杆作业均应按前述"暂设电工"中要求进行安全操作。

（4）架线时在线路的每 2~3 km 处，应设一次临时接地线，送电前必须拆除。大雨、大雪及六级以上的强风天，停止登杆作业。

电缆安装的基本要求：

（1）架设电缆轴的地面必须平实。支架必须采用有底平面的专用支架，不得用千斤顶等代替。敷设电缆必须按安全技术措施交底内容执行，并设专人指挥。

（2）人力拉引电缆时，力量要均匀，速度应平稳，不得猛拉猛跑。看轴人员不得站在电缆前方。敷设电缆时，处于拐角的人员，必须站在电缆弯曲半径的外侧。过管处的人员必须做到：送电缆时手不可离管口太近；迎电缆时，眼及身体严禁直接对管口。

（3）竖直敷设电缆，必须有预防电缆失控下溜的安全措施，电缆放完后，应立即固定、卡牢。

（4）人工滚运电缆时，推轴人员不得站在电缆前方，两侧人员所站位置不得超过缆轴中心。电缆上、下坡时，应采用在电缆轴中心孔穿铁管，在铁管上拴绳拉放的方法，平稳、缓慢进行。电缆停顿时，将绳拉紧，及时"打掩"制动。人力滚动电缆路面坡度不宜超过 15°。

（5）汽车运输电缆时，电缆应尽量放在车头前方（跟车人员必须站在电缆后面），并用钢丝绳固定。

（6）在已送电运行的变电室沟内进行电缆敷设时，电缆所进入的开关柜必须停电，并应采用绝缘隔板等措施。在开关柜旁操作时，安全距离不得小于 1 m（10 kV 以下开关柜）。电缆敷设完如剩余较长，必须捆扎固定或采取措施，严禁电缆与带电体接触。

（7）挖电缆沟时，应根据土质和深度情况按规定放坡。在交通道路附近或较繁华地区施工电缆沟时，应设置栏杆和标志牌，夜间设红色标志灯。

（8）在隧道内敷设电缆时，临时照明的电压不得大于 36 V。施工前应清理地面，将积水排净。

电气调试的基本要求：

（1）进行耐压试验装置的金属外壳，必须接地，被调试设备或电缆两端如不在同一地点，另一端应有专人看守或加锁，并悬挂警示牌。待仪表、接地无误，人员撤离后方可升压。

（2）电气设备或材料作非冲击性试验，升压或降压，均应缓慢进行。因故暂停或试验结束，应先切断电源，安全放电并将升压设备高压侧短路接地。

（3）电力传动装置系统及高低压各型开关调试时，应将有关的开关手柄取下或锁上，悬挂标志牌，严禁合闸。

（4）用摇表测定绝缘电阻，严禁有人触及正在测定中的线路或设备，测定容性或感性设备材料后，必须放电，遇到雷雨天气，停止遥测线路绝缘。

（5）电流互感器禁止开路，电压互感器禁止短路和以升压方式进行，电气材料或设备需放电时，应穿绝缘防护用品，用绝缘棒安全放电。

 任务三　施工现场用电安全技术档案

1. 施工现场用电人员登记表

电工人员登记表

工程名称：　　　　　　　　　　　　　　　　　　　　　　　　　　　　　　　　日期：

序号	姓名	性别	年龄	文化程度	职务	取证时间	发证机关	操作证号	进场时间	备注

　　　　　　　　　　　　　　　　　　　　　　　　　　　　　　　　　　制表人：

2. 施工现场电气、导线材料登记表

电气、导线材料登记表

工程名称：　　　　　　　　　　　　　　　　　　　　　　　　年度：

序号	器材名称	规格型号	生产厂家、日期	检验状态	进场日期	备注

制表人：

3. 现场临时用电安全教育记录

临时用电安全教育记录

工程名称：

时间		教育类型		授课（时）	
教育者			受教育者		
教育内容：					

记录人：

班组长 （或受教育者） 签字：	

教育类别：三级教育、专业技能、操作规程，季节性、节假日、经常性教育等。

4. 现场临时用电施工组织设计变更表

临时用电施工组织设计变更表

单位名称		工程名称		日期	年　月　日
更改原因					
更改内容					
设计变更人		审核人		接受人	

✎ 5. 现场临时用电安全技术交底记录

临时用电安全技术交底记录

施工单位		建设单位	
交底内容：			
工地负责人		交底人		班组名称	
安全负责人		被交底人		日期	

6. 施工现场电工值班记录

现场电工值班记录

工程名称		值班电工	
值 班 记 录 情 况	机电电气运行情况：		
	供、配电线路检查：		
备 注			

7. 现场电气设备维修记录

电气设备维修记录

工程名称：　　　　　　　　　　　　　　　　　　　　　维修日期：

维修项目		维修人员	
维修情况记录	故障或损坏情况：		
	检修措施：		
	检修结果：		
备注			

电气负责人：　　　　　　　　　　　　　　　　　　　记录：

8. 现场临时用电设备调试记录

临时用电设备调试记录

单位名称		工程名称		日期		年　月　日	
设备名称		设备型号		安装地点			

主要调试过程：

结论及处理意见：

填表人		调试人		验收人	

9. 现场漏电开关检测记录

现场漏电开关检测记录

工程名称：　　　　　　　　　　　　　　　　　　　测试时间：　年　月　日

序号	配电箱编号、设备名称与编号	被保护设备功率/ kW	接线	漏电开关检测			备注
				动作电流/mA	动作时间/s	动作可靠性	

注：1. 接线合格打"√"，不合格打"×"；电源、负荷线接线位置牢固可靠，导体及漏电开关无外露导电部分为接线合格。

　　2. 接下试验按钮，漏电开关立即起跳为可靠性检验合格。

10. 现场临时用电接地电阻测试记录

现场临时用电接地电阻测试记录

工程名称			分项工程名称		仪表型号	
工程编号			测试日期			
接地电阻/Ω						
接地名称						
接地类别	规定电阻值/Ω	实测电阻值/Ω	季节系数		测定结果	备注

专业施工负责人：　　　　　　　　安全员：　　　　　　　　　　　　班组长：

11. 现场电气绝缘电阻测试记录

现场电气绝缘电阻测试记录

测验日期：　　　年　　月　　日

工程名称		工程编号		工作电压/V	220~380		
分项工程名称		图号		仪表型号			
绝缘电阻/MΩ							
设备名称							
回路编号							
相别							
A　B							
B　C							
C　A							
A　O							
B　O							
C　O							
A　地							
B　地							
C　地							
测试结果							
问题及处理意见							

专业施工负责人：　　　　　　　安全人：　　　　　　　班组长：

12. 现场临时用电工程检查验收表

临时用电工程检查验收表

工程名称：　　　　　　　　　　　　　　　　　　　年　　月　　日

检查验收项目	照明装置	部位	
检查验收内容	1. 有金属外壳的灯具做保护接零，配件使用镀锌件。 2. 室外灯具距地面 3 m，室外灯具距地面 2.4 m，插座接线符合规范要求。 3. 螺口灯头及接线： （1）相线接在与中心接头边一端，零线接在螺纹口相连一端； （2）灯头的绝缘外壳无损伤和漏电； （3）灯具相线拉线开关控制，拉线开关距地面 2.5 m，与门口水平距离 0.2 m，拉线出口向下。		
验收结果			
验收人员会签	技术经理	临电设计人	安设部	项目安全员	电气工长	电气班长

13. 现场临时用电定期检查记录

临时用电定期检查记录

单位名称		工程名称		日期	年　月　日

检查单位：

检查项目或部位：

参加检查人员：

检查记录：

检查结论及整改措施：

检查负责人		被检查负责人	

🔖 14. 现场临时用电复查验收表

临时用电复查验收表

单位名称		工程名称		日期	年　月　日
检查单位		参加人员			
复查内容：					
实际整改措施：					
复查结论：					
复查负责人			被复查负责人		

15. 现场临时用电检查、整改记录

现场临时用电检查、整改记录

工程项目部   年   月   日

参加检查人员：

存在问题（隐患）：

整改措施：

落实人：

复查结论：

复查人：

记录：

✎ 16. 现场临时用电安装巡检维修拆除工作记录

临时用电安装巡检维修拆除工作记录

单位名称		工程名称		日期	年　月　日
安装巡检维修拆除原因：					
安装巡检维修拆除措施：					
结论意见：					
记录人		安装维修拆除负责人		验收人	

17. 现场临时用电漏电保护器测试记录

临时用电漏电保护器测试记录

单位名称		工程名称		
安装位置		规格型号		
测试项目	测试方式	测试结论	测试日期	备注
测试负责人		测试人		

✎ 18. 现场临时用电安全检查评分记录

施工现场临时用电安全检查评分记录

施工单位：　　　　　　　　工程名称：　　　　　　　　年　月　日

序号		检查项目	检查情况	标准分值	评定分值
1	线路照明	施工区、生活区架设配电线路应符合有关规范		5	
2		施工区、生活区按规范装设照明设备		5	
3		照明灯具和低压变压器的安装使用符合规定		5	
4		特殊部位的内外电线路按规范采取保护措施		5	
5	配电箱	施工区实行分级配电，配电箱、开关箱位置合理		5	
6		配电箱、开关箱和内部设置符合规定		5	
7		箱内电气完好，选型定值合理，标明用途		5	
8		箱体牢固、防雨、内无杂物、整洁、编号，停电后断电加锁		5	
9	保护	配电系统按规范采用接零或接地保护系统		5	
10		电气施工机具做可靠接零或接地		5	
11		现场的高大设施按规范要求装设避雨装置		5	
12		配电箱、开关箱设两极漏电保护、选型符合规定		5	
13		值班电工人防护用品穿戴齐全，持证上岗		5	
14	机具	施工机具电源线压接牢固整齐，无乱拉、扯、压砸现象		5	
15		手持电动机具绝缘良好，电源线无接头损坏		5	
16		电焊机及一、二次线防护齐全，焊把线双线到位，无破损		8	
17	资料	临时用电有设计书（方案）和管理制度		5	
18		配电系统有线路走向，配电箱分布及接线图		5	
19		电工值班室有值班、设备检测、验收、维修记录		5	

应得分：　　　　实得分：　　　　得分率：　　　　折合标准分值：

参考文献

[1] 朱克 . 建筑电工 ［M］. 北京：中国建筑工业出版社，2017.

[2] 喻建华 . 建筑应用电工 ［M］. 武汉：武汉理工大学出版社，2016.

[3] 马铁椿 . 建筑设备 ［M］. 北京：高等教育出版社，2015.

[4] 张建英 . 建筑设备与识图 ［M］. 北京：高等教育出版社，2017.

[5] 高会芳 . 现场电工全能图解 ［M］. 天津：天津大学出版社，2009.

[6] 李敬梅 . 电力拖动控制线路与技能训练 ［M］. 北京：中国劳动社会保障出版社，2016.

[7] 刘杰才 . 供配电技术 ［M］. 北京：机械工业出版社，2000.

[8] 秦曾煌 . 电工学·电工技术 ［M］. 北京：高等教育出版社，2000.

[9] GB 50034—2013，建筑照明设计标准 ［S］. 北京：中国建筑工业出版社，2014.

[10] 梁如福 . 电工基础 ［M］. 北京：中国劳动出版社，2015.